Erkenne und heile Dich selbst
durch die Kraft des Geistes

Das Ewige Wort,

der Eine Gott, der Freie Geist,

spricht durch Gabriele,

so wie durch alle Gottespropheten –

Abraham, Hiob, Moses, Elia, Jesaja,

Jesus von Nazareth,

der Christus Gottes

Erkenne
und heile Dich selbst
durch die Kraft
des Geistes

Eine Offenbarung des
Cherubs der göttlichen Weisheit,
gegeben durch Gabriele,
die Prophetin und Botschafterin Gottes,
in den Jahren 1980/1981

Gabriele-Verlag
Das Wort

14. Auflage Dezember 2022
(1. Auflage 1981)
© Gabriele-Verlag Das Wort GmbH
Max-Braun-Str. 2, 97828 Marktheidenfeld
Deutschland
Tel. +49 (0)9391/504135, Fax 504133
www.gabriele-verlag.com

S102TBPOD

ISBN 978-3-96446-368-5

Inhaltsverzeichnis

12

3. Teil:
Weitere Hinweise und Empfehlungen
bei bestimmten Erkrankungen

Zum Geleit

Die vorliegende Botschaft aus dem All wurde im Jahr 1980/81 der Menschheit gegeben, durch das Prophetische Wort Gabrieles, der Prophetin und Botschafterin Gottes in unserer Zeit. Damals war die Natur noch weitgehend gesund. Die Natur ist für den Menschen ein Gesundbrunnen, denn der physische Körper besteht aus den vier Elementen dieser Erde, Feuer, Wasser, Erde und Luft genannt. Da also der menschliche Körper ein Naturkörper ist, werden die Kräfte der Natur als Heilkräfte für den Menschen wirksam, der sie für sich erschließt. Wie dies in der rechten Weise geschehen kann, wurde uns in dieser Offenbarung detailliert dargelegt.

Doch in der heutigen Zeit (2022) ist sehr vieles in und auf der Erde verunreinigt bzw. aus dem Gleichgewicht geraten. Deshalb können viele Ausführungen zur Wirksamkeit der Gaben der Natur nicht mehr, wie ursprünglich gegeben, umgesetzt werden.

Dennoch kann dieses Buch weiterhin grundsätzlich wertvolle Hinweise geben, besonders hinsichtlich der geistigen Zusammenhänge zwischen dem Denken und Handeln des Menschen und der Gesundheit seiner Seele und seines irdischen Körpers u.v.a.m. Und wir wissen: Diese Zeit wird vergehen. Die Erde wird sich reinigen von dem, was allzu menschliches Denken und Treiben auf ihr angerichtet haben. Eine geistige Zeitepoche bricht an mit Menschen, die mehr und mehr die Gesetze Gottes erfüllen, die das Leben in jeder Form achten, die in Einklang und in Kommunikation stehen mit den Kräften der Natur auf der immer lichter werdenden Erde.

Nehmen wir dieses aus dem Geiste Gottes gegebene Werk als Orientierungshilfe für unseren Alltag an – und als Ausblick für die neue Erde. In und auf der neuen Erde wird es wieder so sein, wie es von Gott, dem Ewigen, vorgesehen war und ist. Die Natur wird gesund sein. Wir können also heute und in späterer Zeit sehen, wie Gott über die Natur für uns, Seine Kinder im Erdenkleid, gesorgt hat.

Im Geiste gibt es keine Zeit. Was sein wird, ist im Geiste bereits heute Gegenwart. So ist dieses Buch schon jetzt ein historisches Werk – auch für die kommende Zeit.

Im Namen und nach dem Willen des Herrn, des allmächtigen Geistes, offenbart sich durch die Prophetin des Herrn der Cherub der Göttlichen Weisheit, auf Erden Geistlehrer Bruder Emanuel genannt, der verantwortliche Diener des Herrn in Seinem Heimholungswerk.

Diese vielseitige Schrift gibt der Menschheit einen tiefen Einblick in die Gesetze Gottes.

Die Ätherkräfte, die gerade in dieser Offenbarung sehr oft genannt werden, sind das Gesetz des Geistes. Das ewige Gesetz des Herrn beruht auf fließendem, ewig geistig-göttlichem Äther. Der göttliche Äther ist zugleich Heil- und Lebenskraft. Er speist sowohl die reinen Wesen als auch die Seelen und Menschen und insbesondere jene, die sich Gott, ihrem Herrn und Vater in Christus, ihrem Erlöser, zuwenden.

Diese Offenbarung ist sehr ernst zu nehmen. In ihr wird die Aktivierung und Anwendung der göttlichen Ätherkräfte offenbart. Es ist unseren Geschwistern, den Lesern, anzuraten, diese Kräfte nur dann zu beleben, wenn sie auch gewillt sind, ein gottgewolltes Leben zu führen. Wer aber diese Gesetzeskräfte nur für kurze Zeit, das heißt, nur um einen Heilerfolg zu erzielen, aktivieren möchte, demjenigen ist hiervon abzuraten.

Jeder Mensch, der diese Gesetzeskräfte nicht mit Gott und unter Seiner Führung erschließt, eventuell nur im leichtfertigen Tun, dem sei gesagt, dass er darunter, früher oder später, sehr zu leiden haben wird. Wer also ohne ein gesetzmäßiges Leben diese Kräfte mit Techniken und Praktiken zum stärkeren Fließen bringt, der wird den Missbrauch dieser Kräfte entweder schon in diesem oder in einem späteren Leben sehr unangenehm verspüren.

Diese Offenbarung wird willigen Gottsuchern als Geschenk zu geistiger Erkenntnis und Reife gegeben.

Allen Neugierigen, die dieses offenbarte Wissen nur ausprobieren wollen, sei gesagt: Versündigt euch nicht am Gesetz des Herrn, denn jede

Aktion zieht eine entsprechende Reaktion nach sich! Sowohl die göttliche Welt, die diese tiefen Wahrheiten offenbarte, als auch die Herausgeber dieses Offenbarungsgutes haften nicht für seelische oder physische Schäden. Diese Schrift ist nur demjenigen zu empfehlen, der sich ernsthaft Gott zuwendet und sein Leben ändern möchte, indem er die Gesetze des Herrn verwirklicht.

Die gezielte Ansprechung der geistigen Ätherkräfte und die damit verbundene Heilweise wird in der 2. Meditationsschulung im Universellen Leben gelehrt. Dort wird durch Tiefenmeditation mit der Ätherkraft, dem Heiligen Geist, und jedem Körperorgan eine enge geistig-seelische Verbindung aufgenommen.

Die göttliche Welt wünscht, dass alle Geschwister ihr Leben ernsthaft ändern und diese inneren Kräfte Gottes nutzen.

Einige der grundlegenden Wahrheiten werden in dieser Offenbarungsschrift wiederholt. Dies geschieht deshalb, weil der Mensch, um das Lebensziel zu erreichen, auf diesen Grundprinzipien des Lebens aufbauen muss. Diese Wiederholungen der geistigen Gesetze sind nötig, damit die Einzelausführungen stets in der richtigen Perspektive gesehen und nicht verselbstständigt werden, auf dass jeder Willige die Details erfassen und verstehen kann.

Die Wiederholungen helfen sowohl dem Leser als auch dem Heilung-Suchenden, der das Offenbarte durch ein entsprechendes Leben verwirklichen möchte, zum besseren Verständnis.

1. TEIL

Der Mensch als Energiefeld des Geistes – Die rechte Lebensweise, um gesund und geistig rege zu bleiben

Die positive oder negative morgendliche Programmierung ist entscheidend

Der Mensch ist ein schwingender Energiekörper. Auf ihn treffen minütlich Tausende von Strahlen, die ihn entweder gesund erhalten oder aber auch schädigen können. Es kommt ganz darauf an, wie sich der Mensch in seinem täglichen Leben verhält und wie er sich vor allem des Morgens kurz nach dem Erwachen programmiert.

Wir können uns jeden Menschen als Planeten vorstellen, der durch eventuell hohe Kräfte seine umliegenden Planeten, das heißt die Menschen, bestrahlt. Am Morgen begibt sich der Planet »Mensch« auf seine Umlaufbahn. Es kommt dabei ganz darauf an, welche Bahn er wählt. Sobald er erwacht und seine Sinne tätig werden, dringen Tausende von Strahlen verstärkt in ihn ein, weil seine Empfindungswelt diese sofort anzieht. Der Unwissende lässt sich von diesen Strahlen willkürlich lenken. Der Wissende macht sich diese kosmischen Einflüsse zunutze, indem er sie sofort nach seinem Erwachen sortiert und bestimmte Strahlen programmiert, die ihn sodann den ganzen Tag über, entsprechend seiner Programmierung, lenken und führen.

Ich beginne bei einem Menschen, der die lebensverheißenden Strahlen oder die eindringenden gegensätzlichen Strahlungen der Willkür überlässt.

Der unwissende Mensch, der sich nur mit dieser Welt identifiziert, erwacht am Morgen träge und lustlos. Seine Lebensfreude beschränkt sich meist nur auf das Materielle. Alles andere, das rein Göttliche und Geistige, liegt außerhalb seines Denkens und Handelns. Ein solcher Mensch bildet ein Gefäß, in das alle unterschiedlichen Strahlen einfließen. Schon des

Morgens, wenn er erwacht, registriert er zuerst sein eigenes Fluidum und die Menschen seiner Umgebung, die momentanen Eindrücke, die Uhrzeit und sein körperliches Befinden. Ein Weltmensch beschäftigt sich sofort mit sich selbst und mit den auf ihn zukommenden täglichen Dingen. Im gleichen Augenblick, in dem er sich mit seinen vergangenen, gegenwärtigen oder zukünftigen Problemen beschäftigt, setzt er ein Bündel von noch nicht voll auf ihn wirkenden Kräften frei.

Es sind vor allem Energien, die ihn schon umgeben und nur auf Abruf warten, um aktiv zu werden. Es sind teilweise Schwingungen, die sich schon in der Aura des Weltmenschen befinden und von ihm – durch sein Nachdenken – in erhöhte Schwingung versetzt werden. Der nach außen Orientierte zieht aber oftmals nicht nur sein eigenes Fluidum, das sich in seiner Aura befindet, an, sondern auch Schwingungen anderer Menschen, an die er am Morgen denkt und deren Probleme mit den seinen in Verbindung stehen. Dadurch programmiert er sich schon für den erwachenden Tag, aber oftmals auch für Tage und Wochen. Die Welt ist mit mehr negativen als positiven Strahlen geschwängert. Diese warten nur darauf, den Menschen zu beeinflussen und ihn zu lenken.

Auch positive Strahlen warten auf den Abruf, um wirksam werden zu können. Sie sind jedoch harmonisierend und aufbauend. Diese hohen Frequenzen können nur von geistig hochschwingenden Menschen abgerufen und nutzbar gemacht werden.

Gerade am Morgen, in den Stunden zwischen vier und sieben Uhr, sind diese geistigen Strahlen sehr aktiv und wollen helfen, lindernd und heilend wirken. Diese Strahlen, auch Odkräfte genannt, bauen sich zwischen 22 Uhr und vier Uhr morgens auf, wenn die menschlichen Sinne ruhen. Auch tagsüber sind diese Odkräfte, auch Odstrahlen genannt, aktiv. Sie werden jedoch im Menschen infolge der unkontrolliert nur nach außen gerichteten fünf Sinne nicht voll wirksam. Diese Odkräfte können sich oftmals dem Menschen nicht nutzbringend erweisen, da dieser sie in sein Leben nicht miteinbezieht. Sie haften daher in verstärktem Maße an Bäumen, Blumen und Sträuchern. Vor allem bleiben diese Odkräfte an Nadelbäumen haften, weil diese durch ihre schon höhere Entwicklung über eine größere magnetische Aufladung verfügen.

Deshalb findet sich auch in waldreichen Gegenden ein hoher Sauerstoffgehalt, der, sofern er durch Gedankenkraft oder rechtes Atmen aufgenommen wird, zum Gesundbrunnen für Leib und Seele wird. Ein geistig wissender Mensch bedient sich deshalb schon am frühen Morgen dieser heilenden Kräfte. Der Weltmensch dagegen blockiert diese helfenden geistigen Ätherkräfte, weil seine Gedanken nur mit der Welt in Verbindung stehen.

Wir müssen uns jedes Sonnensystem der Unendlichkeit als eine Batterie vorstellen, die zu bestimmten Zyklen an eine hohe Energiequelle angeschlossen wird. Dementsprechend empfängt dann auch die Erde in erhöhtem Maße die aus der Urkraft hervorgehenden Lebensenergien. Wenn sich ein Erdteil von der Sonne abgewandt hat und die Menschheit zur Ruhe kommt, werden diese Ätherkräfte voll wirksam. Das Einfließen der geistigen Energien geschieht wohl stets. Sie können jedoch nicht immer wirksam werden, weil der Planet »Mensch«, der sich mit seinen Gedanken, Worten und Handlungen nicht auf sie ausrichtet, sie nicht anzunehmen vermag. Jede Strahlung besteht aus bestimmten geistigen Atomarten, die in sich vollkommen sind. Einige dieser hohen, rein kosmischen Kräfte werden durch gegensätzliches Verhalten der Menschheit heruntertransformiert.

Der Mensch kann innerhalb und außerhalb seines Körpers sowohl die positiven, geistigen als auch die negativen, weltlichen Kräfte ansprechen. Dadurch bringt er bestimmte Atomarten zum Schwingen. Diese Schwingungen dringen entweder über die Aura des Menschen in sein Inneres ein, oder sie befinden sich schon in seinem Gemüt und lösen in seinem Inneren die entsprechenden Resonanzen aus. Die gegensätzlichen Schwingungen belasten den Menschen, die positiven stimulieren ihn und schenken dem positiv eingestellten Menschen Frieden und Gesundheit.

Schon *ein* Gedanke kann, gleich, welche Schwingungszahl er hat, sowohl eine Kette von positiven als auch von negativen Kräften auslösen, die den Menschen schon bald berühren, sein Gemüt und seinen ganzen Körper beeinflussen und steuern. Auch von Menschen schon abgegebene, aber noch in der Aura ruhende Gedanken, die sich bereits in der Auflösung durch die Ätherkräfte befinden, können vom Urheber immer noch zurückgerufen und wieder aktiv werden. Bereits längst Vergessenes, das sich eventuell sogar schon in der Ätherchronik und auch dort schon in der Auflösung befindet, kann im letzten Moment durch Gedankenkräfte eines Menschen wieder abgerufen und in Aktion gebracht werden. Dadurch treffen oftmals wieder Dinge in das Erscheinungsbild der Menschheit, die schon längst der Vergangenheit angehörten. Allein durch die Gedankenkraft eines einzelnen Menschen kann dies bewirkt werden. Schon längst vergangene Streitigkeiten, Hassgefühle, Unruhen und sogar Krankheiten und dergleichen können durch Gedankenkräfte wieder herbeigeholt werden. Solche gesetzwidrigen Gedankenaktionen können sodann bei gegensätzlich denkenden Menschen oder in Ländern mit einer sehr negativen Landesaura in Bewegung kommen und schlimme Folgen nach sich ziehen. Durch Gedankenkräfte wird alles gesteuert, da alles auf Schwingung beruht.

Ein unwissender Mensch, der sich ganz auf das materielle Leben ausgerichtet hat, wird auch seiner Umwelt entsprechend denken, handeln und leben. Der Weltmensch genießt einen langen Schlaf und lässt sich tagsüber – schon allein durch seine morgendliche weltliche Programmierung bedingt – auf dem Ozean dieser Welt treiben. Erst wenn ihn seine Schicksalsschläge ereilen, dann wird er eventuell nachdenklich, oder er hadert mit seinem Gott und greift zur nächsten Pillendose.

Sofern die Morgenstunden im Sinne des Göttlichen genützt werden und eine entsprechende morgendliche Programmierung vorgenommen wird, so ist dies die beste Medizin. Die kosmischen Kräfte sind hohe Energiequellen und können besonders in den Morgenstunden gut aufgenommen werden, wenn sich der Körper noch in Harmonie befindet. Sie strömen aus der Apotheke Gottes und sind für jede Zelle des Körpers das Lebenswasser. Du, o Mensch, darfst sie empfangen!

Der richtige Gebrauch dieser kostbaren Arznei liegt in der rechten Einstellung zum geistiggöttlichen Leben. Dein erster morgendlicher Gedanke wird Seele und Mensch entweder für diese Lebenskraft öffnen oder verschließen. Dein erster Gedanke und somit deine Ausrichtung auf die bestehenden und auf den Abruf wartenden Lebenskräfte ist wesentlich.

Viele Menschen erwachen mürrisch. Entweder haben sie schlecht geschlafen, oder sie wurden des Nachts von Träumen geplagt, die ihr Lebensbild widerspiegeln. Es treten eventuell da und dort körperliche Beschwerden auf, wodurch der Tag für sie schon schlecht beginnt. Gedankliche

Störungen, sowohl des Nachts als auch am Tage, sind nichts anderes als die Folge einer täglichen gegensätzlichen Programmierung. Der Mensch, der sich nur mit materiellen Dingen beschäftigt, kann seinen Gedankenwald nicht mehr verlassen. Was ihn am Morgen bewegt oder schmerzt, nimmt er mit in das Tagesgeschehen hinein und des Nachts mit in den Schlaf. Durch diese falsche Lebensweise ist er ständig von seiner selbstgeschaffenen Schwingungswelt umgeben. Diese in ihm entstandenen Schwingungen schaffen auch in seiner äußeren Lebenssphäre, in der Welt, ihre Resonanzen.

Ein solch negativ gepolter Mensch lässt nicht nur seinen von ihm geschaffenen Schwingungen freien Lauf, sondern er erweckt diese zugleich in dem Nächsten, der auf derselben Schwingungsebene liegt, oder er projiziert sie in den atmosphärischen Raum. Von dort ausgehend, werden sie ihn dann sicherlich wieder treffen. Durch eine unkontrollierte Lebensweise verbleibt der Mensch in dem Energiefeld von gegensätzlichen Kräften, die mehr und mehr seinen Nerven und Körperzellen schaden. Diese ständig gegensätzlichen Resonanzen schwächen den Körper und führen zu Krankheiten. Früher oder später, eventuell erst in weiteren Leben, machen sich diese menschlichen Denk- und Handlungsweisen bemerkbar. Diese Gegensätzlichkeiten führen auch zu Aggressionen und Ausschreitungen, welche der Seele schaden. Diese ständigen Zuwiderhandlungen schaffen die Einhüllungen der Seele. Eine Seele kann mehrere Inkarnationen durchlaufen, bis sich diese Seelenhüllen lösen und der irdische Körper die Seelenbelastung zu verspüren bekommt.

Der Mensch erkennt durch diese Ausführungen, wie ausschlaggebend die ersten Gedanken beim Erwachen sind. Deshalb prüfe dich und halte täglich Selbstkontrolle. Übe dich, in rechter Weise zu denken und zu handeln, dann wirst du auch an Leib und Seele keinen Schaden nehmen. Hohe und edle Gedanken sind aufbauende Ätherkräfte, die dich dein ganzes irdisches Leben lang gesund und kräftig erhalten. Die Ätherkräfte sind die beste Arznei. Sowohl deine

Zellen als auch deine Nerven, dein Herz und dein Kreislauf, deine gesamten Organe lechzen nach diesen hohen, göttlichen Schwingungen.

Dein Körper ist nicht nur, so wie viele glauben, auf rechte Nahrung angewiesen, sondern vor allem auf positive, aufbauende, ätherische Gedanken. Jede Zelle deines Körpers ist ein Kind, das liebevoll behandelt werden möchte, auf dass es entsprechend reagieren und leben kann. Deshalb schenke deinen Zellen, deinen Körperkindern, positive Gedanken. Sie werden es dir, sowohl des Nachts als auch am Tage, lohnen, da sie im Rhythmus der hohen Ätherkraft schwingen.

Durch eine positive morgendliche Programmierung kommen in dir die ätherischen Kräfte zur Entfaltung. Sobald sich der Mensch einen göttlichen, das heißt gesetzmäßigen Lebensrhythmus anerzogen hat, stellen sich auch seine Essensgewohnheiten um. Der Körper reagiert mehr auf die harmonischen Ätherkräfte als auf die Weltenkräfte, die Gegensätzliches verlangen, den Menschen unruhig stimmen und ihn in die Tiefen des Niederen hinabziehen.

Programmiere dich des Morgens in der Weise, dass du zuerst ein Gebet sprichst. Allerdings muss es aus Überzeugung an eine höhere Macht gesprochen werden, die in dir selbst, in deiner eigenen Seele lebt und wirkt. Diese innere Macht ist der göttliche Äther, der Seelenfunke, der alle kosmisch aufbauenden Kräfte für ein harmonisches Leben trägt. Wenn du betest, dann denke an den, der dein Gebet erhören soll. Wisse: Jeder Gedanke kann dir Leid oder Freude bringen. Deshalb bete aus der Tiefe deines Herzens zu Gott, deinem Herrn, damit Er dein Lenker im täglichen Leben wird. Gott ist dein Vater. Er, der Herr, möchte Seinem Kind nur Gutes und Liebes angedeihen lassen. Gott, dein Vater, steht über den weltlichen Dingen. Er, der Herr, weiß und schaut alles. Dein Vater kennt deine Seelenbeschaffenheit. Er sieht die Gefahren, die auf dich lauern. Er, der Herr, dein Vater, überschaut dein ewiges Leben. Der Herr allein kann dich führen, beschützen und gesund erhalten.

Er, dein Vater, ist die größte Macht in der Unendlichkeit. Wovor fürchtest du dich, wenn Gott, der Geist, dein Vater, in dir lebt?

Fürchte dich, o Mensch, vor dir selbst, vor deinem niedrigen Denken und Tun. Deine selbst hervorgerufenen Gedankenkräfte bringen dir Wohl oder Weh. Wenn du also selbst die Ursache deines Leidens bist, dann sieh den Feind in dir. Dein derzeitiges Denken, Leben und Wirken bestimmen deine Zukunft. Sie kann dir zum Fluch oder zur Seligkeit werden. Kein Mensch kann dir etwas zuleide tun, wenn du dich mit der größten Macht in dir, mit deinem himmlischen Vater, in absoluter Harmonie befindest. Deine eigenen gottlosen Gedanken setzen Kräfte frei und ziehen niedere Gegensatzkräfte an, die dir mehr schaden als nützen können. Deshalb wisse, o Mensch, dass beim Erwachen ein Herzensgebet die in dir schlummernden heiligen Kräfte erweckt und diese dich den ganzen Tag über positiv beeinflussen werden, sofern du sie tagsüber immer wieder in dein Leben miteinbeziehst.

Der Geist deines ewigen Vaters befindet sich in jeder Zelle deines Körpers und auch in jeder Zelle deines Nächsten. Sofern der Mensch diese heiligen Kräfte aktivieren kann, schafft er ein Fluidum, das unzerstörbar ist, das ihn, sofern es für sein Leben und vor allem für seine Seele gut ist, vor allen negativen Einflüssen, vor Krankheiten und weltlichen Gegensatzkräften schützt.

Hast du nun gebetet und dich mit Gott, deinem Vater, dessen Geist im Inneren deiner Seele wohnt, verbunden, so programmiere deine Gehirnzellen. Sprich mit diesem Zellenheer, und richte es auf die positiven, hohen Schwingungen des Geistes aus.

Sprich sinngemäß folgendermaßen: »Ich spreche nun mit den Zellen meines Körpers«. Beginne bei den Gehirnzellen. Sprich mit ihnen und meine es auch so. Nur ein lauer Versuch, hinter dem kein Nachdruck eines guten Willens ist, spricht das Zellenheer nicht an. Bedenke, o Mensch: In jeder Zelle ist die Kraft der Absolutheit, die Kraft des Gesetzes. Nur gemäß dieser Kraft willst du heute denken. Gott, der Herr, sprach: »Du sollst wie dein Vater im Himmel vollkommen werden.« Diese Aussage, o Mensch, sollte dein Maßstab sein. In deinen Gehirnzellen sollten keine negativen Gedanken mehr Raum finden. Allen Aggressionen, einerlei, woher sie auch kommen, widerstehe, und programmiere dein Zellenheer mit der Aussage: »Ich bin die Stille.« Schütze dich vor jeder Aufregung und Hektik, einerlei, woher diese auch kommen mag, von Menschen oder von der Technik.

Denke immer wieder: »Es gibt nichts, wovor ich mich fürchte, weil der Gottesgeist in jeder einzelnen Zelle meines Körpers ist. Seiner allmächtigen Führung unterstelle ich mich.«

Zu deinem Herzen, zum Kreislauf und zu allen übrigen Zellen und Organen sprich:

»Jede Zelle möge mit dem Unendlichen in Harmonie kommen und bleiben.

Keine Krankheitserreger treffen mich, weil der Unendliche in jeder Zelle meines Körpers wirksam ist. Meinem Magen befehle ich, sich nur nach gesunder Nahrung zu sehnen und sich darauf auszurichten.

Dem Gaumen befehle ich, sich nur zu regen, wenn der Körper tatsächlich der Nahrung bedarf und dann auch nur eine den Gesetzen entsprechende Nahrung zu verlangen.

Meine Hormone und Drüsen mögen nach dem Rhythmus, den der Unendliche in mir anzeigt, wirken und nicht auf äußere Einflüsse reagieren.

Während des ganzen Tages verbleibe ich in Harmonie.

Widerwärtigkeiten nehme ich nicht in mich auf.

Der Herr in mir soll mein Führer sein.

Die Absolutheit möge mich mein ganzes Leben bewusst begleiten und mich auf alle noch bestehenden Fehler aufmerksam machen, bis mein Herz vollkommen in Gott, meinem Vater, ruht.«

Wer sich jeden Morgen mit diesen hohen Gedankenkräften umgibt und sich tagsüber

immer wieder an diese erinnert, indem er durch
ein kurzes, aber inniges Dankgebet mit dem
Unendlichen Kontakt aufnimmt, wird ein geistig wissender Mensch, der die Morgenstunden
zwischen vier und sieben Uhr bewusst in seinen
Tagesablauf miteinbezieht. Einem solchen Menschen dienen die inneren und äußeren Kräfte.

Der geistig wissende,
positiv eingestellte Mensch

Was geschieht, wenn sich der Mensch am
Morgen in die göttliche Kraft begibt?

Zum ersten erweckt er die in ihm befindlichen Geisteskräfte, und zum zweiten zieht er
auch die in der Nacht aufgebauten Odkräfte
an. Diese Kräfte strömen ihm von der Lebenssphäre der Natur zu. Sie kräftigen seinen Organismus und verleihen dem Menschen noch
einen zusätzlichen Schutz. Sowohl die Urkraft
im Innersten der Seele als auch die Odkräfte der
Natur sind bereit, dem Menschen zu dienen.

Die innere Kraft verbindet sich mit den Naturkräften und schafft ein geistiges Fluidum, eine Schutzhülle für den positiv programmierten Menschen. Die negativen Kräfte werden durch die hohen Geistgaben ferngehalten, wodurch die gesamte Zellstruktur des Körpers in höhere Schwingung gelangt.

Durch eine solche positive Einstellung kommt der Mensch mit dem Unendlichen in Harmonie, wodurch er mit seinen Kräften so haushaltet, dass er nur noch wenige Stunden des Schlafes bedarf. Durch dieses Haushalten mit den Kräften des Geistes kommt im Laufe der Zeit die ganze Zellstruktur des Körpers auf eine hohe, göttliche Schwingung. Dadurch kann der Körper in wenigen Nachtstunden die am Tage gesetzmäßig abgegebenen Kräfte wieder empfangen.

Solange der Mensch seine Gedanken noch nicht ganz bezähmen kann und sein menschliches Temperament mit ihm hin und wieder durchgeht, sollte er sich öfter am Tage programmieren, eventuell vormittags, wenn möglich kurz vor dem Mittagsmahl, so dass er auch bei Tisch nur Speisen aufnimmt, die seinem Körper dienlich sind und auch seinen Organismus nicht überlasten.

Auch eine abendliche Programmierung wäre anzuraten, sofern der Mensch sehr unruhig und nach außen gekehrt ist. Diese sollte schon am frühen Abend oder kurz vor dem Zubettgehen erfolgen. Der Mensch sollte erneut zu seinen Zellen reden. Wenn du mit deinen Körperzellen sprichst, so sprichst du auch zugleich mit deiner Seele. Denn sowohl die Körperzellen als auch die Seele reagieren auf Empfindungen, Gedanken, Worte und Handlungen. Erkläre, o Mensch, deinem Zellenstaat, dass die Ruhe heilig ist und du ihm einen aufbauenden Schlaf wünschst. Lobe deinen Zellenstaat und auch deine Organe. Der gesamte Organismus wird es dir danken.

Bete zu Gott, deinem Vater, dessen Geist in deiner Seele und auch in jeder Zelle deines Körpers wohnt, und danke Ihm vor allem für Seinen täglichen Beistand und Schutz. Bitte deinen Vater, dessen Geist in dir wohnt, um weitere, die Seele aufbauende Kräfte, damit du Ihm, dem Herrn des Lebens, täglich näherkommst.

Denke nicht nur an deinen irdischen Leib, sondern vor allem an deinen Seelenkörper, denn eine gesunde Seele besitzt auch einen gesunden Körper.

Das Reifen deiner Seele verläuft folgendermaßen: Wenn der Mensch den Unendlichen, den Vater, um den seelischen Aufbau bittet, so werden vor allem des Nachts die seelischen Kräfte vermehrt. Der Wesenskern im Innersten der Seele, der aus zwei aktiven Lichtkräften (dem positiven und negativen Teilchen) besteht, kommt durch die Gebetsansprechung in Bewegung, wodurch er aus den rein-geistigen Bereichen der Schöpfung vermehrt Ätherkräfte anzieht. Diese energetischen Kräfte strömen sodann über die beiden Teilchen, über den Wesenskern, in die Seelenpartikel ein und versuchen, sie von den Belastungen dieser Welt zu reinigen. Durch diese energetische Kräfteabgabe kann ein in der Seele befindliches Karma gelöst werden. Ist es eine geringe Seelenschuld, so fließt sie während des Schlafes durch die Träume aus. Möglicherweise kann die Seele Teile davon mit in das Wachbewusstsein nehmen. Deshalb sollte sich ein wahrer Gottsucher über unschöne und erregende Träume keine Gedanken machen. Es kann auf diesem Wege eine Seelenreinigung geschehen.

Durch diese energetische Schubkraft kann aber auch ein schweres Karma, eine schwere Seelenschuld, gelöst werden. Du wachst des Morgens auf und fühlst dich unpässlich und krank. Ein Gottsucher, der schon geistiges Wissen hat, wird darüber nachdenken und seine Körperzellen nicht in Aufruhr bringen, indem er mürrisch reagiert und den erwachenden Zellenstaat mit niederen Gedanken beeinflusst und ihn dadurch passiv stimmt. Bete zu Gott, deinem Vater. Bedanke dich für alles, gleich, was auch mit deinem Körper des Nachts geschehen ist. Diese ausfließende Seelenschuld sandte dir nicht der Geist der Liebe. Dieses Karma hast du dir in diesem oder in früheren Leben selbst auferlegt. Sprich mit deinem Zellenheer und rege es durch aufmunternde Gedanken oder Worte zur Gegenwehr an. Durch die immer wieder aufmunternde Ansprechung deiner Zellen förderst du in deinem Körper die Widerstandskräfte, es sind die Polizisten des Körpers. Sofern es der Wille des Herrn ist, werden sie in deinem Körper aufmarschieren und die Krankheit bekämpfen.

Jesus sagte einst sinngemäß: »Gehe hin und sündige fortan nicht mehr!« Damit meinte der Herr die Sündhaftigkeit in Gedanken, Worten und Werken. Denke allezeit positiv und aufbauend. Dann wird dir Gutes und Göttliches dienen. Es heißt: Sofern ein Mensch an Gott glaubt und Seine Gebote hält, steht er unter dem Strom des Heiligen Geistes. Durch den Heiligen Geist des Inneren kann jedes Karma gelindert oder geheilt werden.

Wenn nun des Nachts der Wesenskern der Seele aktiv war und ein Karma aus der Seele in den Körper entbunden hat, so werden sofort das Zellenheer und die Polizisten deines Körpers aktiv, falls du diese aufmunternd ansprichst, denn der Geist Gottes wirkt in jeder Zelle deines Körpers.

Wenn das Kind Gottes, der Mensch, nicht mürrisch reagiert, sondern liebevoll seinen Zellenstaat anspricht, mit dem tiefen Wissen beseelt, dass sich der Geist Gottes in jeder Körperzelle befindet, so spricht er zugleich die darin befindliche Geisteskraft an. Daraufhin können folgende Zusammenhänge wirksam werden: Durch das aufmunternde Gespräch mit den Körperzellen ziehen diese, ausgelöst durch die positiven Gedanken, die des Nachts aufgebauten und aktiven Odkräfte an. Dadurch werden nicht nur die inneren Heilkräfte wirksam, sondern auch die von außen einströmenden Odkräfte. Diese ätherischen Kräfte wirken über die Aura des Menschen belebend und aufbauend. Die aktiven Körperzellen ziehen gemäß ihrer Schwingungszahl diese Ätherkräfte an. Sie helfen sodann bei der Abwehr der in den Körper eingedrungenen Krankheitserreger.

Alles beruht auf Schwingung. Sowohl das feinstoffliche als auch das grobstoffliche Universum bestehen aus Schwingung. Sofern die Zellkinder für die Abwehr der Krankheitserreger entsprechende Odkräfte von Tannen oder Wiesen benötigen, je nach Art der Viren oder Bakterien, so werden diese Odschwingungen von dem Zellenstaat angezogen und den erkrankten Körperzellen zugeführt. Vermag sich ein Mensch vertrauensvoll ganz seinem Gott und Vater hinzugeben, so kann das Zusammenwirken der inneren Kräfte mit den äußeren Odkräften zu einem wesentlich schnelleren Heilerfolg führen.

Die ganze Schöpfung, sowohl die geistige als auch die materielle, schwingt und pulsiert. Jedes Kräutlein, sämtliche bestehenden Lebensformen sind mit einem geistigen Fluidum umgeben, mit den Odkräften, die auch Ätherkräfte genannt werden. Diese können von einem Menschen auf dem Gottespfad, dessen Ziel der Herr ist, abgerufen werden, sofern er die Gesetze des Herrn beachtet.

Bedarf der Zellenstaat der aufbauenden Kräfte der Kräuter, z.B. des Löwenzahns oder des Spitzwegerichs, so können von einem durchlichteten Menschen allein schon durch Gedankenkraft die um diese Pflanzen schwingenden Odkräfte abgerufen werden. Die magnetische Seele zieht diese Odkräfte an. Die positiv beeinflussten Zellkinder nehmen die Odkräfte der Pflanzen dankbar an und wirken mit dieser Odschwingung auf die durch die Krankheit erschlafften Zellgeschwister ein.

Wenn der Mensch nach innen gekehrt ist und seinen göttlichen Vater als den Lenker und Leiter seines Lebens walten lässt, dann können sogar die Drüsen und Hormone die kräftigenden Mondpartikel aufnehmen. Einige Tage vor Vollmond sind gerade die Mondstrahlen sehr aktiv. In dieser Zeit erfolgt eine sehr hohe Aussendung von Mondpartikeln. Auf diese hochschwingenden Kräfte, die von positiv eingestellten Menschen ebenfalls durch die Gedankenkraft angezogen werden können, reagieren die Drüsen und Hormone.

Lebt der Mensch beständig in der göttlichen Verbindung, so besteht zu dem Inneren Arzt, zum Geist Gottes, eine ständige Wechselwirkung. Durch diese Geistverbindung ist es dem Menschen möglich, mit den äußeren positiven Kräften fortwährend in Harmonie zu leben. Es bedarf dann im Laufe der Zeit nicht mehr der irdischen Medizin für deinen Körper, denn in allen Zellen, Drüsen und Hormonen ist dann der Geist deines Vaters voll wirksam. Bist du mit dem Göttlichen in Harmonie, so kann dir der Innere Arzt hilfreich zur Seite stehen. Auf den Inneren Arzt, o Mensch, kannst du dich verlassen. Er, der Herr, dessen Geist in dir lebt, ist allwissend und weiß somit auch über dich Bescheid. Die Dosis, die der Innere Arzt für dich bestimmt, ist die genaueste. Sie dient zu deinem Wohl. Jammere nicht und beschuldige auch deine Zellkinder nicht. Dadurch werden sie nur müde und lustlos.

Erkenne dich selbst als deinen größten Feind. Denn durch die Unwissenheit, Aussendung unedler Empfindungen und Gedanken und durch gegensätzliches Handeln hast du dein Zellenheer geschädigt. Bereue deine Fehler und Schwächen, und sündige fortan nicht mehr, weder in Empfindungen und Gedanken, noch in Worten und Werken. Dann kommst du mit dem Unendlichen, mit Gott, deinem Vater, mit dem Inneren Arzt und Heiler, in Harmonie.

Denn der in allem bestehende Geist möchte insbesondere Seinen schönsten Geschöpfen, Seinen Kindern, dienen. Die gesamte Schöpfung neigt sich vor den schönsten Geschöpfen, den Kindern Gottes. Die Mineral-, Pflanzen- und Tierreiche möchten dem großen Licht, dem Kind Gottes, dienen. Erst wenn dein Licht größer ist als das all dieser Reiche, dann befindest du dich mit Gott und Seinen Lebensformen in beständiger Harmonie. Dadurch wird es dir möglich sein, sowohl die Odkräfte als auch die inneren Kräfte gesetzmäßig anzusprechen und diese auch deinem Nächsten zu übertragen.

Gesetz und Wirkung der heiligen, göttlichen Ätherkräfte

Die Ätherkraft ist die ewig bestehende Geistkraft. Ihr Ausgangspunkt sind die beiden Urkräfte der Schöpfung, die zwei Teilchen. Aus diesen beiden Teilchen, Plus und Minus oder Positiv und Negativ genannt, entstand die gesamte Schöpfung. Der Äther ist die Geistsubstanz und der Träger des gesamten Lebens. Die beiden Urkräfte bilden in allen bestehenden Seinsformen den Kern des Lebens, den Wesenskern. Die beiden Teilchen sind die kraftvollsten Ätherkräfte. Durch ihre Liebekraft atmet die gesamte Schöpfung. Ohne die beiden Teilchen gäbe es kein Leben. Sie bilden das Fundament des Ganzen, das Fundament aller geistigen und materiellen Welten. Sie sind der Wesenskern, die Kraftausschüttung in allen geistigen Atomen, welche die Bausteine allen Lebens sind.

Diese beiden Teilchen brachten die ewige Seinsschöpfung hervor. Aus ihnen traten die noch in unkontrollierten Bahnen laufenden

Ätherkräfte hervor. Sie wurden von den beiden Urkräften geordnet. Dadurch entstanden die geistigen Atome, das heißt, die unterschiedlichen Äther- oder Energieströme, die sich präzis um den alles ordnenden und erhaltenden Wesenskern gruppierten.

In jeder Frucht ist der Kern oder sind die Kerne, welche die Lebensträger sind. In jedem Kern ist die jeweilige Art enthalten. Hierbei denke ich an einen Apfel oder an eine Pflaume oder an jede beliebige andere Frucht. Der Keimling birgt für die jeweilige Art die absolute Kraft. Das Fleisch bringt das neue Leben nicht hervor, jedoch der Kern.

Deshalb muss nach den Gesetzen des geistigen Reiches auch der Lebenskern Gottes, es ist die Urkraft in jedem geistigen Atom, angesprochen werden, wenn sich die grundlegenden Kräfte im Menschen entfalten sollen. Die göttlichen Elemente antworten nur, wenn der Wesenskern angesprochen wird. Das Gesetz Gottes und damit dessen Kräfte können nur erkannt und erfahren werden, wenn der Betreffende die

Liebe praktiziert. Denn der Wesenskern ist die Liebe, die größte Kraft im Universum.

Um die Elemente zu beherrschen, auf dass sie jedem Einzelnen und der Gesamtheit dienen, muss die Liebe zu allen bestehenden göttlichen Lebensformen verwirklicht werden, da die Liebe in der Schöpfung der grundlegende Gedanke, die grundlegende Kraft ist. Um sich die Himmel und die Erde in rechter Weise untertan zu machen, muss jedes Geschöpf die rechte Liebe zur gesamten Schöpfung und vor allem zu Gott, seinem Schöpfer, haben. Wer also die Elemente beherrschen und sich das gesamte Leben untertan machen möchte, der muss das eherne Gesetz, die Liebe, leben, und zwar zu sämtlichen Menschen, Seelen, Wesen und Lebensformen. Die Lebensformen sind die Mineral-, Pflanzen- und Tierreiche. Vor allem aber muss er seinen himmlischen Vater über alles lieben, welcher der Lebenskern allen Seins ist.

Infolgedessen bedarf es der Erkenntnis, dass alles Bestehende schöpfungsbedingt ist und dass der Schöpfer, unser Herr und Gott, der die

Kraft zum Beherrschen der Elemente gibt, dem Kind nur antwortet, wenn sich das Kind Gottes Ihm, dem Wesenskern des Lebens, zuwendet und sich zu Ihm bekennt. Erst dann werden die Elemente dem Menschen gehorchen.

Was müsste der Mensch tun, um diese beherrschen zu können? Das Wesentliche und ewig Bestehende ist *das* Gebot oder auch das Gesetz, die Liebe. Ohne Liebe zur gesamten Schöpfung und vor allem zum Schöpfer-Gott ist nichts möglich und dadurch nichts von Dauer. Wer nicht mit den göttlichen Elementen und somit mit dem Unendlichen, mit seinem Vater, in Harmonie lebt, wird sich selbst und auch seine Umwelt zerstören. Das von ihm Geschaffene hat keinen dauerhaften Bestand. Schon während es geschaffen wird, unterliegt es dem Zerfall und der Zerstörung. Deshalb kann die von den Fallwesen geschaffene Materie nicht in Ewigkeit bestehen, weil der Schöpfer-Gott und das ewige Reich feinstofflich sind – das heißt, weil der Geist fließender Äther ist und die reinen, im Geiste Gottes verbliebenen Geistwesen ebenfalls feinstofflich sind, schwerelos, licht und absolut ätherisch, wir könnten sagen, vollkommen strahlungsaktiv, da im Reiche des Lebens alles auf der reinen Ätherkraft beruht.

Die Seele des Menschen ist, wie auch der ätherische Körper der reinen Geistwesen, die Trägerin aller Bausteine des Universums. Nach Gott, ihrem Vater, besitzt die Seele daher die höchsten geistigen Kräfte. Das Kind Gottes ist das höchste und schönste Geschöpf im Universum. Es vereint in sich die gesamten geistig-energetischen Kräfte.

In allen ätherisch-reinen Geistwesen ist jedes geistige Atom voll ausgebildet und aktiv. Die Seele des Menschen ist ein Geistwesen der Himmel, nur inkarniert und von Gegensätzlichkeiten belastet. Deshalb wird der Ätherleib Seele genannt, weil er sich mit seinen Schicksalshüllen umgab, wodurch der Ätherleib, die Seele, unwissend und vermenschlicht wurde. Durch diese Einhüllung der Seele, das heißt durch das gegensätzliche Denken und Handeln des Geistwesens, das den Fall zur Verdichtung einleitete, wurde der Geistkörper mehr und mehr verhüllt. Zuletzt wurde er zum verkleinerten Gebilde, das sich mit seinen selbstgeschaffenen Gegensätzlichkeiten ummantelt hat. Diesen grobstofflichen Mantel nennen wir den materiellen Körper.

Um die Geistkraft, die Ätherkraft, zu aktivieren, muss der Mensch den Geist in sich wirken lassen, indem er dem Geist die Herrschaft gibt. Erst wenn im Menschen der Geist, der Wesenskern, die Materie beherrscht, erlebt der Mensch die Durchlichtung seines Körpers, wodurch er nach und nach zum Gottmenschen werden kann. Diesem gehorchen die Elemente, weil es ihm durch ein gesetzmäßiges Leben möglich ist, jedes Element, das heißt jedes geistige Atom, anzusprechen.

Solange die Menschheit in ihrem Denken und Tun gegen das ewig bestehende Gesetz verstößt, wird sie ihr selbstauferlegtes Schicksal immer wieder ereilen. Durch die gegensätzlichen Handlungen der Menschheit kann sich diese nicht von ihrem Joch erheben. Sie begibt sich dadurch immer tiefer in ihren materiellen Zerfall. Die mit ihren technischen Errungenschaften lebende Menschheit glaubt, sie sei gebildet und wissend. Sie prahlt mit ihren Errungenschaften und glaubt, sie habe in den letzten Jahrhunderten viel erreicht.

Im Vergleich zu den Ätherkräften, die jeder Einzelne in sich hat und bei einem Leben nach den Gesetzen Gottes auch anwenden könnte, entspricht die heutige menschliche Zivilisation vergleichsweise noch den Errungenschaften des Steinzeitmenschen. Wie ein Geistmensch leben und wirken könnte, ist der Menschheit noch unbekannt. Der Mensch muss im Einzelnen schwer arbeiten, um den Unterhalt für sich selbst und für ein ganzes Volk zu schaffen.

Der Herr sprach: »Bete und arbeite!« In weiser Voraussicht sprach Er aber auch: »Im Schweiße deines Angesichtes wirst du dein Brot verdienen.« Das heißt, wenn du die Ätherkräfte nicht anwendest, wirst du schwer, sehr schwer arbeiten müssen. Wer jedoch richtig beten kann und sein Leben auf das Göttliche ausrichtet, dem dienen vermehrt die Ätherkräfte, sofern seine Seele weit genug gereinigt ist.

Schon des Öfteren wurde vom Geist der Wahrheit gesagt, der Mensch nähme Massenverlagerungen vor und baue geräuschstarke Maschinen. Auch wenn er glaubt, seine Technik wäre geräuscharm, so ist dies nur ein Trugschluss, da er um die stillen, friedvoll schwingenden Kräfte des Geistes wenig weiß. Jeder Geräuschpegel, sogar die Worte des Menschen, stört die kosmische Harmonie und verhindert, dass sich die grobstoffliche Struktur, die Materie, verfeinern kann.

Das Gleiche gilt auch für den Menschen. Viel unkontrolliertes Reden und Gestikulieren stören die Seele und führen in der Seele und in der Zellstruktur des Körpers zu Spannungen. Die Ätherkräfte, das ewig bestehende Gesetz, und die Ätherformen des Geistes sind sanftfließende, geräuschlose Kräfte. Keines der reinen Geistwesen gestikuliert wie der Mensch und gibt derart disharmonische Laute von sich. Die ewigen Wesen haben die Lichtsprache, das heißt, sie drücken sich über Empfindungen aus. Deshalb ist im ewigen Sein die ewige Stille. Kein disharmonischer Laut stört das kosmische Wirken und die fortwährend fließenden, in Harmonie befindlichen Ätherkräfte. Alle vier bestehenden Elemente sind harmonisch aufeinander abgestimmt und bringen Farben und gesetzmäßige Formen hervor, die von ewiger Dauer sind.

Je geräuschvoller und lauter sich die Menschheit benimmt und der von ihr geschaffene Geräuschpegel ist, umso mehr verdrängt sie die heiligen Ätherkräfte, die auf die gegensätzlichen Schwingungen aller Geräusche reagieren und sich dadurch entweder zurückziehen oder latent verhalten. Es geht jedoch keine ausgesandte Schwingung verloren. Sowohl die positiven als auch die negativen Schwingungen finden ihren Widerhall. Die positiv ausgesandten Ströme verbinden sich mit den göttlichen Ätherkräften. Die negativen Schwingungen bleiben in der

Atmosphäre, lähmen die Geistkraft und fallen wieder auf die Urheber zurück und nehmen immer mehr Gestalt an.

Der Eigenwille des gefallenen Geistwesens führte zur Verdichtung der Materie, zum Menschen mit seinen Krankheiten und Schicksalsschlägen

Diese gegensätzlichen Kräfte trugen bereits zur Bildung der Materie bei. Sie verringerten die hohen geistigen Ätherkräfte, machten diese weitestgehend wirkungslos und hielten sie latent. Durch Jahrmilliarden gegensätzlichen Wirkens der gefallenen Geistwesen entstand die höchste Verdichtung des Äthers, die Materie. Der Eigenwille der gefallenen Geistwesen, die sich mehr und mehr verdichteten, schuf Zeit und Raum. Der Gottesgeist beachtet den freien Willen Seiner Kinder. Über die Erkenntnis der selbstgeschaffenen Ursachen setzt die Reue ein, worauf sich sodann das göttliche Leben wieder aufbauen kann.

Ich sprach schon des Öfteren: Alles beruht auf Schwingung. Solange sich die Menschheit nicht auf das ewig bestehende Gesetz Gottes ausrichtet, wird sie sich von ihren Plagen, Krankheiten und Schicksalsschlägen nicht befreien können. Wenn auch der Mensch krampfhaft seine Krankheiten zu bekämpfen sucht, indem er in Laboratorien die Krankheitserreger untersucht und analysiert, um ein Gegenmittel zu finden, so ist dies alles nur eine Täuschung.

Hierzu ein Gleichnis: Wir denken an einen porösen Wasserschlauch, der an verschiedenen Stellen durchlässig ist. Der Mensch versucht, diese schadhaften Stellen zu verschließen. Das ist aber nur ein Scheinerfolg. Früher oder später bricht der poröse Wasserschlauch erneut, meist an einer anderen Stelle.

Der feinstoffliche Körper der gefallenen Geistwesen verpuppte sich in Jahrmilliarden mehr und mehr, das heißt, er verdichtete sich immer stärker und transformierte sich dadurch zum Menschen herunter. Die Zellen und Organe, der gesamte menschliche Körper, sind verdichtete

Schwingungsfelder, verpolte geistige Atome, die nach und nach die Ummantelung der materiellen Form annahmen.

Wenn nun der Mensch in seinen Laboratorien ein neues Medikament für diese oder jene Krankheit gefunden hat, so flickt er damit im kranken Körper nur ein Organ. Die Krankheit bricht jedoch oftmals in einer anderen Zellverbindung wieder auf. Sie tritt eventuell mit ganz anderen Symptomen auf. Dagegen gibt es wieder Medikamente, wieder einen Flicken, bis diese Krankheit, die möglicherweise eine in den Körper ausfließende Seelenschuld war, durch das Medikament noch einmal in die Seele, in den Seelenkörper, zurückgedrängt wird und diesen erneut für das Geistige unempfindlich macht, weil ein gesetzwidriger Flicken, die irdische Medizin, die allwissende, weise und heilende Ätherkraft nicht wirken lässt.

Der nur scheinbar geheilte Mensch glaubt, er habe für seinen Körper alles getan, da er, so wie es momentan den Anschein hat, gesund geworden ist. Der Arzt freut sich, die Wissenschaftler rühmen sich, da sie glauben, ein wirksames Medikament gefunden zu haben, das die Krankheitsursachen bekämpft. Es war jedoch nur ein Flicken auf einem schon sehr porösen Schlauch.

So handelt die gesamte Menschheit auch mit ihrer Erde. Die Geräusche und Detonationen bilden die Löcher in dem porösen Schlauch Erde, Gebetsgedanken von guten, in Gott lebenden Menschen legen Flicken darauf. Die Mehrzahl der Menschheit ist jedoch durch ihr gegensätzliches Leben ständig dabei, die Erde und sich selbst mit niedrigen Schwingungen zu umgeben, wodurch die poröse Erde – der symbolisch gedachte »Schlauch« – an anderen Stellen aufbricht. Dann spricht der Mensch von Naturkatastrophen oder von der göttlichen Rache. In Wirklichkeit ist *er* derjenige, der die Ursachen schuf und die Wirkung vorantrieb.

Erst durch die Veredelung der Menschheit, jedes einzelnen Menschen, könnten die Erde und das gesamte Sonnensystem gesunden. Erst wenn die Menschheit von innen heraus, von der Seele her, vom Wesenskern, der sich in jeder

Seele und in jedem Menschen befindet, gesundet, könnte auch der Wohnplanet Erde durch eine verfeinerte Schwingung, die vom Menschen ausgehen müsste, gehoben werden. Sie würde in höhere Schwingung gebracht werden, wodurch Mensch und Sonnensystem in einen gesetzmäßigen Rhythmus einbezogen werden könnten und die Rückbildung des Grobstofflichen in das Feinstoffliche gesetzmäßig ablaufen könnte. Durch diese Verfeinerung würden die Krankheiten und Schicksalsschläge der Menschen und die Erdkatastrophen abnehmen, weil die ewig bestehenden Ätherkräfte, das eherne Gesetz Gottes, durch vermehrte Intensität das Grobstoffliche verfeinern könnten.

Was müsste der Mensch tun, um sein Leben zu ändern und die Elemente ansprechen zu können? Sowohl Gutes als auch Böses geht vom Menschen und seiner belasteten Seele aus. Dieses Gegensätzliche brachte in einem Teil der Schöpfung die Disharmonie. Es sind die gefallenen Geistwesen, die sich durch ihr Denken und Wirken mit den von ihnen selbst geschaffenen Kräften ummantelten und nach und nach zu der erstarrten Form des Menschen wurden. Die Bosheit und Unwissenheit, die dem menschlichen Ich entsprangen, nimmt die entkörperte Seele mit in die Reiche der Reinigung hinüber. Von dort aus wirkt sie auf jene Menschen ein, die ihr schwingungsmäßig gleich sind und deshalb für ihre Einflüsterungen ansprechbar sind. Dadurch bleibt das Betätigungsfeld solcher Seelen die Erde. Sie läuterten als Mensch ihre Sinne nicht und stießen in dasselbe Horn wie viele unserer unwissenden und hartnäckigen verkörperten Brüder und Schwestern.

Jedem Menschen wird in seinem Leben durch den Geist mehrmals die Möglichkeit gegeben, sein derzeitiges Leben zu erkennen und zu ändern. Der träge Mensch jedoch nimmt den Fingerzeig seines eigenen Schicksals selten wahr, da er umkehren und sich anstrengen müsste. Das heißt, er müsste sich selbst läutern, bevor er seinen Mitmenschen gute Ratschläge erteilt.

Durch ein gesetzmäßiges Denken und Wirken jedes einzelnen Menschen würden auch die Umwelt und die Erde in das rechte Lot kommen und den Menschen dienen. Die Seelen in den Stätten der Reinigung müssten sich dadurch ebenfalls eines Besseren besinnen, da das Objekt ihrer Beeinflussung, der Mensch, nicht mehr auf ihre gegensätzlichen Einflüsterungen hören würde.

Was könnte geschehen, wenn sich die gesamte Menschheit änderte und das Gute, Gesetzmäßige anstrebte?

Zuerst würde sich der Mensch von allen niederen Trieben reinigen. Dadurch käme seine Seele in immer höhere Schwingung. Die Kraft, die dies ermöglicht, ist die Geistkraft, der Äther, der die geläuterte Seele immer stärker durchdringt. Durch die Hinwendung zum Guten und Gesetzmäßigen könnte die ewig bestehende Ätherkraft allmählich die Herrschaft über die Menschen gewinnen. Durch dieses erhöhte Kräftepotential würde der Mensch mehr und mehr durchlichtet. Das heißt, seine Gesinnung dem Nächsten gegenüber wäre gut und könnte zum weiteren Aufstieg beitragen.

Durch ein gesetzmäßiges Leben kämen sich die Menschen immer näher und würden zu wahren Brüdern. Mit der Zeit gäbe es keine Landesgrenzen mehr, da in den Menschen der ewige Geist, die Ätherkraft, als beherrschendes Bewusstsein wirken könnte. Sobald der Geist die Herrschaft über einen Menschen gewinnt, ändert sich dieser von innen heraus, das heißt vom Wesenskern der Seele aus. Das verläuft folgendermaßen:

Sobald ein Mensch den Fingerzeig seines eigenen Schicksals erkennt, der ein Fingerzeig Gottes ist, und sich dadurch eines Besseren besinnt, beginnt der Wesenskern der Seele intensiver zu pulsieren.

Der Geist macht den Menschen behutsam auf die Fehler und Schwächen aufmerksam. Hierbei wirken der Geist Gottes und der Schutzgeist eng zusammen. Die Aufbereitung des Menschen für das Gute beginnt über das Gewissen. Im Großhirn, gleich unter der Schädeldecke, befinden sich viele hochempfindliche Zellmembranen, die viel leichter und schneller zum Schwingen kommen als die übrigen Gehirnzellen. Diese Zellen bilden das Gewissen. Sie werden vom Geist Gottes, dem Wesenskern, und dem Schutzgeist zuerst berührt, wodurch sie gleichsam zu Polizisten des Menschen werden. Sobald sich der Mensch dem Guten und Absoluten zuwenden möchte, werden diese Zellen umgepolt, das heißt auf die fließende Ätherkraft ausgerichtet. Dadurch ist es dem Geist Gottes möglich, den

Menschen immer wieder auf seine Gegensätzlichkeiten aufmerksam zu machen.

Durch die schon erwähnte Hinwendung zum Guten wird der in der Seele bisher weitgehend latente Wesenskern, die Urkraft, aktiv. Diese zieht zuerst des Nachts, wenn der Mensch schläft, vermehrt Ätherkräfte aus der Unendlichkeit an. Ätherkräfte sind Geist- oder Gotteskräfte. Diese Gotteskräfte fließen sodann in die Seele ein und verströmen sich über die seelisch-körperlichen Bewusstseinszentren in den Menschen.

Hört nun der Mensch auf sein Gewissen und befolgt er das Gute, so steigert sich die Zufuhr der Ätherkräfte. Wird der gute Wille zur Tat, indem der Mensch durch Gedanken, dann durch Handlungen gute Kräfte aussendet, so kommen diese Gehirnzellen, das Gewissen, in noch höhere Schwingung, denn alles, was schwingt, erzeugt Resonanzen. Hierzu ein Beispiel:

Wirfst du einen Stein ins Wasser, so löst du im Wasser Schwingungen aus, die wiederum ihre Kreise ziehen. So ist es auch, wenn in den Menschen durch ein an das Gute und Gesetzmäßige hingegebenes Leben verstärkt Geistkraft fließt. Sobald die Gewissenszellen die entsprechende Schwingung haben, wird diese Schwingung durch die fortwährend einfließende Geistkraft auf die tiefer liegenden Zellschichten, vor allem auf die des Großhirns, übertragen. Ist auf diese Weise ein Teil der Gehirnmasse gereinigt, dann hat der Mensch die ersten großen Anstrengungen hinter sich. Durch diese heilige Schubkraft wurde der Mensch bereits teilweise auf das Gute umgepolt und reagiert besser auf die einfließende Ätherkraft und die mahnende Stimme des Schutzgeistes. Bleibt der Mensch auf diesem gesetzmäßigen Lebenspfad, so wird er zu einem geistigen Menschen, der immer mehr Neigungen zum Guten zeigt.

Wer ist also der auslösende Faktor in diesem Geschehen? Der Mensch! Er muss sich zuerst den Ätherkräften, dem Gesetz Gottes, zuwenden und nach ihren Weisungen handeln. Erst wenn der Mensch um die Beständigkeit zum Guten bittet und die geistigen Gesetze, die auch für das Mineral-, Pflanzen- und Tierreich gelten, verwirklicht, empfängt er in stets sich erhöhendem Maße Geistkraft. Durch diese erhöhten göttlichen Gaben erweitert sich auch die Seelenmasse, die sich sodann, nach und nach, über das Haupt des Menschen stülpt und die obere Gesichtshälfte bedeckt. Das hat zur Folge, dass sich auch die im Menschen befindlichen Bewusstseinszentren erweitern. Dies beginnt beim untersten Zentrum, beim Bewusstseinszentrum der Ordnung, das in der Steißbeinregion verankert ist.

Je mehr sich der Mensch im Laufe dieses Umpolungsprozesses Gott hingibt, umso mehr Geistkraft fließt in seine Seele und in die Gehirnzellen ein. Wird die Resonanz dieser Vorgänge in der Seele und in den Gehirnzellen nach und nach auf die gesamte Zellstruktur des Menschen übertragen, so pulsiert und schwingt alles Sein. Das heißt, durch die Kommandostelle, das Gehirn, das auf die hohen Energien des Geistes reagiert, kommt nach und nach der gesamte Körper in die geistig-göttliche Schwingung. Die Gehirnzellen, die den Körper des Menschen steuern, signalisieren sämtlichen Organen nur Positives, das heißt Gutes; dadurch reagieren im Laufe des menschlichen Lebens alle Zellen und Organe des Körpers.

Dann erfüllt sich das Gesetz, und der Geist Gottes beherrscht die Materie, den Menschen. Dadurch verändern sich die im menschlichen Körper befindlichen Bewusstseinszentren, die sich am Ende dieses geistigen Prozesses nach und nach auflösen. An ihre Stelle treten die bis dahin nur in der Seele aktiven, höheren Geistkräfte, die ebenfalls Bewusstseinskräfte sind.

Dies sind höchste Ätherkräfte, die nicht mehr als Bewusstseinsräder in Erscheinung treten, sondern als fließende Energien, welche sich immer stärker in die sich erweiternde Seele und in den Körper als hochpotenzierte Ätherkräfte verströmen. Diese hochpotenzierten Ätherkräfte bilden in der Nähe der Steißbeinregion eine Art weiße Ätherflamme, die die Wirbelsäule entlangzüngelt und sich mit dem Wesenskern in der Seele vereint.

Über die Reinigung der Seele und Vergrößerung des Ätherkörpers zur Entfaltung des Gottmenschen

Zu diesen eben geschilderten Vorgängen, die den Gottmenschen hervorbringen, möchte ich eine noch weiter in die Einzelheiten gehende Aufschlüsselung geben:

Die Struktur des Ätherleibes ist vollkommen anders als die Anatomie des irdischen Körpers. Der Ätherkörper besitzt sieben Kraftzentren, die Prismenkräfte sind, welche das von der Urkraft in der Seele, dem Wesenskern, ausgehende weiße Licht in Spektren zerlegen. Diese Spektralkräfte sind die Lebensbahnen des Ätherkörpers, die mit den Kräften der himmlischen Ebenen in absoluter Harmonie stehen. Das heißt: Der Geistkörper, sofern er absolut rein ist, ist eins mit der gesamten Schöpfung. Das besagt wiederum: Der Ätherkörper hat denselben Aufbau wie das gesamte Universum. Dieser Mikrokosmos reagiert wie der Makrokosmos, wie die gesamte Schöpfung. Jede Lichtbahn und jede

Ätherkraft des Universums ist auch im Mikrokosmos, im reinen Geistkörper, voll aktiv und kann über den Wesenskern und die jeweiligen Prismenkräfte in erhöhte Aktion gebracht werden.

Die im menschlichen Körper befindlichen Bewusstseinsräder sind nichts anderes als die sieben Hüllen, mit denen sich die Seele durch ihr gegensätzliches Leben umkleidet hat. Die ersten vier Hüllen sind die Reinigungsbereiche, die weiteren drei sind Vorbereitungsebenen. Auch die Seelenpartikel tragen die Belastung dieser sieben Gewänder, denn die Seele ist das Buch des Lebens. Erst wenn sich diese Hüllen nach und nach auflösen, reinigen sich auch die Seelenpartikel, wodurch sich die Seele vergrößert, da sie durch die Reinigung vermehrt Geistkräfte empfängt. Wenn die Seele inkarniert ist, bilden diese sieben Gewänder der Seele die im Menschen befindlichen Bewusstseinsräder. Sie entstehen nach und nach im neugeborenen Menschen und nehmen, unmerklich für den Menschen, ihre Funktion auf.

Sobald sich also die Seele reinigt, vergrößert sich dieser Ätherkörper und beginnt, sich mehr und mehr über das Haupt des Menschen zu stülpen. Je stärker sich die Seele reinigt, umso mehr erweitert sich auch das göttliche Bewusstsein. Es sind hochpotenzierte Ätherkräfte, auch Prismenkräfte genannt, die erhöht wirksam werden. Die bestehenden Hüllen, die sich im menschlichen Körper als Bewusstseinsräder gebildet haben, lösen sich in dem Maße auf, in dem sich die Seele vergrößert und sich von oben, vom Haupt her, über den Menschen stülpt. Diese sieben im Menschen befindlichen Bewusstseinszentren werden durch die erhöhten Geistkräfte immer lichter.

Zuerst löst sich das Bewusstseinszentrum in der Steißbeinregion ganz auf. An seine Stelle tritt die erste Prismenströmung, die sich nach und nach zu einer Flamme ausbildet, da sich auch die Seelenmasse mehr und mehr erweitert. Diese Prismenkräfte sind Lichtzentren im Ätherkörper, in der Seele. Wenn sich die Seele zunächst über die obere Gesichtshälfte ausbreitet, sodann das ganze Gesicht einnimmt, sich weiter über den Hals und über die Brust erweitert und sich zuletzt über den ganzen Menschen stülpt, so ist für den Menschen trotzdem nur der Körper sichtbar, da ja die Seele Äther ist. Diese Vorgänge jedoch, die sowohl außerhalb als auch im menschlichen Körper ablaufen, können von dem werdenden Gottmenschen sehr deutlich wahrgenommen werden. Durch diesen Umpolungs- und Umstülpungsprozess wird der Mensch von der göttlichen Ätherkraft immer stärker durchflutet. Je mehr sich die Seele erweitert, umso stärker treten die Prismenkräfte in Aktion. Die Bewusstseinszentren, die Hüllen der Seele, lösen sich nach und nach auf, wodurch sich im und am Menschen eine vollkommen veränderte Strömung bemerkbar macht.

Solange die Bewusstseinsräder aktiv waren, bemerkte der reifende Mensch in seinem Körper die fließende Energie des Geistes. Er verspürte, wie die Geistkraft hinabfloss, wie die Bewusstseinsräder rotierten und die Geistkraft wieder zum Wesenskern zurückfloss. Er nahm auch da und dort die Geistkräfte in den Organen wahr, später sodann in seinem Körper das Wehen des Heiligen Geistes.

Sobald sich aber die Seele erweitert und sich der Geistleib herauskristallisiert, bemerkt der werdende Gottmensch andere Vorgänge, nämlich die Strömungen des Geistes als erweiterte Kraftbahnen und das Hinaufzüngeln der Flamme.

Diese Vorgänge musste ich etwas ausführlicher offenbaren, weil diese, wie dargelegt, den Menschen zum Gottmenschen machen. Er hat gelernt, sich selbst zu beherrschen, die Elemente innerhalb seines Körpers ebenso wie auch die Elemente im Kosmos.

Diese Vorgänge bilden die Metamorphose vom Menschen zum Gottmenschen. Für Außenstehende sind diese nicht sichtbar, für den unmittelbar Betroffenen jedoch fühlbar. Dem Menschen, dem sein Körper gehorcht, weil er seine Seele voll zur Entfaltung gebracht hat, dienen die gesamten Geistkräfte des Mineral-, Pflanzen- und Tierreichs, und auch die Elemente

Feuer, Wasser, Erde und Luft gehorchen ihm. Diese eben geschilderten Vorgänge bilden einen sehr langsamen Prozess, der von demjenigen, der den Weg der absoluten Selbstaufgabe und der Hinwendung zur Gottheit beschreitet, deutlich beobachtet werden kann. Die Kräfte dienen dem Menschen, die Elemente gehorchen ihm.

*Segen und Wohlergehen
durch die Kraft der Gedanken*

Das Leben Gottes ist ewig bestehende Kraft. Diese Kraft entspringt den geistigen Atomen, die sofort wirksam werden, wenn der Mensch den Willen Gottes befolgt.

Der Wille Gottes ist das treibende Element. Der Wille, eine Wesenheit des Absoluten, der auch als Bewusstseinskraft im Menschen wirkt, versucht diesen fortwährend zu lenken, damit er hohe Gedanken entwickelt und auch entsprechend handelt.

Sofern der Mensch sich dieser göttlichen Schulung seines Willens hingibt und seine Lebensweise ändert, führt dies zur geistigen Reife und immerwährenden Aktivität der göttlichen Kräfte. Die Lebensgewohnheiten des auf dem geistigen Weg befindlichen Menschen, seine Denk- und Handlungsweisen, auch seine Charaktereigenschaften werden sich vollkommen ändern. Müdigkeit und Trägheit lassen nach. Der Mensch wird selbstlos und gottergeben. Krankheiten werden durch die innere Kraft geheilt oder gelindert. Die Essensgewohnheiten verändern sich, der Mensch meidet nach und nach alle tierische Nahrung, er verringert auch seine Nahrungsmenge und bleibt trotz allem frisch, gesund und elastisch. Auf dem Weg der geistigen Bewusstwerdung ordnet der Mensch mehr und mehr seine Gedanken, wird hilfsbereit, zufrieden und still. Sein ganzer Körper kommt in Harmonie, sein Schreiten ist ausgewogen, seine Gestik harmonisch, das Verständnis gegenüber seiner Umwelt wächst. An die Stelle der Eigenliebe und Selbstsucht treten

Gottesliebe, Verständnis und Liebe für den Nächsten, und der Wunsch, zu lindern und zu helfen, wird immer größer. Ein solcher Mensch, der von der inneren Kraft aufbereitet wird, lernt diese auch anzuwenden. Er erlebt, dass der Gottesgeist Energie ist, die er durch die Schulung seines Willens empfangen darf.

Sobald sich der Mensch der Führung Gottes anvertraut, machen sich im Menschen die geistigen Ströme, es sind die Ätherkräfte, bemerkbar, welche zum Führer und Lenker des physischen Körpers werden. Die im Körper wirkenden Ätherkräfte sind bei vielen Menschen im hohen Maße latent, das heißt, ihre Funktion ist sehr gering, weil sie vom Menschen nicht angesprochen werden können. Bei einem Gottsuchenden nehmen diese heiligen Kräfte Form und Gestalt an, indem sie den inneren Seelenkörper erweitern und sich dadurch nicht nur als Lenker des physischen Körpers zeigen, sondern auch als Kräfte, die den irdischen Leib einhüllen und schützen. Sie machen den Menschen zum wahren Kind Gottes, nämlich zum Gottmenschen, der sich nach und nach zu beherrschen gelernt hat und wahrlich der Menschheit dienen kann. Ein solcher Mensch könnte die Welt zum Gesundbrunnen Gottes führen, sofern die Weltlinge ihm Gehör schenken würden. In dieser Vater-Kind-Verbindung wirkt nicht mehr der Mensch selbst, sondern es ist der Geist Gottes, der Vater aller Kinder, der durch Sein williges Instrument wirkt. Einem solchen Menschen dienen die Kräfte und Elemente des Universums.

Die Gedanken sind die größten Kräfte der Schöpfung. Als Gott die himmlischen Welten schuf, war das »Wort«, das heißt: der Gedanke. In Wirklichkeit war es Seine Allmachtsempfindung. Er, der Herr, sah Sein Werk schon vollendet.

Jeder Gedanke sollte absolut sein und nur Vollkommenes hervorbringen. In einem solchen göttlichen Gedanken liegt die Kraft zur Vollendung. Je höher ein Lichtgedanke schwingt, umso größer ist die sich daraus ergebende positive Wirkung. Ein göttlich reiner Gedanke ist schöpferisch und findet zuerst in der Seele seinen Widerhall, bevor er in den Menschen eindringt. Deshalb ist es für den Menschen nie zu früh, mit der Überwachung von Empfindungen und Gedanken zu beginnen, sie abzuwägen und zu prüfen und den durch die Schulung auf die göttlichen Gesetze ausgerichteten Willen zu stählen, damit ihm der göttliche Strom dienen kann.

Hier möchte ich noch einmal wiederholen, und das ist sehr wesentlich: Der Mensch muss lernen, sich auf Gott und Seinen Willen auszurichten. Schult der Mensch jedoch seinen Eigenwillen, den er für Selbstzwecke einsetzen möchte, so programmiert er dadurch sein Unterbewusstsein. Das sind bestimmte Gehirnzellen, die vermehrt im Kleinhirn vorhanden sind. Durch diese nicht gesetzmäßige Programmierung kann der Mensch in den Astralbereich abgleiten. Er zieht dadurch nicht göttliche Kräfte an, sondern Astralwesen, das heißt Seelen noch auf die Erde ausgerichteter verstorbener Menschen. Diese versuchen, ihm zu dienen und seine Wünsche zu erfüllen. Solche noch mit niederen Neigungen behafteten Seelen verfügen über wenig eigene Kräfte. Da sie im Erdbereich verbleiben und tätig werden wollen, versuchen sie, magnetisch anderweitig Kräfte herbeizuziehen. Sie nehmen diese entweder von willensschwachen Menschen oder aus dem atmosphärischen Raum, aus der Ätherchronik. Diese Energien übertragen sie dann solchen Menschen, die ihr Unterbewusstsein für selbstsüchtige Zwecke programmiert haben. Diesbezüglich ist also Vorsicht geboten.

Wer nicht diese Astralkräfte, sondern die reinen Gotteskräfte erbittet, muss ein selbstloses, hingebungsvolles Leben führen, damit ihm diese heiligen Geistkräfte dienen können. Die aus den atmosphärischen Bereichen angezogenen Astralkräfte sind nur momentan scheinbar nützlich, sie dienen nur für kurze Zeit materiellen Zwecken. Diese gegensätzlichen Kräfte sind der Seele nicht förderlich, sondern stimmen sie eher überheblich und geltungssüchtig, was einst von der Seele abgetragen werden muss. Jene unlauteren und niederen Kräfte sind keine Gotteskräfte, sie schaden dem Menschen, der sie anfordert oder annimmt.

Der Mensch selbst erkennt nicht, was für ihn gut und heilsam ist. Er kann dies nur erkennen durch die allwissenden Ätherkräfte, das allumfassende Gesetz Gottes, das lenkend in ihm fließen möchte. Deshalb, o Mensch, kommt es auf die Ausrichtung an, bedenke dies!

Die geistigen Kräfte sind auch Heilkräfte, die jeder Mensch erbitten kann

Die gesetzmäßigen Kräfte des Geistes sind auch Heilkräfte, die in einem geistig aufbereiteten Menschen verstärkt fließen und anderen Heilung-Suchenden übertragen werden können, sofern diese hierfür aufgeschlossen sind. Bei dieser Kräfteübertragung findet ein Kontakt zwischen dem Christusheiler und dem Heilung-Suchenden statt, der durch den

Wesenskern, der in jeder Seele ist, ausgelöst wird. Deshalb legen die wahren Christusheiler zuerst ihre Hände auf den Hinterkopf des Heilung-Suchenden, um mit der im Menschen fließenden Gotteskraft in Berührung zu kommen.

Verharrt der Heilung-Suchende während der Christusheilung willenlos und passiv, ohne Glauben an den Inneren Arzt und Heiler, an das in ihm fließende Gesetz Gottes, so findet kein enger Zusammenschluss dieser geistigen Kräfte statt. Das heißt, die Energie kann nur sehr gering oder gar nicht vom Christusheiler zum Heilung-Suchenden fließen. Deshalb sagte Jesus: »Nach deinem Glauben wird dir gegeben!« Das bedeutet also: Wenn der Mensch an den Christus-Gottes-Geist in seinem Innersten glaubt und sich Ihm hingibt, indem er sich auf Ihn ausrichtet, so findet der geistige Kontakt zwischen dem Christusheiler und dem Heilung-Suchenden statt.

Jesus sprach aber auch noch sinngemäß: »Gehet hin und sündigt fortan nicht mehr.« Das soll heißen: Wenn der Mensch wieder in seine alten Gewohnheiten und Laster zurückfällt und sich aufs Neue durch die Abwendung von der Gotteskraft belastet, indem er erneut gesetzwidrigen Ideen nachhängt und seine Gedanken unkontrolliert lässt, so reduziert er die ihm übertragene oder durch das Gebet und die eigene Hinwendung erhaltene Geistkraft. Dadurch können seine alten Leiden und Gewohnheiten oder noch weit größere Unannehmlichkeiten auftreten, da er durch gesetzwidrige Denk- und Handlungsweise diese Geistkraft, die Heilkraft, erneut reduziert.

Der Mensch bedarf nicht unbedingt eines Übermittlers der Geistkraft, eines Christusheilers. Sofern er sich durch göttliche Schulung seines Willens und das tiefe Herzensgebet auf eine höhere geistige Ebene begeben konnte, in der die Geistkraft ohne das Zutun eines Zweiten oder Dritten wirksam wird, so kann unmittelbar die göttliche Hilfe über das Innerste der Seele erfolgen. Wie ich soeben offenbarte, können diese göttlichen Heilkräfte vom Menschen selbst erbeten werden, da in jedem Menschen der Mikrokosmos, die Seele, ist, die aus dem Makrokosmos, dem großen Ganzen, hervorgegangen ist.

*Vom rechten Gebrauch
der göttlichen Ätherkräfte, die alle Lebensformen durchdringen*

Einem geistig hochstehenden Menschen, der diese Ätherkräfte zu lenken weiß, fließen sie nicht nur von innen, sondern auch von außen über die Odkräfte zu, denn alles Sein beruht auf Energie.

Es ist sehr wesentlich, welche Energie der Mensch erbittet und auf welche Kräfte er sich ausrichtet. Die Ätherkräfte sind um und in jeder Lebensform. Jede reine Lebensform ist bereit, dem Nächsten zu dienen, da das Dienen am Nächsten gesetzmäßig ist. Die reinen Seinsformen verwirklichen das allumfassende, dienende Gesetz Gottes. Auch die Mineralien, Pflanzen- und Tierreiche möchten dem Menschen dienen. Da aber der nach außen gekehrte Mensch um die göttlichen Gesetzmäßigkeiten wenig weiß und sie auch nicht annehmen möchte, schändet er diese Lebensformen, nicht zum Heil und Wohl seiner selbst, sondern zum Weh und Ach seines eigenen Körpers und seiner Umwelt.

»Gott, unser Herr, ließ die Kräuter zum Wohle der Menschheit wachsen«, so sagt der Mensch. Durch die Kräuter jedoch gehen gesetzmäßige Gottesströme, die im geistigen Reich, in den Entwicklungsbereichen, ihre wahre Aufgabe haben. Nach dem Plan der Schöpfung enthalten die Heilkräuter Ansprechungskräfte, auf die sich der kranke Mensch gedanklich ausrichten sollte, um deren Heilkräfte, ohne sie zu pflücken, empfangen zu können. Da der Mensch diese Einheitsverbindung mit allem Sein verloren hat, sind die Heilkräuter Gnadengaben des Geistes, die er zur Herbeiführung seiner Heilung ernten darf. Jede Nahrungsaufnahme ist nur ein Hilfsmittel, weil die Aktivität des Geistkörpers im Menschen nicht voll wirksam ist.

Die unwissende Menschheit beutet die Erde aus. Sie bedarf der Rohstoffe, der Mineralien und dergleichen. Nach dem Gesetz Gottes sind diese nur Ansprechungskräfte, da ihre Geistkraft in der Seele jedes Menschen vorhanden ist. Um positiv wirken und schaffen zu können, bedarf es der Wechselwirkung zwischen der jeweiligen Substanz in der Seele und in der Außenwelt. Sowohl im Mineral als auch im Pflanzen- und Tierreich befinden sich die zurückgezogenen Ätherkräfte. Diese Ansprechungskräfte sind nur deshalb dem Menschen nicht zugänglich, weil die Kinder Gottes diese hohen Schöpferkräfte unbeachtet ließen und die Welt nach ihren im Unwissen geborenen Vorstellungen gestalteten. Die Materie ist nichts anderes als ein niedrig schwingendes Energiefeld, welches das geistig hohe Energiepotential weitgehend verdrängt hat und dieses mit geringen Energien umhüllte.

Erst wenn sich der einzelne Mensch Gott zuwendet und die Gesetzmäßigkeiten Gottes befolgt, sich alles in Liebe untertan macht, werden sich die Ätherkräfte wieder vollkommen entfalten können, wodurch das schon Offenbarte in Erscheinung treten könnte. Der geistige Leib, der Ätherleib, wird dadurch nach und nach wieder voll wirksam werden und sowohl den Menschen als auch die Materie einhüllen. Dann erst kann zu Recht gesagt werden: Der Geist beherrscht die Materie.

Was sich in und um den Menschen zutragen kann, das könnte in den gesamten materiellen Bereichen geschehen, sowohl in den Mineral- als auch in den Pflanzen- und Tierreichen. Die innere, die geistige Struktur müsste sich nach außen kehren, um die Materie zu beherrschen. Dadurch würde das gesamte Sonnensystem nach und nach in eine höhere Schwingung gelangen, wobei sich die Materie nach und nach auflösen würde und sich der Urzustand, das rein Feinstoffliche und Geistige, herausbilden könnte. Dann gäbe es kein Sterben mehr, kein Abwerfen der Hülle, sondern die Umwandlung vom Grobstofflichen in das Feinstoffliche. Das alles müsste aber vom Menschen aus geschehen, weil der Mensch der Urheber dieses enormen Verdichtungsgrades ist.

Sämtliche Lebensformen reagieren auf die Ätherkräfte. Wenn sich der Mensch dieser hohen Kräfte bedienen würde, so könnten von ihm hohe Lichtkräfte ausgehen, welche die Umwelt verfeinern würden, in dem Grade, in dem sich der Mensch selbst verfeinert. Einem Gottmenschen, der die inneren Ätherkräfte anzuwenden weiß, dem dienen sie auch.

Schon *ein* gesetzmäßiger Gedanke stellt zum All-Leben eine Verbindung her, sei es zu einer Pflanze, zum Mineral- oder Tierreich, wodurch die entsprechenden Ätherkräfte fließen und den Menschen dienen. So würde es keiner Erdverlagerungen zum Erlangen von Rohstoffen bedürfen und auch keines Pflückens von Heilkräutern. Auch ein übermäßiger Anbau von Obst und Gemüse wäre nicht erforderlich. Die Geistsubstanzen, die Ätherkräfte, sind sowohl in der Unendlichkeit als auch im Menschen vorhanden. Es bedarf nur der rechten Ansprechung, und sie dienen ihm. Feuer, Wasser, Erde

und Luft sind sowohl geistige als auch irdische
Elemente. Bedienst du dich der geistigen Elemente, so wird sich durch dich alles vollziehen,
sofern du mit Gott, deinem Vater, in Harmonie
bist. Es ist vom Geiste aus nicht notwendig, Erdverlagerungen vorzunehmen, um beispielsweise
Metalle zu entnehmen, weil die im Erdreich
bestehenden Substanzen auch in dir, in deiner
Seele sind. Es wäre nicht unbedingt erforderlich,
Kräuter zu pflücken, weil die geistige Substanz
in der Seele vorhanden ist. Sofern du diese erwecken kannst, wird sie dir dienen. Der Mensch
müsste weder frieren noch im Schweiße seines
Angesichtes das Brot verdienen.

Alles, was du brauchst, o Mensch, ist in dir.
Der rechte Gebrauch dieser Kräfte würde alles
hervorbringen.

Alles Verdichtete
muss umgewandelt werden

Viele, die diese Offenbarung lesen und unwissend sind, werden sagen, das sei Utopie und wäre nicht real. O erkennt: Was der Mensch tut, ist nicht gesetzmäßig und hat in der göttlichen Wirklichkeit keinen Bestand.

Gott, euer Vater, ist die Liebe.

Was der Mensch nicht aus dieser absoluten Liebe tut, kann auf die Dauer nicht bestehen. Die nur menschliche Denk- und Handlungsweise schafft Krankheiten, Nöte, Bedrängnisse, und zuletzt ist immer wieder der Zerfall als Ende angezeigt. Deshalb ist die Materie nicht ewig existent. Diese Struktur wird der Expansion und Auflösung anheimfallen, weil sich der Geist, die Ätherkraft, nicht entfalten kann, um den Menschen, seine Erde und das ganze Sonnensystem auf eine hohe Schwingung zu bringen, um sie umzuwandeln.

Der Mensch, der Urheber aller Gegensätzlichkeiten, ändert sein Leben nicht. Er gehorcht nicht der Ätherkraft, dem Geist Gottes, seinem Vater. Dadurch können sich diese heiligen Kräfte nicht entfalten. Die Menschheit verstößt täglich gegen diese ewig bestehende, heilige Ätherkraft und hindert sie, die Assimilation vorzunehmen. Da aber alles einem gesetzmäßigen Ablauf unterliegt und alles wieder dem ursprünglichen, ewig reinen Zustand zugeführt werden muss, strömen nun aus der Urzentralsonne über die sieben Prismensonnen umwandelnde Ätherkräfte in sämtliche verdichteten Bereiche ein, um die Verfeinerung und die Assimilierung an das ewig Göttliche herbeizuführen. Weil die Menschheit jedoch weiterhin gegensätzlich denkt und wirkt und nicht bereit ist, diese göttlichen Kräfte zuerst in sich selbst wirksam werden zu lassen, so wird auch diese Erde, wie die Seele des Menschen, entbunden werden müssen. Das heißt, die Erdseele wird die Verdichtung, ihre materielle Umhüllung abwerfen, so wie die Menschenseele ihren Körper. Das wird große Katastrophen mit sich bringen. Diese Ausbrüche der Erde sind die Krankheiten des großen Erdmenschen, der Erde. Das letzte Aufbäumen der Erde wird geschehen, wenn das Wassermannzeitalter zu Ende geht.

Dann kann das ewig Bestehende, das Gesetz der Liebe, voll wirksam werden.

Dasselbe gilt beim Menschen. Auch der kranke Mensch lehnt sich gegen seine Krankheit und gegen Gott auf, bis er nach dem letzten Aufbäumen seines Körpers zusammenbricht und daraufhin die Seele entweicht. Diese muss sich jedoch in den Reinigungsebenen von ihren Gegensätzlichkeiten befreien. Erst wenn sie geläutert ist, kann in ihr das Gesetz der Liebe vollkommen wirksam werden. Durch die Schubkraft des Christusgeistes, der der gesamten Menschheit aus Seiner Kraft der Barmherzigkeit Auferstehungskräfte verlieh, wären dem Menschen Möglichkeiten gegeben, dies zu verhindern.

Wenn der Mensch jedoch diese Kraft nicht erbittet, indem er ein gottgewolltes Leben führt, so wird er seinem Trugbild unterliegen und unsagbares Leid erdulden müssen.

Der Mensch ist ein Kind Gottes, und des Menschen Seele ist unsterblich. Früher oder später muss sich dieses ewige schöpferische Gebilde, die Seele, der Läuterung unterziehen. Jede Seele wird einst die in ihr existenten Ätherkräfte beleben müssen, um ein wahres und rein göttliches Kind zu werden. Die verstärkte Wiederbelebung und Entwicklung dieser Urkräfte kann für eine sehr belastete Seele zum Leidensweg werden. Diese Erde wurde durch die Opfertat von Jesus, dem Christus, zur Schulungs- und Bewährungsstätte für Seelen und Menschen. In dieser Lebensschule wird der ehrlich suchenden Seele und dem nach Gott strebenden Menschen die Möglichkeit gegeben, die Seele wesentlich schneller als in den Läuterungsstätten zu reinigen, da auf der Erde die Ätherkräfte wirksam werden, sofern der Mensch im Gesetz des Herrn lebt und diese Kräfte erbittet, um die Materie durch den Geist Gottes beherrschen zu können. Um sich dieser heiligen Kraft bewusst zu werden, bedarf es des rechten Denkens und Handelns.

*Wer in das Reich Gottes eingehen möchte,
muss den Himmel mitbringen*

Es wurde bereits offenbart, dass der Mensch, der sich einer göttlich-geistigen Schulung unterziehen möchte, um ein wahrer Christ, ein Christ des Inneren, zu werden, lernen muss, seinen Körper zu beherrschen. Das geschieht am besten jeden Morgen durch die Programmierung von Gehirn und Seele auf Gott. Diese Programmierungen sollten während des Tages wiederholt werden.

Auch wird der wahrhaft strebsame Gottsucher durch die Erkenntniskräfte des Geistes nach und nach lernen, welche Nahrung für ihn gut und heilsam ist. Die Voraussetzung dafür ist, dass der Mensch vor allem die Selbstkontrolle und die Selbstzucht übt und nicht nur auf seine Nahrung achtet. Dabei ist die Überwachung der Empfindungen und Gedanken wichtig, denn ein niederer Gedanke schadet dem Menschen mehr als eine schlechte, nicht im Gesetz Gottes schwingende Ernährungsweise. Durch gegensätzliche Gedanken bauen sich in der Seele und im Menschen ungute Neigungen auf, die ihn zu Niederem veranlassen.

Der Geist des Lebens unterweist die Menschheit immer wieder in der positiven Denk- und Handlungsweise, denn sowohl eine negative Empfindung als auch ein entsprechend negativer, das heißt unreiner Gedanke bilden die Ursachen vieler Übel. Die Nahrungsaufnahme sei hierbei erst an zweiter Stelle genannt, obwohl sie auch entscheidend mit zur Gesetzeserfüllung beiträgt.

Ausschlaggebend sind jedoch die Empfindungen und Gedanken. Der Mensch kann sich den Himmel weder erlesen noch durch Vegetarismus eressen. Ebenso ausschlaggebend ist die Entwicklung der Ätherkräfte im Menschen durch eine Lebensweise nach den Gesetzen Gottes. Einzig an der Verwirklichung dieser Gesetze wird die Seele gemessen.

Wer in das Reich Gottes eingehen möchte, der muss den Himmel mitbringen. Der Himmel ist die gereinigte Seele. Die Seele regeneriert sich nur, wenn der Mensch das Lebensgebot, das Gebot aller Gebote, die Liebe, in allen Einzelheiten beachtet. Der Himmel ist die Absolutheit, der Ausdruck des Höchsten und Reinsten, er hat die höchste Schwingungszahl. Diese Schwingung muss deine Seele durch eine entsprechende Lebensweise erreichen und mitbringen, um in das Vaterhaus, die Himmel, eingehen zu können.

Vor allem das Herzensgebet in Verbindung mit positiver Denk- und Handlungsweise führt eine hohe Seelenschwingung herbei. Auch harmonische Musik und leichte Körperübungen erhöhen die Schwingung der Seele. Der Berufstätige sollte auch an seinem Arbeitsplatz den Mitmenschen selbstlos begegnen und beistehen und die ihm übertragene Arbeit gut und zum Wohle der Allgemeinheit ausführen. Dieses edle Wirken schafft Zufriedenheit, Selbstsicherheit und Harmonie. Durch eine solche Handlungsweise ermüdet der Körper nicht so schnell, wodurch der Feierabend weitere Stunden in Har-

monie bringen kann. Das Abendgebet wird
fruchtbar werden und weitere Geistkräfte anzie-
hen. Diese dienen sodann dem ruhenden und
schlafenden Körper und der auch des Nachts
aktiven Seele.

Die Auswirkungen negativer Gedanken und menschlicher Vorstellungen

Oftmals wird die Frage gestellt: »Was ist ein
negativer Gedanke?« Schon allein, wenn
der Mensch glaubt, dass das von ihm erworbene
Hab und Gut sein Eigentum sei, ist dies eine
negative Empfindung oder ein negativer Gedanke. Die wenigsten Menschen wissen, dass
ihre Habe, die sie meinen sich geschaffen zu haben, in Wirklichkeit nicht ihr eigen ist, sondern
die Folge der Gnade Gottes. Der Herr verlieh
dem Menschen die Kraft zur Arbeit. Wer anders
denkt, hat sich schon mit den ersten gegensätzlichen Gedanken umwölkt und seine Seele auf
Selbstsucht programmiert. Seine Seele haftet an

dem erworbenen Gut, und sie wird dadurch an diese Welt gebunden. Der Mensch sollte das ihm verliehene Gnadengeschenk gut verwalten und ein unbeschwertes Menschenkind bleiben, das sich an nichts bindet, da es weiß, dass alles Hab und Gut nur eine kurze Zeit Leihgabe Gottes ist.

Die Gedankenwelt des Menschen kreist meist um seine eigenen Belange. Der Weltmensch ist meist nur mit sich selbst beschäftigt. So überlegt er, was er sich heute oder morgen gönnen könnte, um sein Wohl zu fördern. Sein Bestreben liegt darin, herauszufinden, welche Nahrung, welches Kräutlein und Medikament seinen Körper elastisch, frisch und gesund erhalten könnte. Diese Denkweise trägt bereits zur Reduzierung der Ätherkräfte bei, die ihm alles schenken könnten, was er für sein irdisches und geistiges Wohl benötigt. Der Geist, die ewig bestehende Ätherkraft in der Seele und im Menschen, könnte der Ernährer und Heiler sein.

Durch negative, das heißt unlautere Gedanken und menschliche Vorstellungen erlahmt der Wille zum Guten. Dadurch mindert sich die göttliche Willenskraft, wodurch die Seele nicht auf den Weg zur Gottheit findet. Das Geistwesen, das in Jahrmilliarden zum Menschen wurde, erkennt nicht mehr die Macht und die Wirkung der Gedanken. Durch niedere Gedanken, die das Geistwesen und den Menschen einengten, entstand die Vorstellung von Zeit und Raum. Als Folge dieser Begrenzung erlahmte der Weitblick für das Zeit- und Raumlose. Dadurch erfolgte die Verschattung des Geistkörpers und die Einengung der Seele und der menschlichen Vorstellungs- und Erkenntnisfähigkeit.

Vom menschlichen Gehirn aus wird alles gesteuert, so auch die Augen. Die Augen sahen nur noch die sich mehr und mehr verdichtenden Schwingungen, aus denen sich der Raum herauskristallisierte und unweigerlich die Zeiteinheiten entstanden. Das Auge spiegelt nur das im Gehirn Programmierte wider. Schon allein durch die Vorstellung der Menschheit von Zeit und Raum, die sich auf alle materiellen und teilmateriellen Bereiche übertrug, erfolgte die Reduzierung der heiligen Kräfte, wodurch der Geistleib und später der Mensch in seiner Beweglichkeit erlahmte und seine Verbindung mit der kosmischen Einheit verlor. Infolge dieser Begrenztheit ist es deshalb dem Menschen nicht mehr möglich, in den sieben göttlichen Dimensionen zu denken, sondern nur noch – seiner Einschränkung entsprechend – in dem dreidimensionalen Raum und in der Zeit. So unvorstellbar dies für den Menschen auch klingen mag, es ist die Wahrheit, da alles auf Schwingung beruht.

Wenn der Mensch glaubt, Gott sei außerhalb seines Selbst, so wird ihm Gott niemals als Gott des Inneren bewusst werden, weil ihm hierfür das Empfinden fehlt. Durch Unwissenheit und falsches Denken baute sich der Mensch eine Märchenwelt auf, in der er Gott als einen alten, gestrengen Herrn, über den Wolken thronend, glaubt, der in einer unermesslichen Entfernung getrennt von Seinen Kindern lebt und auf diese streng herabblickt, um sie nach dem Gewicht ihrer Fehler zu bestrafen.

Die Reaktion der Körperzellen auf negative Gedanken und Medikamente

Erkenne, o Mensch, Gott ist Geist, und der Geist wohnt in dir. In jeder Zelle deines Körpers befindet sich Seine dynamische Kraft. Wenn der Mensch jedoch seine Körperzellen mit niederen Gedanken, Worten und mit gegensätzlicher Nahrung speist, so werden seine Körperzellen zu rein materiellen Zellkindern. Die Zellstruktur reagiert, so wie die Seele, auf jede Regung, sowohl positiver als auch negativer Art. Deshalb sollte der Mensch bestrebt sein, nur hochschwingende Gedanken zu entwickeln und eine dem Gesetz des Herrn entsprechende Lebensweise zu führen.

Durch unbedachtes Denken und Handeln beginnt der Mensch, die in seinen Körperzellen befindlichen Ätherkräfte zu mindern, wodurch die Zellkinder, es sind die Zellen des Körpers, immer schwächer werden und zuletzt erkranken. Sind die Körperzellen noch nicht an pharmazeutische Medikamente gewöhnt, so bringt allein schon der Gedanke »Ich nehme eine Medizin« die Zellkinder in Aufruhr.

Die Macht der Gedanken wurde von der Menschheit noch nicht erforscht. Deshalb kann der Mensch weder einen positiven noch einen negativen Gedanken analysieren, und er vermag somit nicht zu sagen, welche Resonanzen Gedanken sowohl im seelischen als auch im physischen Bereich auslösen. Durch den Gedanken an ein Medikament gibt der Mensch dem Inneren Arzt, der Ätherkraft, nicht mehr die Möglichkeit, zu wirken und zu heilen. Weil der Mensch die göttlichen Ätherkräfte nicht erbittet, zieht sich der Innere Arzt zurück, oder er verbleibt weitgehend in den Zellen des menschlichen Körpers latent. Sobald die Ätherkraft zurückweicht, sehnen sich die schwachen Zellkinder vermehrt nach Lebensenergie. Sie öffnen ihre Zellmünder, das heißt, sie richten sich nun nicht mehr auf die Ätherkraft aus, sondern auf das ihnen zugedachte Medikament, das sie gierig aufnehmen. Haben sie eine bestimmte Dosis erhalten, so sind sie zufrieden, solange die betäubende Wirkung des Medikamentes oder dessen äußerer Energiestoß anhält. Diese Kraftzufuhr ist jedoch nicht nachhaltig, weil alles, was von außen geschieht, nur von kurzer Dauer ist.

Was tun sodann die kranken, nun aufs Neue ermüdeten Zellkinder? Sie erbitten durch Schmerzen, Ermüdungserscheinungen oder Gaumenlust immer mehr. Der Mensch möge jedoch bedenken, dass die natürlichste Medizin edle Gedanken sind. Je göttlicher die Gedanken sind, umso lichter und gesünder ist auch der Leib des Menschen. Gegensätzliches, das heißt animalisches Empfinden und Denken führt zu einer Verringerung der Seelenschwingung, und der Körper wird mehr und mehr anfällig für Krankheiten und Schicksalsschläge.

Durch ein ständiges Fehlverhalten des Menschen verlangen die Zellen und Organe immer mehr Medikamente und auch Nahrung. Der Mensch könnte mit einer weit geringeren Nahrungsmenge seinen Körper gesund und kräftig erhalten. Durch eine falsche Lebensweise programmiert der Mensch seine Organe und den gesamten Körper gegensätzlich. Der Blutkreislauf, die Zellen, Hormone und Drüsen werden durch ein Denken und Handeln, das nicht den Gesetzen Gottes entspricht, in niedere Schwingung versetzt, das heißt auf die Erscheinungsformen dieser Welt ausgerichtet. Dadurch kann sich im Laufe der Zeit in der Seele eine Belastung, ein Karma, aufbauen, das in späteren Lebensjahren oder erst in einer weiteren Einverleibung (Inkarnation) zum Ausbruch kommt.

Durch die falsche Programmierung der Zellen, Hormone und Drüsen verlangt der Körper immer mehr nach Nahrung und Medikamenten. Die niederen Neigungen und Gelüste verstärken sich. Die Folge davon ist, dass die Menschheit mehr und mehr auf kulinarische Genüsse sinnt und dadurch die Zellen des Körpers verunreinigt.

Gegensätzliche Auswirkungen durch die Ausbeutung der Erde und die technischen Errungenschaften

Es steht sinngemäß geschrieben: »Mach dir die Erde untertan!« Es heißt jedoch nicht: »Beute sie aus.« Der Herr sprach wohl: »Im Schweiße deines Angesichtes sollst du dein Brot verdienen.« Der allwissende und weise Gott sprach diese Worte zu einer verrohten Menschheit, die Sein Gesetz missachtete, nach mehr und mehr gierte und dadurch die Erde verunreinigte, den Mutterboden weitgehend unfruchtbar machte und den gesamten Planeten in eine gegensätzliche Schwingung brachte. Der im Sterben begriffene Erdmensch, die Erde, kann die Menschen nicht mehr rein und nach dem Willen des Herrn ernähren. Der unwissende Mensch handelt weiterhin lieblos und nur auf sich selbst bedacht. Durch Nichtbeachtung der göttlichen Gesetze entzieht er seiner Mutter Erde die letzte Kraft. Die durch künstliche Düngemittel aufbereitete Erdscholle wird in sich leblos, weil die Kleinsttiere, welche die Scholle aufbereiten sollten, durch diese Düngemittel in hohem Maße getötet werden. Die Erde wird in kommender Zeit der Menschheit immer weniger Nahrung schenken.

Die vom Menschen hochgezüchteten Produkte enthalten nur noch geringe kosmische Kräfte und werden daher vom Geist Gottes die künstliche Nahrung genannt. Diese vom Menschen mit viel Anstrengung erzeugte Nahrung trägt nicht den Segen aus dem Gesetz des Herrn. Die künstliche Düngung der Erdscholle wird der Menschheit zum Verhängnis werden.

Das Gleiche gilt für die vom Menschen konstruierten Maschinen, Flugzeuge und Motoren. Der Mensch glaubt, durch diese Errungenschaften Fortbewegungsmittel geschaffen zu haben, mit denen er die Entfernungen in kurzer Zeit bewältigen kann. In Wirklichkeit sind dies alles nur Hilfsmittel, die sich der Mensch erdachte, weil seine Seele durch räumliches und zeitliches Denken erlahmte und eine für den Menschen unüberbrückbare Kluft zum Zeit- und Raum-

losen schuf, in welchem es keine Entfernungen
gibt, die zu überbrücken wären.

Diese Kluft zum Zeit- und Raumlosen wird
so lange bestehen, bis sich der Mensch und des
Menschen Seele in die Gesetzmäßigkeit Gottes
begeben haben. Erst dann wird sich die Seele
ihres ursprünglichen Lebens im Zeit- und Raumlosen bewusst. Die technischen Hilfsmittel stören das Naturgeschehen im Räumlich-Zeitli-
chen und binden die Seele noch stärker an die
irdischen Erscheinungen und Wissensbereiche.

*Geduld, Beständigkeit und Hingabe
im Gebet um Heilung*

Mensch, erkenne dich selbst und dein
Wirken. Mache dir die innere Kraft zu
eigen, indem du täglich an dir selbst arbeitest.

Überprüfe dein Leben, o Mensch, deine
Gedanken, Worte und Werke, und schaffe dir
Raum für Gott, den Zeitlosen.

Jeder gegensätzliche Gedanke reduziert in der Seele und im physischen Körper die ewig bestehende Ätherkraft. Deshalb, o Mensch, programmiere deine Seele mit göttlichen Gedanken, damit in deinem Körper die ewig bestehende Geistkraft ihre Funktion aufnehmen kann. Verlasse dich nicht nur auf die Medikamente, sondern vertraue dem Inneren Arzt und Heiler, der in dir die alldurchdringende Ätherkraft ist.

Des Menschen Tagwerk sollte eine ständige Anbetung Gottes sein. Wenn du krank bist, so rufe im Gebet die Kräfte des Inneren Arztes und Heilers, die sich aus dem vierten Bewusstseinszentrum verströmen, das seinen Sitz in der Nähe deines Herzens hat. Glaube an diese heilende Kraft und begib dich in die Stille, damit die geistigen Kräfte, der Innere Arzt und Heiler, wirksam werden können. Sofern dir der Innere Arzt und Heiler nicht sogleich behilflich sein kann, so bedenke: Im Laufe deiner Erdenleben hat sich deine Seele eventuell so verschattet, dass sich die Zellstruktur deines Körpers in niedriger Schwingung befindet, wodurch dir der

innere große Arzt und Heiler, die ewig bestehende Ätherkraft, nicht in notwendigem Maße
beistehen kann. Bedenke, o Mensch: Deine
Gesundheit hängt vom Zustand, der Frequenz
deines Seelenkörpers ab.

Jeder Motor bedarf einer antreibenden Energie. Er muss zuerst angelassen werden und in
Schwung kommen, bevor er seine Leistung er-
bringen kann. So muss auch dein Seelenmotor,
die Seele, zuerst in höhere Schwingung gebracht
werden, bevor sie regenerierend auf die Körperzellen einwirken kann. Erst wenn der Seelenmotor, deine Seele, durch die Kräfte des Geistes
verstärkt aktiv ist, versorgt er vermehrt die Zellen und Organe deines Körpers mit Energie.

Was erreicht jedoch der Mensch in seiner
Ungeduld? Durch die intensive Gebetshinwen-
dung zu dem Unendlichen, zum ewigen Arzt
und Heiler, betätigt er wohl den Motor, die
Seele, aber durch die Ungeduld und das Unvermögen, die Gotteskräfte weiterhin zu erbitten,
verhindert er den Zufluss erhöhter göttlicher
Ätherkräfte. Auf diese gegensätzliche Aktion er-

folgt dann die Reaktion, wodurch die Aktivität des Seelenmotors wieder nachlässt.

Der Innere Arzt und Heiler muss durch dieses Fehlverhalten des Menschen Seine Hilfe weitgehend einstellen, da der ungeduldige Mensch anstelle des Gebetes allzu schnell nach äußeren Dingen greift, wie z.B. nach einem Medikament. Oftmals könnte der Innere Arzt sehr schnell wirksam werden, weil die Seele keinen allzu großen Verschattungsgrad aufweist. Der ungeduldige Mensch behindert jedoch durch seine Unwissenheit die göttliche Tätigkeit. Er schenkt Gott, dem Herrn, keine Zeit und öffnet für die helfenden inneren Kräfte nicht das Tor der Seele.

Durch Geduld, Glauben und vor allem durch das Gebet können sich sehr schnell geringe Seelenverschattungen lösen, wodurch die Ätherkraft aktiv werden kann.

Durch kindliche Glaubenshinwendung und durch das unerschütterliche Vertrauen an den Unendlichen werden in der Seele erhöhte Geistkräfte frei, die sodann im Menschen, in den erkrankten Organen, wirksam werden. Es sollte jedoch bei jeder Bitte um Hilfe und Heilung an den Inneren Arzt und Heiler dieser Glaubenssatz einbezogen werden: »Herr, aber Dein Wille geschehe. Dein Geist wird mir Linderung und Heilung schenken, sofern es für meine Seele gut ist.«

Habe Geduld, o Mensch, da auch Gott mit dir Geduld hat, denn du sollst wieder Sein Ebenbild werden.

Ein Beispiel: Ein älteres Kleidungsstück muss, wenn es wieder ansehnlich und kleidsam sein soll, gereinigt und schadhafte Stellen müssen ausgebessert werden. Auf ähnliche Weise geschieht es mit deiner Seele und deinem irdischen Körper. Der Innere Arzt und Heiler muss sowohl die Partikelstruktur deiner Seele als auch die Zellen deines Körpers von gegensätzlichen Schwingungen befreien und durch Seine edlen Schwingungen ersetzen, bevor Er das Kleid, deine irdische Hülle, wieder aufbauen kann.

O erkennet, der Geist Gottes wird in allem die Standhaftigkeit, Geduld und Hingebung des Menschen prüfen. Der ungeduldige Mensch greift, ohne auf Gott zu bauen, zur äußeren Hilfe, zu gesetzwidriger Nahrung, wie Fleisch, Wurst und Fisch und zu niedrig schwingenden Getränken und Anregungsmitteln wie Alkohol, Nikotin und zu Medikamenten.

Der Mensch von heute legt großen Wert auf Körperhygiene, Gesundheit und Lebenskraft. Trotz der modernen wissenschaftlichen Erkenntnisse blieb der Mensch bezüglich der Auswirkungen negativer Gedanken, Worte und Handlungen unwissend. Vielen ist die Gedankenübertragung bekannt. Trotzdem ist der Mensch der Jetztzeit nicht in der Lage, die Wirkung der Kraft der Gedanken auf den eigenen Körper festzustellen. Niedere Neigungen und Gedanken wirken auf die Seele und den Menschen schädlicher als jedes Medikament. Die Menschheit glaubt, dass der Körper allein durch Hygiene, Urlaub und kraftvolle Nahrung gesund erhalten werden kann. Jede Zelle des Körpers ist für den »Gesundheitsdenker« ein kostbarer Baustein, den er durch entsprechende Lebensweise pflegt, und, wie er glaubt, vital erhält. Dabei ist es ihm noch nicht in den Sinn gekommen, dass er seinen kostbaren Schatz, seinen irdischen Körper, mit jedem negativen Gedanken und jeder gegensätzlichen Neigung schädigt und die Bausteine, die Zellen, dadurch unharmonisch stimmt.

O Mensch, bedenke, dass Gedanken Kräfte sind. Bitte deinen Herrn und Gott um den Segen für alle Lebensformen, auch für dich. Führe mit deinen Zellkindern ein positives, aufbauendes Gespräch, denn in jeder Körperzelle ist die Wechselwirkung von Plus und Minus und daher das Leben. Deshalb sprecht zu den Zellkindern eures Körpers und führt diese in ein Leben von Gesundheit und Kraft. Jeder der Zellmünder sollte nach der Gotteskraft lechzen. Der Mensch kann jede Zelle seines Körpers positiv oder negativ beeinflussen und sie dadurch in eine entsprechende Schwingung versetzen. Sogar die Gaumenlust kann durch die Willenskraft und durch die Anrufung des Herrn beeinflusst werden. So wie der Mensch mit jeder Zelle seines Körpers in geistige Verbindung treten kann, so auch mit jedem seiner Organe, denn alles Sein wird vom göttlichen Äther durchdrungen und ist daher ansprechbar.

Richtet euch in allem auf das Göttliche aus, und ihr werdet Sein Leben zur Stärkung und Heilung empfangen. Gebt nicht gleich jedem Gelüst nach, sondern zügelt und mäßigt euch.

Betet zu Gott, eurem Vater, und empfehlt Ihm jede Zelle eures Körpers an, auf dass Seine Kräfte wirksam werden können. Wenn die Menschheit rein und edel fühlen und denken würde, so könnte sich die Zellstruktur ihrer Körper erholen und aufbauen und dadurch gesunden. Wer erkannt hat, dass jede Zelle auf Herzensgebete reagiert, da in jeder Zelle göttliches Leben ist, der weiß um den Schatz des Inneren, um den großen Geist, der alles lenken und leiten, aber auch einen kranken Körper heilen kann. Eine göttlich-gesetzmäßige Einstellung zum Leben könnte nicht nur die Menschheit gesunden lassen, sondern auch die Erde.

*Der wissende Mensch kann sich
die aufbauenden Odkräfte aller Lebensformen nutzbar machen*

Gott, der Herr, so heißt es, hat die Kräuter zum Wohle der Menschheit wachsen lassen. Aufs Ganze gesehen trifft, wie schon offenbart, diese Aussage zu. Der Herr ließ sie jedoch nicht für den unmäßigen Gebrauch wachsen, denn auch die Pflanzenarten sollen sich zu einer höheren Lebensform entwickeln. Jedes Kraut gehört zu einem geistigen Kollektiv und trägt im Wandel der Äonen zur Bildung neuer Seeleneinheiten bei.

Ob es sich um Kräuter, Gemüse, sonstige Nahrungsmittel oder Medikamente handelt, der Mensch kennt kein Maß. Seine Zellen fordern immer mehr von der Mutter Erde und damit von ihrer Schwingungszahl.

Der Mensch spricht, die Erde sei überbevölkert und die Menschheit bedürfe eines immer höheren Anteils der Erdoberfläche zum Anbau der Nahrung. Weshalb die Erde überbevölkert ist, darüber macht sich der Einzelne wenig Gedanken. Diesbezüglich sei nur kurz erwähnt: Würde sich die Seele beim Verlassen des irdischen Körpers in hoher geistiger Schwingung befinden, dann würde sie sich nicht mehr nach dieser Erde sehnen. Sie wäre von den irdischen Begierden, Trieben, Lastern oder Essensgewohnheiten entbunden.

In allem sollte Maß gehalten werden, auch mit den gesundheitsspendenden Kräutern. Wie ich schon kurz erwähnte, sind die Kräuter ummantelte Kräfte eines Kollektivs, das sich im Laufe des Äonenzyklus zu höheren Ätherformen entwickelt. Die Heilung durch Pflanzenpräparate, Kräutertees und dergleichen ist nur Hilfsmittel, da der Mensch sich die inneren Geistkräfte nicht nutzbar machen kann. Jedes Kraut ist ein kosmischer Baustein, o Mensch, wie er auch in deiner Seele zu finden ist. Denn der Schöpfer-Gott, welcher dein Vater ist, hat kosmische Kinder geschaffen und gegeben, deren Seelenaufbau die Ganzheit birgt.

Der Mensch führt kein gottergebenes und gotterfülltes Leben. Daher dienen ihm nicht die inneren Kräfte. Deshalb greift er zu den ummantelten Ätherkräften, zu Kräutern, Gemüse, Obst, Säften und dergleichen. Die Ätherkräfte dienen dem Menschen erst dann, wenn er die Gesetze Gottes erkennt und diese an sich und im täglichen Umgang mit seinem Nächsten anwendet.

In jeder menschlichen Seele ist die Schwingungszahl einer jeden Pflanze vorhanden. Diese Kraft kann von jedem geistig entwickelten Menschen angesprochen und aktiviert werden.

Wenn sich der Mensch jedoch nur mit dem von der äußeren Welt Gebotenen begnügt und glaubt, er müsse Medikamente oder viel Nahrung zu sich nehmen, um gesund zu werden oder die Gesundheit zu erhalten, so reduziert er durch diese Denkweise nicht nur seine seelischen Kräfte, sondern er mindert zugleich in jedem Kräutlein, das er einnimmt, die Geistkraft. Da die Wirkung der äußeren Mittel sehr schnell nachlässt, lechzen die ungestillten Zellkinder nach immer mehr. Die gesamten Mineral- und Pflanzenreiche sind Bestandteile der reingeistigen Schöpfung und haben deshalb eine positive und aufbauende Schwingung, wenn sie im Bewusstsein, dass Gott der Geber alles Guten ist, eingenommen werden. Sämtliche Lebensformen sind geistige Kollektivkräfte und werden der Menschheit aus dem Garten Gottes zum Wohle und nicht zur Ausbeutung gereicht.

Die gesamte Materie wird von den geistigen Atomen durchdrungen und durch ihre Energie erhalten. Die von den geistigen Atomarten ausgehenden, unterschiedlich schwingenden Ätherkräfte halten die geistigen Welten und auch die Materie zusammen und gewährleisten ein aufbauendes Leben, sofern der Mensch nicht gegen diese gesetzmäßigen Kräfte verstößt.

Die Lebensformen der Kräuter hätten jedoch eine noch wesentlich höhere Schwingungszahl und damit eine noch stärkere Heilwirkung, wenn der Mensch sich bei der Einnahme dieser Heilkräuter bewusst wäre, dass es Gott, der Herr, ist, der diese Kräuter zu seinem Wohle wachsen lässt.

Die unendliche Kraft in allem ist der alldurchdringende Äthergeist, Gott, das Leben. Diese heilige Kraft kann nur in denen ungehindert wirken, die sich ihr zuwenden und weitgehend die Gesetze des Herrn befolgen.

Durch die Hinwendung zur Allkraft würden weniger Kräuter gepflückt werden. Dadurch wäre ihre geistige Ausstrahlung noch komprimierter und lebensfördernder. Wie schon kurz erläutert, empfängt die gesamte Natur insbesondere des Nachts, wenn die menschlichen Gedanken ruhen und die Hektik der Menschheit nachlässt, vermehrt Odkräfte, die in allen Lebensformen aufbauend und erhaltend wirken. Diese Ätherkräfte werden vom Schöpfergott, von der Urzentralsonne, über die Prismensonnen gegeben. Sie strömen über die geistigen Entwicklungsbereiche in die Erdseele ein. Diese gibt daraufhin die Odkräfte an alle guten und offenen Gefäße weiter. Ein wissender Mensch pflückt deshalb die Kräuter vor, während oder kurz nach Sonnenaufgang und legt diese zu Hause an einen schattigen, ruhigen Platz. Bei der Trocknung sollte viel frische Luft die Kräuter umwehen, da gerade in der Luft geistige Atome sind, welche die Odkräfte der Kräuter weitgehend aktiv erhalten. Später können sie dann zur weiteren Trocknung in das Haus oder in die Wohnung genommen werden.

Viele Strahlungen beeinflussen die Energiefelder des Menschen

Der Mensch besteht aus mehreren Energiefeldern, die dem Aufbau der Erde und ihren Energiefeldern gleichen.

Der Mensch wird – wie die gesamte Natur – von Energien durchflutet, die er die Magnetströme nennt. Diese sind hochpotenzierte Kräfte, die vor allem von der menschlichen Denk- und Handlungsweise beeinflusst werden.

Wenn der Mensch Massenverlagerungen vornimmt, so verändert er die Strahlungstendenz seines Wohnplaneten Erde.

Diese veränderte Strahlung beeinflusst die Magnetfelder und Magnetströme.

Jede Massenverlagerung verändert also die Frequenz und somit die Schwingungszahl dieser Energieströme.

Der nur nach außen orientierte Mensch nimmt jede veränderte Schwingung wahr und reagiert entsprechend.

Ich wiederhole: Die Magnetströme durchfluten die gesamte Materie, so auch den Menschen. Auf die beständigen Veränderungen der Magnetströme reagiert der Weltmensch in erheblichem Maße. Deshalb sind viele Menschen jeden Tag anders gestimmt. In jeder Zelle besteht diese geistige Wechselwirkung, die Aktivität von Plus und Minus. Daher zieht jede Zelle sowohl Positives als auch Negatives an.

Der Mensch kann sich daher mit Kräften sowohl von geistig hoher als auch niederer

Schwingung magnetisieren. Er ist ständig bestrebt, diese unterschiedlichen Frequenzen anzuziehen und sich damit zu belasten. Diese Frequenzen legen sich auf das Gemüt des Menschen, wodurch die Empfindungen, Gedanken, Worte und Handlungen beeinflusst werden.

So treffen, wie ich zu Beginn sagte, auf den Menschen unsagbar viele Strahlen: die Frequenzen der Magnetströme, die Strahlungen und Schwingungen aus den Astralbereichen oder die der unmittelbar in der Welt lebenden Seelen, sämtliche kosmische Strahlung, die der Planeten, von Sonne, Mond usw. und auch die reinen, hohen Kräfte der heimatlichen Welten.

All diese Kräfte können nur bestehen, weil sie von der Urkraft erhalten werden.

Wenn sich der Mensch von der äußeren Welt und all diesen Einstrahlungen abwendet und sich der urewigen Kraft zuwendet, so werden diese Strahlungen sortiert. Die rein kosmische Strahlung verstärkt sich und verdrängt die gegensätzlich beeinflussenden Schwingungen. Dadurch gelangt der Mensch in das Energiefeld des rein Geistigen. Die Energiefelder des Menschen, die bislang zur Erde und ihren sich ständig verändernden Strahlungen tendierten, richten sich auf die Urkraft aus.

Das hat zur Folge, dass sowohl Seele als auch Mensch in höhere Schwingung geraten und mehr das Leben des Geistes bevorzugen als das irdische. Der Körper eines solchen Menschen wird leichter und beschwingter, gesünder, freudiger. Die Depressionen weichen, die Furchtlosigkeit nimmt zu. Das heißt: Der Mensch erweitert sein Bewusstsein.

Deshalb heißt es immer wieder: Erst wenn sich der Mensch verändert und sich dem ewig bestehenden, hohen Energiefeld zuwendet, reduzieren sich auch die niederen Kräfte dieser Erde, weil der Mensch anders empfindet, denkt und handelt. Die Erde braucht nicht im bisherigen Maße ausgebeutet zu werden, weil der Mensch mit dem, was er empfangen hat, zufrieden ist und immer genügsamer wird. Er erkennt, dass nicht diese Welt seine Heimat ist, sondern die ewige Welt des Geistes, in die seine Seele einst eingehen wird, sofern sie geläutert und rein ist.

Tote Nahrung und himmlisches Lebenselixier

Alles, was der Mensch benötigt, könnte aus seiner kosmisch-dynamischen Seele gehoben werden.

Um diese geistigen Kräfte zu erlangen, bedarf es der absoluten Hinwendung zu Gott und Seinem ewigen Leben. Der Mensch müsste von Sein- und Habenwollen Abstand nehmen und mehr dem Nächsten dienen. Es dürfte unter wahren Gotteskindern keine Landesgrenzen und Hochgestellten geben, sondern einzig wahre Brüder und Schwestern, die nur einen Regenten anerkennen und Ihm dienen, Gott, der bestehenden Ätherkraft, dem alldurchströmenden Geist. Durch dieses Gottesleben könnte der Mensch die vier geistig-göttlichen Elemente, die in allem sind, ansprechen. Der in den Elementen befindliche Wesenskern würde über die Elemente antworten und alles, wessen der Mensch bedarf, hervorbringen.

Der Mensch hat jedoch durch sein nur nach außen gerichtetes Verhalten seine Umwelt negativ geprägt und seine Nahrung auf seinen momentanen Schwingungsbereich heruntertransformiert. Gegensätzliche Nahrung kann auch auf die Seele belastend wirken.

Die Fleisch- und Fischnahrung nennt der Geist die tote Nahrung. Sie wird von Menschen bevorzugt, die sich in der niederen Schwingung der Welt verloren haben.

Da alles auf Schwingung beruht und somit alles pulsiert und schwingt, können sich der Mensch und des Menschen Seele mit niederer oder höherer Schwingung »infizieren.« Nicht nur Gedanken und Worte schaffen in der Seele und im physischen Körper eine nachhaltige Resonanz, sondern auch eine nicht den Gesetzen

Gottes entsprechende Nahrung. So unglaublich es klingen mag: Der Mensch isst und trinkt auch seine Schwingung und »infiziert« sich damit.

Das Zellenheer richtet sich auf die Getränke, Speisen und Medikamente aus und infiziert sich damit. So spricht der Mensch: »Dieses Getränk, diese Nahrung oder jenes Medikament ist für dieses oder jenes Organ meines Körpers gut.« Schon allein durch diese Worte programmiert er seinen Körper, wodurch sich die Zellkinder auf eine bestimmte Nahrung, ein bestimmtes Medikament oder Getränk einstellen. Da alles auf Schwingung beruht und die Zellen sich mit niederer Schwingung infizieren, so transformieren sie durch diese oder jene gegensätzliche Energieaufnahme die Kraft herunter und reduzieren dadurch die in ihnen fließende Geistkraft.

Dem Menschen ist von seinem Schöpfer ein viel längeres Erdenleben gegeben.

Der Äther ist die beste, reinste und höchste Nahrung. Dieser bediente sich einst auch das Geistwesen, die Seele im Menschen. Der Äther ist das Lebenselixier aller reinen Wesen. Von dieser heiligen Quelle wird einst auch wieder jede Seele bewusst trinken. Wohl den Seelen und Menschen, die sich schon heute auf diese Quellen nach und nach umstellen können und diese Quelle, das Gesetz Gottes, als Hauptnahrung erkennen, sich darauf ausrichten und bereits im irdischen Leben davon Gebrauch machen.

Das Gesetz von Ursache und Wirkung

Die Seele stellt schon beim Eintritt in dieses Erdenleben ihre irdischen Weichen, die Lebensuhr, und programmiert sich dadurch auf eine bestimmte Konstellation der Planeten. Begibt sich jedoch der Mensch im Laufe seines Lebens auf die Bahn zum Göttlichen, zum Überselbst, so reinigt sich die Seele durch diesen Lebenswandel, und die Zellstruktur gelangt in eine höhere Schwingung. Dadurch verlangsamt sich der Atmungsprozess des Menschen, und die irdische Lebenszeit des Körpers kann sich verlängern, da die bestehende karmische Belastung durch die Hinwendung zum Unendlichen vom Geiste Gottes weitgehend absorbiert werden kann. Da die Umwelt gegensätzlich schwingt und sich infolgedessen die meisten Menschen nicht konsequent auf das absolut Reine, auf die Ätherkräfte, einstellen können, so läuft die Uhr für die meisten Erdenkinder in der von der Planetenkonstellation programmierten Zeit ab.

Gott, der Herr des Lebens, ist dem Menschen über den Wesenskern der Seele behilflich. Über diesen Wesenskern bietet der Herr dem Menschen Seine Hilfe an. Jede Seele lebt ewig. Sie ist durch die Formgebung Gott-Vaters formgewordener Äther, der vom fließenden Äther durchdrungen und erhalten wird. Durch diese Ätherkräfte lebt und wirkt das Geistwesen. Es ist dadurch in der Unendlichkeit vollkommen frei und beweglich.

Durch seine niedrig schwingenden Gedanken und Neigungen hat der Mensch die reine Ätherenergie heruntertransformiert und sich eingeengt. Bedingt durch diese niedere Schwingung entstanden Krankheiten, die sich zur Seelenschuld, zum Karma, ausbildeten. Damit leben nun Seele und Mensch.

Kommt diese Seelenschuld während des irdischen Lebens nicht zum Abfließen, so nimmt die Seele nach dem Tod des Leibes diese Belastung mit in die Seelenreiche und von dort, bei einer eventuellen weiteren Inkarnation, erneut mit in ein weiteres irdisches Dasein. Unwissend und unbedacht, weiterhin von ihren alten Vorstellungen geblendet, legt sie sich hier oftmals weitere Seelenbelastungen auf, die früher oder später wie ein Geschwür aufbrechen und sich über den Menschen in die Zellstruktur ergießen. So treten oftmals Krankheiten oder Störungen des Allgemeinbefindens auf, deren Ursachen nicht erkennbar sind. Der Mensch fragt sich dann: »Woher kommen diese Krankheiten, und weshalb werde gerade ich davon geplagt?« Würde die Menschheit über das Karmagesetz, das Gesetz von Ursache und Wirkung, informiert sein, so würden viele Menschen ihr Los leichter ertragen und vor allem die Schaffung weiterer Ursachen vermeiden.

Da der Mensch über diese gesetzmäßigen Folgen seiner eigenen negativen Handlungen nicht unterwiesen wird, glaubt er, Zufälle seien die Ursachen seiner Erkrankungen. Durch diese Unkenntnis findet die Seele oftmals lange nicht aus dem Rad der Wiedergeburt heraus.

Viele Belehrungen des Geistes wurden in dieser Welt offenkundig. Die wenigsten Menschen jedoch bedienen sich dieser Wahrheiten durch entsprechende eigene Anstrengungen.

Das Töten und Verspeisen von Tieren führt zur Seelenbelastung

Alles beruht auf Schwingung. Schon allein durch eine Ernährungsweise, die nicht dem Gesetz entspricht, können Ursachen geschaffen werden, wodurch die Zellen in ihrer Schwingung verringert werden und die nötigen Stoffe nicht mehr aufnehmen können.

Zu dieser niedrig schwingenden Nahrung gehört, wie offenbart, vor allem die Fleisch- und Fischnahrung.

In der sogenannten Heiligen Schrift steht geschrieben: »Du sollst nicht töten.« Dieses Gebot bezieht sich nicht nur auf den Menschen, sondern auch auf das Tierreich.

Es werden nun viele sagen: »Es muss eine Auslese getroffen werden.« Hierzu sei Folgendes gesagt: Hätte der Mensch durch sein Eingreifen in das Gesetz Gottes, indem er sich eigene Privilegien und Gesetze schuf, nicht das hohe, ewige Gesetz reduziert, so gäbe es einen ganz natürlichen, gesetzmäßigen Ausgleich. Da aber das ökologische Gleichgewicht gestört ist, so finden auch die Paarungen der Tiere in kürzeren Zeitabständen statt. Auch die Brut könnte durch das Gesetz des Herrn gesteuert werden. Da sich aber die Ätherkräfte mehr und mehr zurückzogen, weil der Mensch seine Willkür walten ließ, ist alles aus der göttlichen Ordnung geraten. Außerdem werden viele Tiere als Schlachtvieh zum Töten gezüchtet. Solche Handlungen lösen in der Atmosphäre, in der Erde und im Menschen gegensätzliche Resonanzen aus, die im Detail gar nicht geschildert werden können. Diese niedrig schwingenden Kräfte, die sich niemals mehr mit der Urkraft verbinden können, schwingen nicht nur im Raum, sondern auch, und das ist sehr entscheidend, im menschlichen Körper.

Wie ich schon des Öfteren offenbarte, geht alles Niedere, Gesetzwidrige vom Menschen aus. Die Menschheit verändert die Schwingungszahl ihres eigenen Körpers, des Erdkörpers, der Atmosphäre und zuletzt auch die des gesamten Sonnensystems.

Diese vom Menschen ausgehenden, gegensätzlich begrenzenden Schwingungen, die von der Urkraft nicht angenommen werden, übertragen sich auf die Umgebung des Menschen. Sie brachten einst die drei Dimensionen hervor, den Raum, in welchem sowohl das Positive als auch das Negative wieder auf seinen Urheber zurückfällt.

Wer täglich überreichlich tote, das heißt gesetzwidrige Nahrung einnimmt, wird am Töten mitschuldig und belastet nicht nur seinen physischen Leib, sondern auch seine Seele. Durch eine solche Gewöhnung kann sich eine Seelenschuld aufbauen. Außerdem wird der Körper im Laufe der Jahre träge und fett, da die Zellen, Drüsen und Hormone in ihrer Tätigkeit nachlassen.

Viele unserer Geschwister werden sagen: »Wenn ich aber von diesen Dingen nichts weiß, so kann ich mich nicht belasten.«

Es steht jedoch geschrieben: »Du sollst nicht töten!« Wenn der Mensch im Übermaß tierische Nahrung aufnimmt, so wird er am Töten mitschuldig. Er handelt also gegen das Gebot. Es wird sich aber nicht nur der unwissende Mensch belasten, der diese gesetzwidrige Nahrung zu sich nimmt, sondern vor allem werden diejenigen zur Rechenschaft gezogen, die sich Diener des Herrn nennen, jedoch die allumfassenden Wahrheiten Gottes nur in der Begrenzung menschlicher Dogmen lehren. Deshalb sagte der Herr u.a.: »Die Blinden führen die Blinden, und beide fallen in die Grube.«

Zu allen Zeiten versuchte der Geist Gottes, die Menschheit über das Gesetz von Ursache und Wirkung aufzuklären. Die Menschen jedoch hörten nicht auf erleuchtete Männer und Frauen, sondern auf ihre blinden Führer, die auf ihre Schafe große Macht ausübten und noch ausüben. Diese Macht wurde und wird nur vom unwissenden Volk verliehen, das ihnen blind, ohne ausreichend zu prüfen, Glauben schenkt.

Wer in die himmlischen Gefilde eingehen möchte, der muss den inneren Himmel mitbringen. Der Himmel oder die Hölle sind inwendig in jedem Menschen. Wer seine Seele reinigt, lässt in ihr den Himmel erstehen. Er bringt die hohen Ätherkräfte, das Gesetz Gottes, zum Fließen, indem er nach den Weisungen des Herrn empfindet, denkt, redet und auch handelt. Wer sich allerdings nur an diese Erde bindet und ungezügelt seinen menschlichen Gewohnheiten freien Lauf lässt, wird sich seine eigene Hölle schaffen. Er wird entweder schon in diesem Leben, in den Stätten der Reinigung oder in einer weiteren Einverleibung in den von ihm selbst verursachten Qualen leben müssen.

Jede Nahrung, die nicht auf dem Gesetz Gottes beruht, ist nicht nur zum Nachteil des Körpers, sondern auch der Seele. Jede tierische Nahrung, aber auch Alkohol, Nikotin, Medikamente, Rauschgift und dergleichen führen im Laufe der Zeit nicht nur zu einer Seelenschuld und zu einer Verunreinigung der Zellstruktur, sondern auch, und das ist sehr wesentlich, zur fortwährenden Zunahme unedler Empfindungen, Gedanken, Worte und Handlungen, die sich als Weltenkarma niederschlagen. Durch diese ständigen Zuwiderhandlungen schwingen Seele und Körper nicht in der hohen Frequenz des göttlichen Äthers.

Das sogenannte Weltenkarma besteht aus den zusammengefügten Auren der Städte und Nationen. Dieses Karma der Welt schlägt sich in der atmosphärischen Chronik nieder und beeinflusst das Weltbild der Menschen. Hierüber wurde schon des Öfteren geoffenbart. Jedes Geschehen, sowohl das positive als auch das negative, wird in dieser atmosphärischen Chronik verzeichnet und wirkt sich früher oder später aus.

Falsche Aufbereitung und Nutzung des Ackerlandes

Der übermäßige Anbau von Gemüse- und Salatsorten ist nicht gesetzmäßig. Dazu gehören neben Gemüse vor allem auch Weizen, Roggen, Gerste, Hafer usw. Durch den übermäßigen Anbau erlahmt die Erde, weil ihr gesetzmäßiger Rhythmus gestört wird.

Die Erde wird durch das Zusammenwirken von Sonne, Mond und Planeten aufbereitet. Die Planetenverbindungen schenken der Mutter Erde hohe Energien, wodurch das Ernährungsland, die Erde, zur weiteren Befruchtung angeregt wird. Durch einen übermäßigen Verbrauch dieser hohen Energien wird die Erde unfruchtbar, und der große Erdmensch stirbt, weil ihn seine Kinder aussaugen. Da nützen weder Chemikalien noch Bewässerung, sondern nur ein gesetzmäßiges Verhalten. Die beste Pflege und Nutzbarmachung der Erde liegt in der Einschaltung von Brachlandzeiten über ein oder mehrere Jahre hinweg, zwischen den einzelnen Anbauperioden des Bodens. Kleinsttiere, die sich während dieser Ruhe des Bodens bilden können, würden das Ackerland aufbereiten. Ein Teil dieser kleinen bis kleinsten »Naturputzer« legen Bewässerungskanäle an, die den Zusammenfluss des Regenwassers lenken. Andere wiederum bearbeiten und durchlüften den Boden, damit die Wurzeln tief greifen und das Gesäte besser ernähren und beleben können. In diesem brachliegenden Erdland bleiben auch sehr lange die Sonnen- und Mondpartikel haften, welche die Träger hoher Befruchtungsenergien sind. So tötet der Mensch nicht nur die Tiere, um seine Gaumenlüste zu stillen, sondern auch jene, welche durch gesetzmäßige Einstrahlung in und auf dem Erdreich tätig werden könnten, um die Erdscholle, den Wasserlauf und die Erdbelüftung vorzubereiten.

So wird der große Erdmensch, die Erde, von seinen Kindern ausgebeutet, bis er nach und nach erlahmt, dahinsiecht und stirbt. Hier helfen, wie offenbart, keine Düngemittel und keine Bewässerung mehr, nur noch eine vollkommene Umkehr vom Weg ins Verderben hin zum ewigen Gesetz Gottes, das alles in sich birgt, was der Mensch und des Menschen Seele zum wahren, gesunden Leben benötigen. Hierzu ein Beispiel:

Wenn eine irdische Frau Jahr für Jahr ein Kind gebiert, so wird ihr Körper schlaff, müde und krank, weil er die Stoffe, welche er benötigt, um wieder kräftig zu werden, nicht so schnell hervorbringen kann.

So ist es auch mit der Mutter Erde. Sie wird Jahr für Jahr mehr ausgesaugt. Woher sollte sie die Kraft nehmen, um sich zu erholen?

Die Antwort lautet: Nur von dem zyklischen Ablauf der Gestirne und ihrem Zusammenwirken. Die Strahlen der Planeten und die Elemente, welche im Zusammenwirken mit den Naturputzern die Erde befruchten, können niemals so schnell wirksam werden, weil auch sie den Gesetzmäßigkeiten des ewig bestehenden Äthers unterliegen. Das Gesetz Gottes richtet sich nicht nach der Denk- und Handlungsweise des Menschen. Das ewig bestehende Gesetz ist vollkommen und gibt nach ehernen Bedingungen. So müsste sich also die Menschheit umstellen, möchte sie nicht noch tiefer in ihr Verderben abgleiten.

Tierische Nahrung entwickelt im Menschen Sinnlichkeit, Hartherzigkeit und Brutalität

Alles schwingt und pulsiert. Jeder Gedanke kann, wie offenbart, eine positive und negative Ursache schaffen. Das Gleiche gilt auch für die Nahrung. Tote Nahrung, das heißt Fleisch und Fisch, haben eine sehr niedere Schwingung. Diese legt sich im Laufe des

Erdenlebens auf die Zellstruktur des Körpers und beeinflusst diese nach und nach negativ.

Der wache Beobachter erkennt und erlebt es teilweise an den Tieren des Waldes, des Feldes, der Luft und auch an seinen Haustieren: Wenn ein Tier zu viel Fleisch erhält, wird es ungestüm, wild und kann oftmals nicht mehr frei im Haus oder in der unmittelbaren Umgebung des Menschen leben. Auf ähnliche Weise geschieht dies auch beim Menschen. Der Mensch wird hartherzig, brutal und grausam, nicht nur gegenüber dem Tier- und Pflanzenreich, sondern auch zu seinem Nächsten. Durch ständiges gegensätzliches Denken und Handeln wurde der Mensch zum Räuber im Tier- und Pflanzenreich. Auch unter seinesgleichen benimmt er sich ungestüm, oftmals schlimmer und ungebändigter als ein wildes, nach Beute jagendes Tier.

Die nichtgöttlichen Handlungen belasten im Laufe des Erdenlebens die Seele und wirken auch auf das Gemüt des Menschen ein. Schon allein durch unkontrollierte Nahrungsaufnahme, welche die hohe Schwingungskraft des Geistes reduziert, kann ein Mensch aggressiv und unbeherrscht, ja sogar gemütskrank werden. Die Schwingungen gegensätzlicher Nahrung treffen im Körper auf Reizzonen, die Sinnlichkeit, Zorn, Hass, Neid, Hang zum Rauschgift, Mord und vielerlei Begierden auslösen können.

Sowohl gesetzwidrige Gedanken als auch eine gegensätzliche Ernährung schaffen Ursachen, welche für den Menschen und des Menschen Seele noch ungeahnte Wirkungen nach sich ziehen können. Jede gegensätzliche Regung und Handlungsweise legt sich auf die Seele und umhüllt und beeinflusst diese negativ. Eine gesetzwidrige Denk- und Handlungsweise und eine niedrigschwingende, negative Nahrung sind u.a. die größten Gegner des Menschen.

Somit ist der Feind des Menschen nicht außerhalb seiner selbst zu suchen, sondern es ist der Mensch selbst. Jeder Einzelne ist sein eigener Feind, da von ihm das Gegensätzliche ausgeht und nicht, wie viele glauben, von der Erde, vom Tier oder gar von Gott, der den Menschen angeblich bestraft. Gott, der Herr, lässt nur die Wirkungen des falschen Verhaltens des Menschen zu, damit im Laufe der Zeit der Mensch oder die Seele in den Stätten der Reinigung die eigenen Fehler erkennen und dadurch zur Reue und Buße angeregt werden. Ohne Erkenntnis der eigenen Schuld kann es weder Reue noch Buße geben. Deshalb müssen Mensch und Seele die eigenen Schwächen erkennen, auf dass diese ausgemerzt werden können.

Allein durch vegetarische Ernährung jedoch findet der Mensch nicht zu Gott, unserem Vater. Oftmals entkräftet der Mensch durch seine gesetzwidrige Denk- und Handlungsweise wieder das, was er durch die entsprechende Nahrung in seinem Körper aufbaut. So verbleibt er trotz einer guten, gesetzmäßigen Ernährungsweise sein ganzes Leben lang auf derselben geistigen Stufe.

Wenn der Mensch positiv denkt und handelt und trotzdem seinen Körper durch eine geringe Fleisch- und Fischnahrung erhält, so kann er seelisch oftmals schneller reifen als ein fanatischer Vegetarier, der nur an seinen Körper denkt und die Weisungen zur Entwicklung der Seele außer Acht lässt.

Strebt ein Mensch jedoch konsequent den geistigen Weg an, so wird ihn die innere Gotteskraft auch von der noch vorhandenen Gaumenlust, vor allem nach Tierischem, langsam entbinden und ihn zum Natürlichen hinführen. Später, wenn der Strebsame den Asketenweg beschreitet, kann der Gottsuchende zu seiner irdischen Nahrung noch die Ätherkräfte der Seele erbitten, die alle geistigen Substanzen des Lebens aus dem Naturreich enthalten.

*Gebet setzt Kräfte frei –
Fanatismus schadet*

Das Gesetz Gottes, der fließende Äthergeist, ist der Träger sämtlicher Kräfte des Universums. Durch diese Ätherkräfte werden alle Atome in der gesamten Schöpfung und in jeder Ätherform gespeist. Das Gesetz des Herrn ist also der Heiler und Helfer, ja sogar der Ernährer der Menschen, sofern diese das Gesetz entsprechend anwenden.

Hier muss auch vom Herzensgebet gesprochen werden.

Das Gebet kann eine Zwiesprache mit Gott, unserem Herrn, sein. Durch ein tiefes Herzensgebet, auch Glaubensgebet genannt, setzt der Mensch in seiner Seele unvorstellbare Kräfte frei. Sofern er das Gebet zum Lebensgebet werden lässt, reinigt er dadurch seine Seele und den Körper. Die dadurch verstärkt entwickelten göttlichen Ätherkräfte dienen sodann dem Menschen mehr und mehr.

Im Lebensgebet ist der Mensch, wenn er Tag und Nacht den Willen des Herrn erfüllt, indem er sich unter die eigene Kontrolle stellt, sich in allem zügelt, indem er Maß an sich anlegt und sowohl seinen Gedanken als auch seinen Worten und Taten nicht feien Lauf lässt. Zu der täglichen Selbstüberwachung und Selbstanalyse gehört auch die Kontrolle der Nahrung. Zügle deine Essensgewohnheiten und gib dich nicht der Völlerei hin, sondern überdenke, was für deinen Körper wichtig ist und auch deiner Seele zum Wohle dient.

Noch einmal sei hier betont: Wenn der Mensch die Ätherkräfte als sein hohes Ziel anstrebt, so sollte er nicht fanatisch werden. Jeder Fanatismus schadet, vor allem, wenn der Mensch den geistigen Weg beschreitet. Bitte, o Mensch, den Gottesgeist um Führung, auf dass der innere Geist nach und nach Seinen Tempel reinigt und Seele und Mensch frei werden. Der Mensch muss allerdings diesen Reinigungsprozess durch sein gesetzmäßiges Denken und Wirken unterstützen.

*Kasteiungen lösen die Begierden nicht auf –
unüberschaubare Folgen der Verdrängung
für die Seele*

Der Mensch sollte sich nicht kasteien. Das wäre vollkommen falsch. Solange sich z.B. noch Gaumenlüste bemerkbar machen, sollten sie nicht vollkommen unterdrückt werden.

Oftmals leidet der Mensch unter einer schweren Krankheit, oder der Körper ist so geschwächt, dass er Medikamente braucht.

Werden diese eingenommen, so sollte er genau abwägen, welche Dosis unbedingt erforderlich ist. Der Kranke möge diese jedoch vor der Einnahme segnen und den Versuch machen, sie nach und nach zu reduzieren. Der Ausgleich wäre die Hinwendung zu Gott und das tiefe Glaubensgebet.

Wenn sich der Mensch Kasteiungen auferlegt, so ist nicht gesagt, dass die Lüste getilgt werden. Früher oder später, das heißt, entweder nach vielen Jahren oder erst, wenn die Seele entkörpert ist, brechen diese verdrängten Neigungen erneut auf. Es kann sein, dass die Seele dadurch größere Pein erleiden muss als bei einem langsamen, gesetzmäßigen Abbau der Begierden während des Erdenlebens. Wenn solche verdrängten Gewohnheiten eines Tages frei werden, ist es möglich, dass sich z.B. eine in den Astralbereichen befindliche Seele aufmacht, um sich an Menschen zu klammern, die ihrer Neigung entsprechend leben und z.B. viel Fleisch, Fisch, Medikamente, Rauschgift, Nikotin, Alkohol und dergleichen zu sich nehmen. Eine mit gegensätzlichen Neigungen behaftete Seele kann sogar einen sehr nach außen orientierten Menschen noch mehr zu gesetzwidrigen Handlungen anregen, nur um sich an diesen zu ergötzen und ihre Gelüste zu stillen.

An den Schwingungen, die von einem Menschen ausgehen, der sehr an tierischer Nahrung haftet oder Nikotin, Alkohol oder anderen Lastern verfallen ist, hängen oftmals mehrere Seelen, die ihre Gaumenlüste und ihre Begierden mit in das jenseitige Seelenreich genommen haben. Wer ein lasterhaftes, gesetzwidriges Leben führt, ist von Seelen umgeben, die auf seiner Schwingungsebene leben und nach all dem lechzen, dem der Mensch versklavt ist.

Das Weiterleben einer Seele kann aber auch wie folgt verlaufen: Ein lasterhaftes, genusssüchtiges Leben, das im Diesseits nicht behoben werden konnte und mit ins Jenseits hinübergenommen wurde, drängt oftmals die Seele erneut zur Inkarnation, denn der Hang zum gegensätzlichen Leben ist sehr groß. Durch diese in der Seele haftenden negativen Neigungen gelangt eine solche Seele nicht aus dem Rad der Wiedergeburt, aus dem Sog der Materie.

Richtet sich der Mensch hingegen nach dem Göttlichen aus und bittet er den Geist Gottes um Führung und Heilung, so erhöht er dadurch die Aktivität des Wesenskerns der Seele.

Ein solcher zu Gott strebender Mensch, der in sich die volle Wirksamkeit der göttlichen Ätherkräfte anstrebt, sollte auf Folgendes achten: Gedanken, Worte, Werke und Essensge-

wohnheiten. Der innere Geist im Menschen
reinigt sodann nach und nach Seinen Tempel
und macht Seele und Mensch rein. Der Mensch
kann dazu in dem Maße beitragen, in welchem
er die Ätherkräfte um Unterstützung bittet, seine
Gedanken kontrolliert und die niedrig schwingende Nahrung reduziert.

*Welche Schwingungen haften an
Tierprodukten und an biologischer Nahrung?*

Um dich, o Mensch, von der gesetzwidrigen Nahrung leichter lösen und deine
Gaumenlust zügeln zu können, betrachte die
notleidende Tierwelt, die auch wegen *deiner*
gegensätzlichen Neigungen sehr zu leiden hat.
Betrachte die verängstigten Tiere, welche zur
Schlachtbank geführt werden! Die Schwingungen der Angst durchdringen ihren ganzen Körper und verbleiben im gesamten Organismus.
Betrachte die auf engstem Raum zusammen-
gedrängten Lebewesen, die nur deinetwegen

gemästet und dadurch geschändet werden! Sie senden keine harmonischen, positiven Schwingungen aus. Diese Frequenzen haften ebenfalls in ihrem Fleisch und lassen sich auch nicht durch Braten, Kochen und Abschmecken reduzieren! Denke auch an die Tierfänger und Pelzjäger, die ebenfalls oftmals grausam töten, damit du dich, o Mensch, mit einem schönen Pelz schmücken kannst! Vergegenwärtige dir auch die Todesangst der jungen Tiere, die brutal ihrer Mutter entrissen und vor ihren Augen getötet werden, weil dem Menschen die Eitelkeit wichtiger ist als das Leben der Tiere. All diese Schwingungen haften sowohl in der Nahrung als auch in den Pelzen.

O Mensch, schmücke dich mit der Zierde der Tugend, mit der herrlichen, erbarmenden Liebe zu deinem Nächsten und Übernächsten: Es ist das Tier- und Pflanzenreich. Dann bist du Gott, deinem Herrn, wohlgefällig.

Viele Menschen trachten nach kunstdüngerfreier Nahrung. Hierzu spricht der Geist Gottes durch Seinen Diener Emanuel: Alles beruht, wie schon offenbart, auf Schwingung. Auch die biologische Nahrung ist nicht mehr einwandfrei. Die Giftstoffe sowohl in als auch auf der Erde und in der Atmosphäre berühren auch die ohne Kunstdünger gezogene Nahrung. Es ist Irrtum, zu glauben, dass allein durch biologische Nahrung der Körper gesund erhalten werden kann. Das ist ein Trugschluss der unwissenden Menschheit. Der Mensch kann eventuell durch eine kunstdüngerfreie Ernährung in sich eine höhere Körperschwingung aufbauen, die er jedoch durch niedere Gedanken, Worte und Handlungen wieder reduziert. Die gesamte Erde und auch die Atmosphäre ist durch das entgegengesetzte Wirken des Menschen verunreinigt.

Viele werden mich nicht verstehen. Deshalb wiederhole ich nun aufs Neue: Wenn der Mensch kunstdüngerfreie Nahrung anbaut und diese auch entsprechend pflegt, so hat die Nahrung wohl einen schwingungsmäßig höheren Wert. Dieser aber wird oftmals durch gegensätz-

liche Denk- und Handlungsweise des Erzeugers
heruntertransformiert und bleibt dadurch auf
demselben Niveau wie die mit Kunstdünger be-
handelte Lebensform. Zuerst sollte sich der Er-
zeuger der Selbsterkenntnis unterziehen, wenn
er Menschen beliefert, die großen Wert auf biologische Nahrung legen:

»Wie ist meine Ausstrahlung, und aus welchem Motiv baue ich Gemüse und Obst an?
Geht es mir ausschließlich um einen hohen
Gelderwerb oder aber um die Gesundheit meiner Mitmenschen?«

Alles Leben beruht auf Schwingung.

Um ein gesundes Leben und reines Wachstum hervorzubringen, bedarf es der bewussten
Lebensweise auch des mit Obst oder Gemüse
handelnden Menschen. Jede Lebensform bedarf
der beiden Pole, des positiven und des negativen.
Zwischen diesen beiden Kräften besteht durch
kosmische Einflüsse eine Wechselwirkung, wodurch das Leben entsteht.

Eine elektrische Quelle kann nur fließen, Licht und Kraft hervorbringen, wenn eine Wechselwirkung besteht. So ist es auch bei sämtlichen Lebensformen. In jeder Körperzelle und in jedem Atom, auch in Gemüse und Obst, besteht diese Wechselwirkung.

Wenn Gemüse, Früchte, Kräuter und dergleichen richtig, das heißt, gesetzmäßig gedeihen sollen, so muss auch die rechte positive und negative Aufladung vorhanden sein.

Um in den Nahrungsmitteln hohe Ätherkräfte zur Entfaltung zu bringen, sollte der Mensch schon beim Anbau auf die Schwingung seiner Gedanken und Worte achten.

Jede Lebensform, so auch die Pflanze, ist mit hohen Energien durchstrahlt. Diese werden leicht durch unsachgemäße Behandlung reduziert. Da alles auf Schwingung beruht, kann eine vom Menschen ausgehende gegensätzliche Frequenz sehr schnell die Ätherkraft in der Pflanze mindern. Werden z.B. die biologisch angebauten Gemüsesorten oder Kräuterarten, ebenso

wie die mit Kunstdünger gezogenen Pflanzen
nur zum Selbstzweck und lieblos abgeschnitten
oder abgerupft, so wird allein schon dadurch
die Ätherkraft reduziert, die die Pflanzen durchströmt.

Jede Seinsform lebt und empfindet auf ihre
Art und Weise, das heißt ihrem Bewusstseins-
stande entsprechend. Frage dich, o Mensch,
wenn dir ein anderer brutal mit einem Messer
oder einer Flinte begegnet, wie du reagierst,
und welche Schwingungen in dir emporsteigen.
Deine Reaktion ist Furcht!

Ähnliche Schwingungen verströmt das gesamte Pflanzen- und Tierreich, wenn an ihnen
brutal, eigensüchtig und hartherzig gehandelt
wird. Diese angsterfüllten, niederen Schwingungen, die einen Schock auslösen, legen sich
auf deine Seele, o Mensch, aber auch auf die anderen Pflanzen- und Tierseelen, ja auf sämtliche
Lebensformen.

Sowohl die Pflanzen- als auch die Tierreiche
haben sehr feine und hohe Schwingungszahlen, da sich diese Lebensformen nicht belasten

können. Sie kennen ihrem Bewusstsein entsprechend auch keine Furcht. Nur wenn die brutale Schwingung eindringt, dann reagieren die Pflanzen und Tiere verängstigt oder furchtsam. Jede Schwingung, sowohl die positive als auch die negative, erzeugt im Körper des Menschen und des Tieres und auch der Pflanze eine entsprechende Resonanz.

Die gesamte Natur, die Kräuter und auch sämtliche Gemüse- und Obstsorten, reagieren auf positive und negative Schwingungen. Die hohen Ätherkräfte, welche die Natur durchströmen, werden durch gegensätzliche Schwingungen reduziert. Deshalb ist oftmals der Nährwert von Pflanzen nicht mehr hoch, weil der Schwingungseffekt, die erhöhte Ätherkraft, fehlt. Die detaillierten Zusammenhänge dieser Wechselwirkung können vom Geist gar nicht im Einzelnen geschildert werden, weil die Menschheit hierfür weder Worte noch Begriffe geprägt hat, die es ermöglichen würden, die Einzelheiten klar und deutlich darzustellen.

O Mensch, bedenke: Die Reaktionen von Leid und Furcht schwingen auch in den Körperzellen des Tieres, das zur Schlachtbank geführt wird. Durch die Fleischnahrung nimmt der Mensch diese gegensätzlichen Schwingungen auf.

Ein Raubtier, das sich weitgehend von Fleisch ernährt, reagiert brutal und aggressiv. Ähnlich sind auch die Verhaltensweisen des fleischessenden Menschen: Das Resultat sind Aggressionen, Furcht, Hass, Mord, Fehlreaktionen, Kriege und Zerstörung auf dem gesamten Erdbereich und in der Atmosphäre. Diese Reaktionen werden sodann noch von unwissenden Seelen aus den jenseitigen Welten verstärkt, die sehr zur Materie tendieren, weil sie einst als Mensch nicht Maß hielten und zügellos lebten.

Das Gesetz des Geistes lautet: Gleiches zieht wiederum Gleiches an. So werden auch stets durch übermäßige Fleischnahrung weitere Emotionen und die Sinnlichkeit angeregt.

Die Menschheit vernichtet sich selbst

Die Abstrahlungen aus den gelagerten Kernwaffen und aus den atomaren Kraftwerken sowie die enormen Geräuschpegel auf dieser Erde, in der Luft und zu Wasser, zerreißen und verlagern die Erdmagnetfelder. Dadurch trifft die kosmische Einstrahlung der Planeten auf andere Teile des Magnetfeldes der Erde. Dieses Geschehen trägt zur Veränderung der Menschheit, des Tier- und Pflanzenreiches sowie des gesamten Wohnplaneten Erde bei, weil alle Lebensformen von den Magnetströmen durchzogen sind.

Die Schuld an dieser allmählichen Zerstörung sowohl des Menschen als auch der gesamten Erde tragen letztlich die nur materiell orientierte Wissenschaft sowie die sehr ins Weltliche abgeglittenen kirchlichen Obrigkeiten. Die »christlichen« Kirchen und auch die Wissenschaft führten und führen die Menschheit auf den Pfad des geistigen Unwissens. Durch ihren

Autoritätsanspruch blickt nun die für die geistigen Gesetze blindgewordene Masse mehr und mehr auf ihr Tun und Reden. So tut sich die Grube von Unwissenheit, Torheit und menschlicher Arroganz immer weiter auf. Bald werden viele dieser Blinden in diese fallen, das heißt all jene, die an diese irdischen Weisheiten glauben und sich nur an die Materie banden und binden.

Wenn des Menschen ganzes Sinnen und Trachten nur auf dem äußeren Leben basiert, so ist er oftmals nicht mehr in der Lage, die Gesetze des Herrn anzuwenden. Durch sein ständiges Fehlverhalten und Handeln gegen die Gesetze des Herrn reduziert der Mensch die in seinem Körper fließenden Ätherkräfte, wodurch er auf größere Nahrungsmengen angewiesen ist, um die für ihn notwendigen Energien, Mineralstoffe, Kohlenhydrate und so weiter aufnehmen zu können.

Der Mensch hat das rechte Maß zu allen Dingen des Lebens verloren. Dadurch wird die Erde, der Wohnplanet der Menschheit, ausgebeutet und geschändet. Der Urheber, der Mensch, erhält hierfür die Rechnung, und Gott, der Herr, so glaubt er, sollte sie bezahlen. O nein, die Rechnung erhält der Mensch, und auch bezahlen muss er sie selbst.

Der Mensch kann nur gesunden, wenn er das Gesetz des Herrn auch dem Pflanzen- und Tierreich gegenüber befolgt

Der Helfer, der Innere Arzt und Heiler, ist das Gesetz Gottes, die Ätherkraft in allen bestehenden Seinsformen und auch im Menschen. Nur durch die Hinwendung zu Gott kann der Mensch durch die ewig bestehende Lebenskraft gesunden.

Erkenne dich selbst, o Mensch, denn du bist ein Kind Gottes! Sofern sich der Mensch seiner Kindschaft Gottes bewusst wird und sein Leben nach den Gesetzen Gottes gestaltet, indem er an sich selbst und an seinem Nächsten das Gesetz des Herrn befolgt, so wird er auch nach dem Willen des Herrn gesunden.

Bitte Gott im Gebet um Führung!

Die Veredelung eines Menschen kann nur dann erfolgreich sein, wenn er nicht jeder Neigung zu Gaumenlust und Triebhaftigkeit Folge leistet. Bedenke, o Mensch: Empfindungen, Gedanken und Worte sind ungeahnte Kräfte, die Ursachen schaffen oder diese auch aufheben können. Es kommt auf die rechte Anwendung an. Ein Sprichwort der Menschen lautet:

»Was du nicht willst, dass man dir tu', das füg' auch keinem anderen zu.«

Möchtest du, o Mensch, dass dich dein Nächster quält, foltert und tötet? Wie reagierst du, wenn du brutal deines Grund und Bodens beraubt wirst und der Räuber dich wie ein wertloses Stück Holz auf den Wagen wirft und fort transportiert? So handelt jedoch der Mensch. Um sie zu schlachten, mästet er Tiere, die er auf engstem Raum zusammenpresst und sie ihrer Freiheit beraubt. Um einen guten Preis zu erzielen, werden sie bedenkenlos auf das grausamste gequält. Ebenso werden in übergroßen Mengen Gemüse, Früchte und Getreide usw. angebaut und durch Kunstdünger zu gesteigertem Wachstum getrieben. Zur Erntezeit werden sodann die reifen Früchte und das Getreide brutal dem Erdboden entnommen. Empfindungslos werden Kohlköpfe, Salate und die anderen Gemüsesorten auf den Wagen geworfen und einem gedankenlosen Massenkonsum zugeführt.

O Mensch, erkenne dich selbst! Bist du nicht zum größten Raubtier dieser Erde geworden?

Was spricht hierzu der Innere Arzt und Heiler, das Gesetz des Herrn, der wahre Lebensbringer in dir? Solange der Mensch lieblos und nur eigensüchtig handelt, kann er weder an seinem Körper noch an seiner Seele gesunden. Unter dieser menschlichen Unwissenheit und Grausamkeit leiden nicht nur Mensch und Seele, sondern auch der gesamte Wohnplanet, die Erde, die im Laufe der kommenden Zeit zum Brachland werden wird.

Gedankenlos behandelte Naturprodukte
reduzieren ihre Energieabgabe

Alles Sein basiert auf Schwingung. Dem Menschen sind die Feinheiten dieses göttlichen Gesetzes nicht geläufig. Die Schwingungen, die er messen kann, basieren nur auf seiner groben Empfindungswelt. Ebenso grob und gegensätzlich wie die Art des Menschen geworden ist, so ist auch seine Reaktion auf die Umwelt, auf die Erde und nicht zuletzt auf das gesamte Sonnensystem.

Viele nur auf den Körper bedachte Vegetarier, die Naturprodukte, Gemüse und ungespritztes Obst zu ihrer Hauptnahrung machen, glauben, sie würden ihrem Körper einen großen Dienst erweisen. Sie bauen aber mehr auf die Naturprodukte als auf den Geist, das Äthergesetz im Menschen. Dazu sagt der Innere Arzt und Heiler, das Gesetz im Menschen, Folgendes: Naturgedüngtes Gemüse und ungespritztes Obst haben wohl einen etwas höheren Schwingungsgrad als gespritztes Obst und gedüngtes Gemüse.

Durch die gesamte Verunreinigung der Erde und der Atmosphäre jedoch leiden auch diese Gemüse- und Obstsorten, denn die unterirdischen Quellen, der Regen, das Trinkwasser, alles ist durch den Menschen verunreinigt, und diese Verunreinigung fällt schließlich auf ihn selbst und auf die Naturprodukte wieder zurück.

Alles Sein lebt, da alles vom Äthergeist, von Gott, durchdrungen ist. Wer die göttlichen Lebensformen lieblos behandelt, schafft in ihnen gegensätzliche Resonanzen und mindert dadurch ihren Schwingungsgrad. Einerlei, ob es kunstdüngerfreies Gemüse und ungespritztes Obst ist, jede Lebensform, die von einem unerleuchteten Menschen lieblos behandelt wird, reduziert ihre Energieabgabe. Wenn nämlich die Pflanzenprodukte ebenso brutal behandelt werden wie die Tiere, so erleiden sie ebenso wie die Tiere einen Schock, worauf die Ätherkraft nicht mehr voll wirksam werden kann, denn alles in der gesamten Schöpfung reagiert schon auf Empfindungen. Jede auch noch so unscheinbare

Pflanze trägt die Lebenskeime aus Gott. Werden diese Lebensträger gestört, das heißt mit gegensätzlichen Schwingungen berührt, so reagiert sogar die schlichte Gemüsepflanze, das heißt, sie geht in Abwehrstellung, indem sie gegensätzliche Schwingungen aussendet, die, wie schon offenbart, die Nährwerte verändern. Dasselbe gilt für Kräuter und für sämtliche Obstsorten.

Obwohl diese Darlegungen für den Menschen unglaubwürdig erscheinen, so seien sie trotzdem ausgesprochen. Der Mensch erkennt bis zum heutigen Tage noch nicht, was negative Resonanzen bedeuten, die letzten Endes durch Unwissenheit des Menschen entstehen, da dieser die Kräfte seiner eigenen Gedanken, Worte und Werke nicht erkennen kann.

Von einigen Tieren weiß der Mensch z.B., dass sie durch Berührung gegensätzliche Stoffe ausstoßen. Dies geschieht mehr oder weniger bei jeder Pflanze, Gemüse- und Obstsorte und bei *jedem* Tier.

Wenn also die Naturprodukte auch eine höhere Schwingungszahl haben und ihr Nährwert entsprechend hoch ist, so wird dieser durch eine brutale Behandlung der Pflanze durch den Menschen wieder gemindert. Ohne zu beachten, ob gerade das Obst, das Gemüse, die Pflanze oder das Tier momentan in der gesetzmäßigen Energieaufladung stehen oder nicht, werden diese bedenkenlos dem Erdboden, dem Baum oder Strauch entrissen; das Tier wird getötet und sein Fleisch als Nahrung für den Menschen verarbeitet.

Frage dich, o Mutter, wenn du deinem Kleinkind die Milchflasche brutal aus dem Mund und aus den Händen reißt, wie reagiert dein Kind?

Wenn du einen Motor, der voll in Tätigkeit ist, ruckartig blockierst, wie reagiert er?

In jeder Lebensform befinden sich die beiden Lebenspole Positiv und Negativ. Werden diese Lebensträger durch die Gedanken oder Handlungen des Menschen gestört, so entstehen in ihnen gegensätzliche Schwingungen. Dadurch nimmt auch das etwas höherschwingende kunstdüngerfreie Naturprodukt Schaden, das heißt, die etwas höherschwingende Lebensform wird dadurch heruntertransformiert. Alle diese vom Menschen erzeugten Schwingungen fallen früher oder später auf ihn selbst, seine Seele und die Erde zurück.

Bei Sonnenaufgang wirken besonders hohe Ätherkräfte für Mensch und Ernte

Während der Nachtzeiten, zwischen 22 Uhr und 3 Uhr morgens, wird die gesamte Erde mit all ihren Erscheinungen und Lebensformen, einschließlich des Menschen, von der Geistkraft und auch von den Planeten des Sonnensystems reichlich mit Lebensenergien versorgt.

Der Mensch ist ein Produkt seiner Erde. Die Zusammensetzung des menschlichen Körpers beruht auf Wasser und Erde. Diese beiden Bausteine erhalten ebenfalls über die ewigen Energiebereiche hohe Lebenskräfte. Sie werden dem Körper über die Bewusstseinszentren und

Nervenbahnen zugeführt. Deshalb ist ein Schlaf vor Mitternacht der beste, da in dieser Zeit die hohen kosmischen Energien reichhaltig allem Materiellen zuteilwerden.

Deshalb sind während des Sonnenaufganges Menschen, Tiere, Gemüse, Obst und Pflanzen mit hochpotenzierten Ätherkräften aufgeladen. Es ist anzuraten, gerade in dieser Zeit die Pflanzen, das Obst und Gemüse, aber auch das Getreide zu ernten. Wer sich schon am frühen Morgen aufmacht und das lebensnotwendige Produkt nach dem Gesetz des Lebens einholt, erhält nicht nur eine höher schwingende Nahrung, sondern er selbst empfängt auch noch hohe Odkräfte, die in den frühen Morgenstunden vor allem in der Natur aktiv sind. Dadurch bauen sich im Menschen und in der Seele vermehrt Geistkräfte auf.

Wer um diese Geschehnisse weiß und diese heiligen Kräfte dankbar annimmt, indem er das Leben achtet, auch wenn es ein unscheinbares Tier oder eine Pflanze ist, der kann sicher sein, dass er in den Morgenstunden mehr Kräfte aufnimmt, als wenn er sich den ganzen Tag über schont, wenig arbeitet und Naturprodukte als Nahrung verwendet.

Die hohe Odkraft birgt alles, was der Mensch zum Leben benötigt. Die Odkräfte, auch Ätherkräfte genannt, stärken die Nerven, die Muskulatur, bauen die Zellen auf und bringen die Hormone in Gleichklang, geben den Organen Lebenskräfte, regulieren die Verdauung, berühren die Darmaktivität und geben somit dem ganzen Körper die Harmonisierung, die er braucht, um gesund und vital zu bleiben. Das setzt allerdings voraus, dass die Ätherkräfte in der Seele und im Körper des Menschen nach dem göttlichen Gesetz fließen. Somit ist in Wirklichkeit die Ätherkraft die Nahrung der Seele und im übertragenen Sinn auch die des physischen Körpers. Der Mensch kann sich also schon am frühen Morgen satt atmen.

Da aber der Mensch diese Ätherkräfte nicht mehr anzuwenden weiß, gab ihm Gott, unser Herr, zum Wohle seines irdischen Leibes die Hilfsnahrung. Es sind die verdichteten Lebensformen, die er Getreide, Obst, Früchte, Gemüse usw. nennt, deren Schwingungszahl der verdichteten irdischen Struktur des Menschen gleicht. Das heißt wiederum, die Nahrung des Menschen ist auf seine Körperschwingung abgestimmt. Wie schon erwähnt, ließ Gott, der Herr, die Formgebung des Materiellen durch die Gedanken Seiner Kinder zu. Über die eigenen Gedanken und Werke sollen sie auch wieder zum Ursprung, zur Ätherform, zurückgeführt werden. Der Mensch also isst und trinkt die durch seine Gedanken selbstgeschaffene, verdichtete Schwingung, welche von Gott, unserem Herrn, zugelassen wurde und wird.

Wer sich des Nachts durch einen tiefen, gesunden Schlaf und in den Morgenstunden durch Hinwendung an die ewigen Gesetze die Ätherkraft zu eigen macht, wird den ganzen Tag über in guter Verfassung sein. Wer die Früchte des Feldes segnet und dankbar im Sinne Gottes die Allkraft aufnimmt, kann, sofern er in der geistigen Evolution steht, die von unwissenden Menschen heruntertransformierte Odschwingung der Nahrung wieder aufbauen.

Das Herzensgebet und seine Verwirklichung sind der höchste Energiespender

Der höchste Energiespender ist die Erkenntnis, dass Gott die Ätherkraft in allen Seinsformen ist.

Die beste Nahrung und der beste Energiespender ist das Herzensgebet.

Durch das Herzensgebet tut sich die Erkenntnis auf, dass in allem Sein das Leben ist, die hohen Ätherkräfte, und dass alles auf diesen Kräften aufgebaut ist. Wenn der Mensch diese Kräfte anerkennt und sich dieser ewig bestehenden, gesetzmäßigen Lebenskräfte bedient, indem er ein Leben nach den Gesetzen Gottes führt, so dienen ihm die heiligen Ätherkräfte. Wer allerdings ohne Gebet und Dank die Früchte des Feldes zubereitet und diese nun als wohlschmeckende Nahrung verschlingt, wird die Zellen seines Körpers und auch seine Seele geistig nicht aufbauen.

Der Vegetarier, der nur auf natürlich gedüngte Nahrung Wert legt und sich den heiligen Ätherkräften nicht zuwendet und nicht nach den Gesetzen des Lebens denkt und handelt, wird seine Seele nicht aufbauen.

Die Bedeutung der Anweisung »Macht euch die Erde untertan« und des geistigen Gesetzes »Gleiches zieht Gleiches an«

Hervorgehoben sei jedoch, dass derjenige, der tierische Nahrung zu sich nimmt, die Zellschwingung seines Körpers in weit stärkerem Maße reduziert als der Vegetarier. Auch wird seine Seele belastet, denn die hochentwickelten Tiere, die geschlachtet werden, besitzen eine Teilseele, die viel feiner reagiert, empfindet, aufnimmt und ausströmt als die Kollektivbereiche der Natur.

Es gilt das Gesetz: »Du sollst nicht töten.« Dieses Gebot aus dem Gesetz des Herrn bezieht sich nicht nur auf den Menschen, sondern es gilt für sämtliche Lebensformen, auch für die Pflanzen- und Tierreiche.

Der Herr sprach: »Macht euch die Erde untertan!« Damit meinte Er, der große All-Eine, der Mensch solle so handeln, dass ihm die Lebensformen dienen und nicht zum Fluche werden. Sofern der Mensch Dinge tut, die nicht gesetzmäßig sind, z.B. wenn er gegensätzlich schwingende Nahrung aufnimmt, so setzt er Schwingungen frei, die die Zellen seines Körpers verunreinigen und die Partikelstruktur seiner Seele belasten.

Ich wiederhole, denn das ist für die Erkenntnis sehr wesentlich: Gleiches zieht Gleiches an.

Das heißt: Niedrig Schwingendes zieht nicht hohe Energien an und umgekehrt. Wenn der Mensch durch negative Handlungsweise seine Erde schändet, sie ausbeutet und aushungern lässt, so erzeugt er keine hohe Schwingung, wodurch ihm auch die Ätherkräfte nicht dienen können. Dadurch trennt er sich von der Führung durch den Geist Gottes und wirkt daher nicht aufbauend, sondern zerstörend.

Ätherkraft als Nahrung
statt Befriedigung der Gaumenlust

Die Menschheit richtet sich nicht auf die alldurchdringende, göttliche Kraft aus, sondern nur auf die Erde und ihre Vorkommnisse. Deshalb sind auch die Seele und der menschliche Organismus gestört. Durch die Unwissenheit der Menschheit wird zu jeder Tageszeit brutal der Mutter Erde das Leben entrissen und nach menschlichem Ermessen zubereitet. Durch diese Handlungsweisen wird der Mensch nach und nach den großen Wohnplaneten töten und nicht zuletzt sich selbst.

Als Folge dieses Wirkens aus Unwissenheit entstehen nicht nur Krankheiten, sondern auch karmische Schäden, Seelenschuld. Dadurch kann das Gesetz Gottes den Menschen immer weniger berühren und aufbauen, weil sich der Mensch mehr und mehr von Gott, seinem Vater, entfernt. Um die lebensnotwendige Zellschwingung zu erlangen, ruft der physische Leib nach immer stärker verdichteter Nahrung. Die kosmisch schwache, hungernde Seele verlangt über die Empfindungen des Gaumens nach Sinnesbefriedigung. Durch geistigen Energieverlust nehmen auch die Gaumengelüste noch zu. Dies alles lässt der Mensch bedenkenlos geschehen. Er greift in verstärktem Maße nach immer mehr kulinarischen Genüssen, Alkohol, Nikotin, Rauschgift und dergleichen. Die durch diese niederen Neigungen des Menschen geschädigten schwachen Körperzellen rufen sodann auch vermehrt nach Medikamenten, die ihnen unbedacht verabreicht werden. So wie die

Körperzellen rufen, so kommt ihnen der Wohlstandsmensch entgegen.

Die Ätherkräfte schwinden in der Partikelstruktur der Seele und in den Zellen des Körpers immer mehr.

Da sich der Mensch nur nach außen orientiert und an die Produkte dieser Erde bindet, so werden die Zellen immer unzufriedener. Sie benötigen aufbauende Kräfte, um zu leben. Dadurch haben sie immer mehr Appetit und rufen beständig nach anderen Reizstoffen. Der hörige Mensch, der seine Gaumenlust allzu gerne befriedigt, gibt seinen menschlichen Neigungen nach, weil er die Ätherkräfte nicht als gottgegebene Hauptnahrung kennt, sondern nur die Erde als sein Weideland betrachtet. In diesem Sinne handelt die gesamte Menschheit.

Krankheiten, materieller und geistiger Tod als Folge falschen Denkens und Handelns

Da die Zellkinder durch das falsche Denken und Handeln des unbedachten Menschen in niedere Schwingung geraten, sind sie für viele Krankheiten anfällig, die nichts anderes sind als gegensätzliche Schwingungen. Zuletzt erkranken sie. Die göttliche Ätherkraft, der Innere Arzt und Heiler, weicht durch die gesetzwidrige Verhaltensweise des Menschen mehr und mehr zurück, da Er vom Menschen nicht erbeten wird.

Zur schwachen Zellstruktur kommt noch die körperliche Überbeanspruchung des Menschen hinzu. Durch die Hektik dieser Zeit wird der Mensch im Beruf und im Alltagsleben immer stärker gefordert. Der nun nach außen orientierte Mensch sucht als Ausgleich nach Annehmlichkeiten und Luxus. Diesen menschlichen Willensakt nehmen auch die Zellen wahr und fordern von ihrem Menschen immer mehr.

So arbeitet der Mensch, verstärkt getrieben von seiner eigenen Wunschvorstellung, vom Sein- und Habenwollen. Ein Mensch treibt den anderen an. In Wirklichkeit sind es aber wiederum die ausgehungerten Körperzellen und die niedrig schwingende Seele, die nach immer mehr verlangen. Der eine Mensch trachtet nach Wohlstand, der andere nach Nahrung und Genussmitteln, wieder ein anderer nach Sinnlichkeit. Dadurch sind die Zellen unermüdlich in Aufruhr und verlangen das, worauf sie ausgerichtet wurden. Die treibende Kraft ist der Satan der Sinne im Menschen und die erlahmte kosmische Seele, die ebenfalls nur nach Sinnlichkeit und irdischem Wohlergehen trachtet. Durch diese Verweichlichung des Menschen gehen die Ätherkräfte, das Gesetz Gottes, mehr und mehr zurück, da der Mensch fortwährend gegen dieses hohe, dienende Liebegesetz verstößt.

Durch die nur nach außen gerichteten Aktivitäten begibt sich der Mensch in seinen eigenen, von ihm geschaffenen Kreislauf des Siechtums und des materiellen und geistigen Todes.

So nutzt es wenig, wenn der Mensch ruft: »Herr, mein Gott, warum hast Du mich verlassen?« Es wäre besser, der Mensch würde rufen: »Herr, mein Gott, warum habe ich Dich verlassen?«

Jesus von Nazareth sprach am Kreuz die Worte: »Herr, Mein Gott, warum hast Du Mich verlassen?« Dieser Ausspruch hat eine mehrfache symbolische Bedeutung. Die eine lautet: Durch Jesus, den Sohn Gottes selbst, sprach die gesamte Menschheit. Er, der Herr, sprach das aus, was in den Menschenherzen schon damals hervortrat und in der Jetztzeit verstärkt zum Ausbruch kommt. Diese Worte brachten den Zustand der damals lebenden und auch schon der zukünftigen Menschheit zum Ausdruck, denn Jesus war ein Symbol für alle Menschen.

2. TEIL

Der geistige Vegetarier – Selbstheilung bei verschiedenen Erkrankungen

Der Aufbau und die Funktionsweise des Ätherkörpers – Seele und irdischer Körper

ott ist Geist. Auch der ewig bestehende Ätherkörper der reinen Wesen, der unverwesliche Körper, ist aus Geist. Die Seele, dieser unverwesliche Körper, setzt sich aus fünf verschiedenen geistigen Atomarten zusammen. Diese fünf geistigen Atomarten bilden das Leben in den geistigen Seelenpartikeln, die aus komprimiertem Lichtäther bestehen und vom fließenden Äther durchströmt werden. Der Lichtäther, der immer wieder die Formierung von Partikeln anregt, ist eine abgewandelte Kraft aus dem pulsierenden, geistigen Ur-Atom »Liebe«. Der Sammelbegriff für das gesamte schöpferische Sein heißt Äther.

Der komprimierte Äther besteht aus siebenmal sieben geistigen Lebensbahnen, auch Ätherkanäle genannt. Er ist ein geistig hochschwingender Ätherstoff, der vom fließenden Äther, dem Unendlichen, durchdrungen ist.

Die Seele ist auf die Struktur der Unendlichkeit abgestimmt. Sie ist ein Mikrokosmos im Makrokosmos. Dieses geistige Gebilde wird Geistwesen genannt, sofern es frei von allen weltlichen Neigungen ist. Es birgt in sich den gesamten kosmischen Ablauf.

Die siebenmal sieben Ätherkanäle der Seele sind wie die Ätherkanäle der Unendlichkeit angeordnet. Die Ätherkanäle sind die Versorgungsadern des geistigen Körpers. Durch diese geistigen Adern strömt der vom geistigen Uratom im Wesenskern der Urzentralsonne ausgehende fließende Äther. Er versorgt die Partikelstruktur und die darin befindlichen fünf geistigen Atomarten, die Elemente. Somit ist die Seele ein Energiekörper, der von den Ätherkräften lebt, die aus der Urzentralsonne dem Geistwesen über die siebenmal sieben Ätherkanäle zufließen. Diese Kräfte werden im Rhythmus des Universums den Elementen in den Seelenpartikeln zugeführt. Dadurch lebt das Geistwesen, die Seele, und ist daher ständig mit der gesamten Schöpfung verbunden.

Durch den Fall der reinen Geistwesen entstanden um den sich verändernden Ätherkörper, die Seele, sieben gegensätzliche Hüllen, die sie immer mehr hinderten, am kosmischen Gesamtleben teilzunehmen. Diese Hüllen bewirken die begrenzte Aktionsfähigkeit des Ätherkörpers, das heißt die Einengung der Seele. Durch die ständige Übertretung der göttlichen Gesetze verdichteten sich diese sieben Hüllen, die Grundgewänder der Seele, immer stärker. Das hatte zur Folge, dass sich die Seele verkleinerte und ihre siebenmal sieben reinen Lebensbahnen immer näher auf den zentralen Punkt, auf das »Herz« des Geistwesens führte. Diese sieben verschatteten Grundgewänder bilden nun außerhalb der Seelenmasse die kristallisierte Form. Der am stärksten kristallisierte Äther wird Mensch genannt.

Als sich die Form des Menschen, das heißt, der höchste Verdichtungsgrad des Äthers, weitgehend gebildet hatte, zogen sich im menschlichen Körper die sieben Grundgewänder der Seele zu geistig komprimierten Punkten zusammen, die nun Bewusstseinszentren genannt werden. Diese sieben Grundgewänder der Seele – oder die sieben Bewusstseinszentren im irdischen Körper – müssen durch ein entsprechendes Leben des Menschen oder der in den Reinigungsebenen lebenden Seele einst wieder aufgelöst werden, damit die Seele erneut als reine Ätherform in die ewig bestehende Unendlichkeit eingehen kann.

Erst wenn im Menschen diese geistigen Bewusstseinszentren verstärkt aktiv werden, fließen erhöhte Ätherkräfte über die Seele in den Körper ein, welche die Zellen in eine hohe Schwingung versetzen und ihnen dadurch vermehrt geistige Energie bringen. Durch diese wird die Vitalkraft in gesetzmäßiger Weise gesteigert, wodurch der Mensch auch die rechte geistige Verbindung zu Gott und zur Schöpfung erhält. Diese Ätherkräfte, die über die Bewusstseinszentren und von dort über geistige Versorgungsadern in den Menschen einströmen, vergrößern sodann die eingeengte und verkleinerte Seelenmasse. Dadurch erweitert sich das menschliche Bewusstsein, und der Mensch empfindet und reagiert bewusster und feiner als die schlafende und sehr verkleinerte Seele, die ihrem Körper nur tröpfchenweise Ätherkräfte zuführt.

Was ist ein geistiger Vegetarier?

Ein geistig ausgerichteter Vegetarier trachtet nicht nur nach einer gesunden Lebensweise, die z.B. auf biologischem Getreide, Obst und Gemüse beruht, sondern er lebt mehr von der Ätherkraft. Ein geistiger Vegetarier ist ein Empfindungsmensch, der von den Ätherkräften, das heißt also von Gott, unserem Herrn, gelenkt und geleitet wird. Er erkennt den waltenden Geist in allen Lebensformen und weiß, dass Er der Ursprung und Erhalter der Seele und auch des physischen Leibes ist.

Der unwissende Mensch greift zu Kräutern, und wenn diese nicht sofort wirken, zu Tabletten. Der nur auf die Materie ausgerichtete Mensch greift sofort zu Medikamenten.

Der Wissende jedoch verbindet sich, bevor er Kräuter oder gar Medikamente einnimmt, mit dem Inneren Arzt und Heiler, mit der ewig bestehenden Ätherkraft, die in jedem Menschen unterschiedlich fließt. Entsprechend der Aktivität und dem Reinheitsgrad der Seele erhält auch der physische Körper die Ätherkräfte. Sie bilden die eigentliche Versorgung für die Seele und auch weitgehend für den Menschen, sofern dieser ein gesetzmäßiges Leben führt. Diese Ätherkräfte lindern und heilen auch, bauen Erregungen und unedle Neigungen ab, verwandeln die Sinneslust in Freude am göttlich reinen Leben und lassen den Menschen zum tugendhaften Kind Gottes werden.

Verhalten bei Kopfschmerzen.
Mögliche Ursachen dieser Beschwerden

Der geistige Vegetarier, der sich den Ätherkräften, Gott, zuwendet, handelt im Krankheitsfalle in ganz bestimmter Weise:

Nehmen wir an, durch irgendwelche Ursachen treten Kopfschmerzen auf.

Kopfschmerzen können unterschiedlich stark sein und oftmals bis zu schwerster Migräne ausarten. Jeder Kopfschmerz, einerlei wie schwer er auch sein mag, hat seine Ursachen. Diese befinden sich entweder im seelischen oder physischen Bereich. Ursache der Kopfschmerzen können z.B. ein geschwächtes oder erkranktes Organ des Körpers oder überreizte Nerven sein, Müdigkeit oder gesetzwidrige Nahrung. Aber auch Veränderungen des Kreislaufs, der Herztätigkeit, der Drüsen und Hormone können Kopfschmerzen hervorrufen. Der Mensch kann die Ursache nicht sogleich analysieren.

Der geistige Vegetarier, der Geistmensch, der auf Gott hofft und Ihm vertraut, richtet sich mehr auf die innere Quelle, die Ätherkräfte aus, auf den Inneren Arzt und Heiler. Diese innere Kraft gibt dem nach innen gekehrten Menschen das rechte Medikament, die Ätherkraft, in der genau benötigten Dosis. Der auf Gott Ausgerichtete weiß, dass der Innere Arzt und Heiler jederzeit eingreifen und helfen, die Schmerzen lösen und den Körper wieder vital machen kann. Ein geistiger Vegetarier wird wohl eine kurze Überlegung anstellen, woher die Kopfschmerzen kommen könnten: »Was habe ich gegessen, wie habe ich meine Nahrung zubereitet? Hatte ich Aufregungen, handelte ich unbedacht? War ich in Sorge, redete ich Unwesentliches und gab dadurch zu viel Energie ab? Habe ich gegensätzlich gedacht und gehandelt? Wie bin ich in den letzten Tagen meinem Nächsten begegnet? Wurde ich von Unruhe geplagt? Wie waren meine Gedanken, beschäftigte ich mich mit unwesentlichen Dingen, die mir die Lebensenergie raubten und meine Nerven belasteten?« Der Geistvegetarier weiß: Kopfschmerzen deuten meist auf einen Energiestau im Körper hin. Er hält deshalb eine kurze Selbstanalyse. Oftmals erkennt er sodann die Ursache der Schmerzen.

Wie verhält er sich? Sind die Ursachen seiner Kopfschmerzen nervliche Verkrampfungen, die oftmals durch unliebsame Gespräche, durch zu viel Nachdenken oder gar durch wenig Schlaf aufgetreten sind, so verdunkelt er, falls es ihm möglich ist, den Raum und legt sich flach auf den Boden, nimmt eine warme Decke, am besten aus Naturfasern, und hüllt sich damit ein. Das Haupt und die Augen verhüllt er mit einem Tuch, ebenfalls aus Naturfasern, am zweckmäßigsten aus Wolle. Der Leidende legt sich auf den Rücken, beide Arme auf den Boden, die Handflächen nach oben gerichtet und die Beine etwas aufgestellt. Die Augen sind geschlossen. Nun versucht er, sich von den weltlichen Gedanken zu lösen. Er richtet seine Gedanken auf das sechste Bewusstseinszentrum, das zwischen den Augen liegt, und bittet den ewigen Geist um Lebenskraft und Entspannung. Dann beobachtet er seinen Atem, das heißt, er lässt »Es« atmen:

Durch die Nase ein und durch den Mund aus. So entsteht kein künstliches Ein- und Ausatmen, sondern ein ganz natürliches, rhythmisches Atmen. Der Heilung-Suchende ist sich dabei bewusst, dass ihm über den Odem Heil- und Entspannungskräfte zufließen.

Durch die Gedankenkraft, die auf dem sechsten Bewusstseinszentrum ruht, werden vom Wesenskern der Seele, dem Sitz der Gottheit, Ätherkräfte erbeten. Diese Geistkräfte beginnen sodann langsam in die Seele und über das angesprochene Bewusstseinszentrum in den Menschen einzufließen. Die wärmende Naturfaserdecke und die entsprechende Kopfbedeckung tragen zusätzlich zur Entspannung bei. Der Körper wird warm, wodurch sich die Zellen und die Nerven entspannen; gleichzeitig verbinden sich die hohen Schwingungen der Naturfaser mit den nun verstärkt fließenden Ätherkräften und lassen sowohl innerhalb als auch außerhalb des Körpers die Heilströme fließen. Der Körper wird so magnetisiert und mit Geistkraft aufgeladen. Durch diese geistige Therapie entspannen sich oftmals auch sehr verkrampfte Organe, die eventuell die Kopfschmerzen mit verursacht haben.

Um diese Übungen erfolgreich durchführen zu können, bedarf es vor allem des Glaubens an Gott und an die innere heilende Kraft. Auch da muss der Mensch, so wie bei allem, was er vom Geist erbittet, Geduld üben. Wie ich schon offenbarte, müssen die Ätherkräfte zuerst durch ein entsprechendes Leben aktiviert werden, bevor sie von einem zum anderen Augenblick wirksam werden können. Bedenke, o Mensch, auch dein irdisches Haus erbaust du nicht von dem einen zum anderen Tag und kannst nicht von heute auf morgen Einzug halten. Sogar dein Einzug in ein neu erworbenes Haus erstreckt sich oftmals über Wochen, gar Monate.

So ähnlich denke auch, wenn du Schmerzen hast und der Geist dir nicht sogleich beistehen kann. Frage dich: »Ist mein Körper ein reiner Tempel des Heiligen Geistes? Wie habe ich dieses physische Haus im Laufe meines Erdenlebens behandelt und erhalten? Ist dieses Fleisch-

und Beinhaus morsch und baufällig geworden, da ich es selten gereinigt und instandgesetzt habe? Ist es nur mit den Bausteinen dieser Welt erbaut, durch die allein die Kraft des menschlichen Denkens und Handelns fließt, oder habe ich meinen Tempel durch ein entsprechend göttliches Leben gereinigt und aufgebaut, so dass die inneren Kräfte, die ewig bestehenden Ätherkräfte, sogleich wirksam werden können?«

Hat der Mensch nicht durch Hinwendung zu Gott und durch eine entsprechende Ernährungsweise seinen Körper gereinigt und wurde dieser demzufolge gar müde und von Krankheiten gepeinigt, so bedenke, o Mensch, dass die Ätherkräfte in dir nur gering wirksam sind, weil du ihnen in deinem irdischen Leben nicht die Möglichkeit zur Entfaltung gabst. Deshalb kannst du auch nicht erwarten, dass die göttlichen Ätherkräfte von heute auf morgen in dein baufällig gewordenes Haus in vollem Maße Einzug halten und es sofort wiederherstellen.

Deshalb übe dich in Geduld, und reinige deinen Tempel vom Unrat dieser Welt, indem du

in deinem Leben Ordnung machst, das heißt
vor allem in deinen Gedanken und Handlungen, aber auch, indem du Überlegungen bezüglich deiner Ernährung anstellst. Schließe auch
die Frage mit ein: »Wie handelte und handle
ich dem Naturreich gegenüber?« Erkenne, o
Mensch, dass deine Seele die Essenz der Schöpfung ist, dass somit die Mineral-, Pflanzen- und
Tierreiche jeweils Bausteine deiner Seele sind.
Bemühe dich, sie entsprechend zu behandeln!

Bedingt durch dein Alter wird dein Haus
dann wohl einmal baufällig werden, du wirst jedoch keine allzu großen Beschwerden erleiden,
da die heiligen Ätherkräfte den Tempel lange
frisch und gesund erhalten.

Wenn du also auf dem Boden liegst und dich
deiner Kopfschmerzen durch die Ätherkräfte
entledigen möchtest, dann lasse zuerst deine
Gedanken in Gott ruhen und halte dich, wie
empfohlen, empfindungsmäßig am sechsten
Bewusstseinszentrum fest. Über diesen Kraft-
punkt fließen die Heilströme in deinen Organismus ein. Alle sieben Bewusstseinszentren im

Körper sind durch Ätherkanäle verbunden. Sie sind die Verteilerstellen für die einfließenden Ätherkräfte. Jedes Organ des physischen Körpers ist mit einem dieser Kraftzentren verbunden und erhält auf diese Weise die lebensnotwendige Energie. Das Gehirn z.B. wird über das sechste Bewusstseinszentrum mit der heiligen Ätherkraft versorgt. Durch Hinwendung der Gedanken auf die göttlichen Kräfte in diesem sechsten Bewusstseinszentrum fließen von dort aus verstärkt die Ätherkräfte zu den verkrampften Zellen des Gehirns.

Wenn du an Kopfschmerzen leidest, so verharre in dieser entspannten Lage etwa 15 Minuten, wende deine Empfindungen einzig dem sechsten Zentrum zu, und wisse: Gott, der Innere Arzt und Heiler, die Ätherkraft, ist in dir. Solltest du in der Zwischenzeit eingeschlafen sein, so ist dies auch gut. Durch die Körperentspannung und Wärme fällt der Mensch oftmals in einen tiefen, erholsamen Schlaf.

Wenn du erwachst oder wenn du dich nach einer Viertelstunde wieder schmerzfrei bewegen kannst, so lasse deinen Gedanken nicht wieder freien Lauf. Richte sie weiter auf Gott aus, dadurch bekämpfst du die Ursachen deiner Krankheit.

Gehe an das geöffnete Fenster, atme die frische Luft, jedoch keine kalte Luft. Anschließend lasse über die Arme, von den Ellbogen ausgehend, kaltes, jedoch nicht eiskaltes Wasser fließen.

Dann ziehe warme Kleidung an, denn ein warmgehaltener Körper heilt und entspannt.

Sofern du nun einer Nahrung bedarfst, so nimm nur leichte Kost zu dir. Bereite diese in Ruhe. Greife nicht gleich zu schwerem Brot, sondern eventuell zu Obst oder leichtem, nicht blähendem Gemüse.

Auch eine Tasse Kräutertee, die entspannend wirkt, kannst du trinken, sofern es nötig ist. Bitte, nimm diesen nicht allzu heiß zu dir, sondern nur gut warm und schluckweise. Es gibt mehrere Kräuterarten, die dazu beitragen, eine noch größere Entspannung und Erleichterung herbeizuführen, z.B. Tausendgüldenkraut, Melisse, Lavendel und Johanniskraut oder 1-2 Schluck Wermuttee. Bitte, keine ganze Tasse Wermuttee trinken, sondern nur 1-2 Schluck!

Diese Offenbarungen kommen aus dem Geiste Gottes und sollen für unsere Geschwister geistige Stützen sein, die, sofern sie richtig angewandt und im Leben entsprechend praktiziert werden, geistig von höchstem Wert sind, nicht nur für den Körper, sondern auch für die Seele. Von einer Konsultation eines irdischen Arztes wird jedoch von geistiger Seite nicht abgeraten.

Der Heilung-Suchende möge verstehen, dass die geistigen Heilmethoden nur wirksam sein können, wenn sich der Mensch voll Vertrauen und Glauben dem Inneren Arzt und Heiler zuwendet, seine Fehler und Schwächen erkennt und sein Leben analysiert. Die göttlichen Kräfte werden in der Seele und im Menschen erst voll wirksam, wenn der Mensch ein gottgewolltes Leben führt und dadurch jederzeit den Inneren Arzt und Heiler anrufen kann. Dieses offenbarte Wissen ist eine Gnadengabe und für jene eine Hilfe, die ihr Gottvertrauen geschult haben und auch das Gesetz des Herrn weitgehend verwirklichen.

Sollten die Kopfschmerzen jedoch *nicht* nachgelassen haben und du fühlst dich somit weiterhin entkräftet und von Schmerzen geplagt, so überdenke erneut die möglichen Gründe deiner Schmerzen.

Du wirst nun zu einem Medikament greifen. Lasse dies jedoch nicht deine einzige Hilfe sein, sondern überlege vielmehr, was du in deinem Leben, in deinem Denken und Tun in Zukunft besser machen könntest, damit du späterhin ohne Medikamente deine eventuell erneut auftretenden Kopfschmerzen besiegen kannst.

Segne im Namen des Herrn das Medikament, bevor du es zu dir nimmst, damit die heilige Kraft, die im Gedanken des Segens ruht, die im Medikament vorhandenen schädlichen Stoffe weitgehend absorbiert. Durch die Bitte um den Segen werden die das Medikament durchflutenden Ätherkräfte verstärkt wirksam.

Kopfschmerzen können auch vielfältige körperliche Ursachen haben: Übermüdung der Augen, Nachlassen der Sehschärfe, Einnahme von zu viel Medikamenten für andere Leiden, übermäßiges, fetthaltiges Essen, ständige Belastung des Darmes, Stoffwechselstörungen und Blähungen sowie Völlegefühl.

Daher, o Mensch, überlege, was du isst und wie du isst. Verschlingst du nur deine Nahrung, ohne diese bewusst zu kauen? Prüfe auch deine Körperhaltung und deine Körperbewegungen: Jede schlechte Körperhaltung und auch jede hektische Bewegung tragen zur Erkrankung deines Körpers bei. Dies alles sind Ursachen, die früher oder später ihre Wirkungen zeitigen.

Unkontrollierte Lust am Essen deutet auch auf unkontrollierte Sinneslust hin. Auch wird die Sinnlichkeit durch entsprechende Empfindungen und Gedanken, ja auch durch niedrig schwingende Nahrung und dergleichen geweckt. Die Sinnlichkeit trägt ebenfalls zur Verkrampfung des Nervensystems und zur

Erkrankung des Körpers bei. Allein durch die Entspannung über die Sinnlichkeit wirst du nicht gesunden, da dein Körper dabei wertvolle Lebensträger abgibt.

Deshalb sollte der Mensch auch diesen emotionellen Lebenshunger zur Gottheit hintragen, auf dass sich diese Erregungen in geistige Aktivität umwandeln können. Wenn du glaubst, dass dieser Kräfteverlust durch Nahrung ersetzbar sei, dann täuschst du dich. Sofern dieser Kräfteverlust in diesem Leben nicht mehr spürbar wird, dann sicherlich im nächsten Erdenleben oder für die Seele im Seelenreich.

Entspannung von Verkrampfungen und Schmerzen durch Meditation

Sofern der durch Kopfschmerzen geplagte Mensch sich nicht flach auf den Boden legen kann, um die vorher gegebenen Anweisungen auszuführen, so möge er sich eine kurze Zeit aufrecht hinsetzen, das heißt, die christliche Meditationshaltung einnehmen. Das geschieht wie folgt: Stelle beide Füße auf den Boden, nimm eine aufrechte Sitzhaltung ein, halte das Haupt gerade, lege die Handrücken auf die Oberschenkel und schließe die Augen. Sprich daraufhin ein kurzes Bittgebet, und befreie dich gänzlich von plagenden Gedanken. Übergib all deine Gedanken der Christuskraft, die im vierten Bewusstseinszentrum, in deiner Brust, aktiv ist.

Sofern du dich noch nicht auf dieses Christuslicht konzentrieren kannst, so schiebe alle niederen Neigungen und Gedanken, die dir Unruhe und Friedlosigkeit bringen, zunächst von dir und betrachte diese als Bild, das sich *außer-*

halb deines Selbst formiert. Betrachte kurz dieses nach außen getretene Gedankenbild und analysiere, was dich bedrückt und quält. Überprüfe in dieser ruhigen Haltung von einer höheren Warte aus, ob die im Bild festgehaltenen Ereignisse es wert sind, dass du dich darüber eventuell so erregt und verkrampft hast, dass du nun von Kopfschmerzen oder gar Migräne geplagt wirst. Oftmals erkennt der Mensch in dieser ruhigen Meditationshaltung, dass vieles gar nicht so schwerwiegend ist, wie er es in seinem Inneren empfunden hat. Erst wenn der Mensch diese Erkenntnis gewinnt, wird er ruhig und gelassen.

Wenn du also bemerkst, dass deine Situation nicht so schwerwiegend ist, so atme erst einige Male tief ein und aus. Betrachte nun wie ein kritischer Maler dein teilweise noch bestehendes Gedankenbild, und retuschiere all das, was unwesentlich ist und übergib es der verzehrenden Flamme, die auf Erlösung und Befreiung deiner Seele wartet.

Übergib aber dem Christuslicht auch die noch in dem Gedankenbild verbliebenen wesentlichen Fakten, und bitte den Christusgeist um Lösung deiner noch bestehenden Probleme. Glaube nun fest an diese helfende Hand, und befreie dich sodann gänzlich von diesen Eindrücken. Zitiere deine Schwierigkeiten nicht mehr herbei, indem du aufs Neue über diese nachzudenken beginnst. Sobald du dich wieder damit beschäftigst, ziehst du sie erneut in dein Inneres, das heißt, deine Nerven registrieren diese zurückkehrenden Gedanken, wodurch du abermals deine Gehirn- und Körperzellen verkrampfst.

Durch gegensätzliche Denk- und Handlungsweise entstehen die Ursachen von Krankheiten, Unpässlichkeiten, Schicksalsschlägen und Sorgen.

Wenn du dich von diesen beunruhigenden Gedankenbildern befreit hast, so richte deine Empfindungen entweder auf das vierte

Bewusstseinszentrum, in dem sich das Christuslicht, die Befreiung deines irdischen Lebens, befindet, oder auf den Zentralpunkt der Liebe, der zwischen deinen Augen liegt. Beide Zentren sind hochschwingende Pulsations- und Rotationskräfte, über die – wie über alle Bewusstseinszentren – die Ausgießung der heiligen Geistkräfte erfolgt. Richte dich also auf eines dieser beiden Bewusstseinszentren aus und versuche, an nichts anderes zu denken.

Sobald Gedanken aufsteigen, weise sie von dir und halte dich empfindungsmäßig an einem dieser beiden Kraftpunkte fest. Atme noch einige Male bewusst tief ein und aus und lasse Es sodann in dir atmen. Verweile möglichst lange in dieser Meditationshaltung, mindestens jedoch zehn Minuten. Die normale Zeitdauer dieser Übung beträgt zwanzig bis fünfundvierzig Minuten. Nach dieser Meditation der Kraft lasse – wie schon beschrieben – Wasser über deine Arme und Hände fließen und iss langsam und bewusst z.B. einen Apfel, den du gut kauen solltest.

Sofern es dir nicht sogleich möglich ist, in diese Meditationsruhe zu kommen, so trinke vorab einen Entspannungstee. Eventuell 2-3 Schluck Wermuttee oder jeweils eine Tasse Ringelblumen- oder Johanniskrauttee. Diese Kräuter können mit Anserine (Krampfkraut) gemischt werden. Diesmal den Tee gut warm trinken.

Grundsätzlich gilt die Empfehlung des Geistes: Wenn du eine körperlich-seelische Erleichterung verspürst, so ist es sehr wesentlich, in dieser entspannten Verfassung ohne Gedanken zu verweilen. Versuche nicht, das übergebene Gedankenbild erneut aufzugreifen und dich damit zu beschäftigen. Vertraue dich ganz der Führung Gottes an.

Geduld und bleibende Hinwendung zu Gott sind entscheidend für den Erfolg

In dieser Schrift möchte ich, Geistlehrer Bruder Emanuel, immer wieder betonen, dass die Ätherkräfte, die Geistkräfte Gottes, nicht sofort wirksam werden können, sofern der Mensch in seinem bisherigen Erdendasein kein beispielhaftes Leben führte.

Oftmals ist es auch ein Karma, eine Seelenschuld, die sich im Körper auflösen möchte. Der Wesenskern der Seele, der zentrale Punkt deines kosmischen Lebens, schiebt, sofern er in Aktion kommt, alles Negative von sich und daher aus der Seele. Somit dringen diese Disharmonien in deinen Körper ein und berühren die entsprechenden Organe. Deshalb jammere nicht und klage nicht Gott für die von dir selbst geschaffene Seelenschuld an, denn alles, was sich im Körper zeigt, beruht auf Ursache und Wirkung. Gott ist ein Gott der Vollkommenheit. Er, der Herr, hat nur Vollkommenes geschaffen.

Jede Unvollkommenheit beruht auf menschlicher Denk- und Handlungsweise.

Deshalb, o Mensch, habe Geduld mit dir selbst, so wie Gott mit dir Geduld hat, und versuche, dich beständig Dem hinzugeben, der das vollkommene Leben ist. Die ewig bestehende göttliche Kraft bringt dir mit Sicherheit zur rechten Zeit nach dem Gesetz Gottes den erwünschten Erfolg. Jesus sprach sinngemäß: »Deine Sünden sind dir vergeben, gehe hin, und sündige fortan nicht mehr.« Oder: »Nach deinem Glauben wird dir gegeben.«

Möchte sich der Mensch dem Inneren Arzt und Heiler zuwenden, so ist entscheidend, dass er auch sein Leben, das heißt seine Denk- und Handlungsweise ändert. Durch die Hinwendung an die allbestehende Macht schöpft der Mensch sodann täglich mehr und mehr Ätherkräfte aus dem Born des göttlichen Lebens.

Sehr deutlich und nachhaltig muss ich, Bruder Emanuel, darauf hinweisen, dass der Geist Gottes keinem Menschen abrät, einen irdischen Arzt aufzusuchen, da es für die Wirksamkeit der hier in diesen göttlichen Offenbarungen empfohlenen Verhaltensweisen allein auf den Menschen selbst ankommt, wie er sich Gott hingibt und wie er im Alltag denkt und handelt.

Oftmals ist es jedoch dem Inneren Arzt und Heiler möglich, durch einen schon etwas weiter geöffneten Ätherkanal Seinem Kind sofort zu helfen, sofern die Krankheit über diesen Ätherkanal berührt werden kann. Denn jedes Organ wird über eines der sieben Bewusstseinszentren mit geistigen Kraftströmen versorgt. Wenn also ein Bewusstseinskanal etwas stärker geöffnet ist, so können sich durch diesen vermehrt Ätherkräfte in die jeweiligen Organe ergießen. Dadurch erlangt der Leidende oftmals sofortige Linderung oder Heilung.

Deshalb ist es ratsam, dass sich der Mensch Gott nicht erst hingibt, wenn sich eine Krankheit zeigt oder wenn ihn die Not dazu zwingt, sondern beständig im täglichen Leben: Jeden Augenblick sollte der Mensch mit Gott, seinem Herrn, in bewusster Verbindung stehen! Der Innere Helfer kann in einem Menschen, der ohne

Unterlass dem Göttlichen zugewandt ist, wesentlich schneller wirksam werden.

Hat die Gnadenhilfe eingesetzt und tritt Besserung oder gar Heilung ein, so begibt sich der Mensch oftmals wieder in seine alten Gewohnheiten. Durch Handlungen gegen die göttlichen Gesetze können sodann die alten Leiden – früher oder später – erneut auftreten.

Absolut entscheidend ist die bleibende Hinwendung zu Gott, damit die ewig bestehenden Ätherkräfte wirksam werden können und auch bleiben. Der große Arzt und Heiler, das Gesetz Gottes im Menschen, ist allwissend und allgegenwärtig. Diese ewige Liebemacht möchte lindern, heilen, helfen und Frieden schenken. Gott wartet nur darauf, dass Er Seinem Kind beistehen kann. Deshalb, o Mensch, erweise dich als ein Gefäß Gottes und nicht als ein Instrument dieser Welt.

*Der Mensch sollte sich
am frühen Morgen bewusst den stärkenden
Ätherkräften zuwenden*

Im Osten geht die Sonne auf.

Während des Sonnenaufganges, aber auch des Öfteren am Tage sollte der Mensch seinen Körper mit erhobenen Händen nach Osten ausrichten. Dies sollte insbesondere in den frühen Morgenstunden geschehen.

Wenn ein Erdteil in die Nacht eintritt, so strömen auf ihn aus den ewigen Bereichen erhöhte Ätherkräfte ein, die sich vor allem auf das Mineral- und Pflanzenreich ergießen. Machtvolle Ätherwellen erheben sich und berühren alles, was sich ihnen zuwendet. Diese unsichtbaren Ätherwogen dringen in alle Körper und Formen ein, die sich ihnen öffnen. Deshalb ist es gerade in den Morgenstunden segensreich, sich diesen Ätherwogen hinzugeben.

Auch geistig Gestörten ist anzuraten, in den frühen Morgenstunden den Körper, wenn möglich mit erhobenen Händen, nach Osten auszurichten, das heißt, das Gesicht und die Handflächen sollten nach Osten zeigen. Diese Kräfte ordnen im Körper vieles, regen die Zellen an und können oftmals Gehirnschwäche, Gehirnschädigungen und Tumore sehr positiv beeinflussen. Sowohl Gehörschäden als auch Beschwerden mit den Nasen- und Rachenmandeln und dem Herzen können von den aus dem Osten einströmenden Ätherkräften segensreich berührt werden.

Gerade durch die christliche Meditationshaltung können insbesondere in den frühen Morgenstunden die fließenden Ätherkräfte als segensreich und wohltuend empfunden werden. Die Aufnahme der Ätherkräfte führt zu einer Stabilisierung des gesamten Körpers. Wer sie bewusst aufnimmt und sie – dem Gesetz Gottes entsprechend – durch die Kraft der Gedanken zu lenken weiß, wird schon in kurzer Zeit diese Lebenskräfte verspüren.

Die heilenden Ätherkräfte im Tau

In den Sommermonaten, wenn der Tau auf den Wiesen liegt, sollten Menschen mit schwachem Herzen, Kreislaufstörungen, Venenverengungen, Verkalkung der Adern und Stoffwechselstörungen abwechselnd Tau treten oder sich mit dem Tau abreiben. Menschen mit Augenschwäche, grauem und grünem Star, sollten den Morgentau auf die Augen legen. Die Blätter der Walnuss, des Huflattichs und große Spitzwegerichblätter ziehen in besonderem Maße Ätherkräfte an und haben daher einen sehr kräftigenden Tau. Diese Blätter zusammen mit dem auf ihnen befindlichen Tau können auf die Augen gelegt werden oder auf schlecht heilende Wunden. Auf der Wunde sollte allerdings ein Nesseltuch liegen.

Menschen mit migräneartigen Kopfschmerzen können sich ebenfalls den Morgentau zunutze machen und Stirn, Schläfen und Nacken damit einreiben. Sehr wesentlich für sie ist auch das Tautreten. Heilung-Suchende mit sehr schwachen Nerven sollten des Öfteren in der Woche den gesamten Körper mit Tau abreiben, denn im Tau befinden sich hochschwingende Ätherkräfte, die dem Menschen dienen wollen.

Bei Ausschlägen am Körper, die durch Unreines bedingt sind, sollte in den Morgenstunden der Tau von Brennnesseln genommen werden: Fertige dir einen Leinenhandschuh und streiche damit über die Brennnesseln. Mit dem auf diese Weise eingeholten Tau reibe sodann den gesamten Körper ab. Auch das bewusste Atmen vor einem großen Brennnesselfeld stabilisiert den Kreislauf und führt dem Blut lebensbildende und reinigende Substanzen zu.

Auch Gesichtsrose kann mit Morgentau erfolgreich behandelt werden.

Tautreten in den Frühlingsmonaten, kurz vor Sonnenaufgang, wirkt kreislaufstärkend und vitalisierend.

Bei Rheuma und Gicht kann Folgendes empfohlen werden: Reibe den Körper mit Tau ab, oder wenn es dir möglich ist, so lege dich in den frühen Morgenstunden, eingewickelt in ein poröses Tuch, mitten in die Brennnesseln. Dies hilft, Rheuma zu lindern und zu heilen. Es hilft auch bei Anfälligkeit für Rachitis. Auch Gicht kann auf diese Weise gelindert oder geheilt werden.

Nach dem Abreiben mit Morgentau sollte der gesamte Körper warm eingekleidet werden, nicht in Kunstfaserprodukte, sondern in Kleidung aus Naturfasern. Sehr wichtig ist auch, gerade nach dem Tautreten, für warme Füße zu sorgen. Verwende warme Wollstrümpfe, die über die Knie reichen. Die Knie sollten auf jeden Fall schützend miteinbezogen werden.

Bezüglich allem, was ich hier anrate und offenbare, muss immer wieder gesagt werden: Diese Heilmethoden beruhen ausschließlich auf den göttlichen Gesetzmäßigkeiten und sind nur wirksam, wenn sich der Mensch dem Geist Gottes, dem Gesetz, zuwendet.

Nimmt sich der Heilung-Suchende vor, sich dem Gesetz Gottes, den ewig bestehenden Ätherkräften ganz hinzugeben, so sollte er beachten, falls er Medikamente nimmt, dass er diese nicht von heute auf morgen gänzlich zur Seite legen darf. Das wäre ein Fehler. Denn zuerst bedarf es der Hinwendung an das Gesetz Gottes im Glauben und Vertrauen und vor allem seiner Erfüllung.

Wenn der Mensch wirklich ernst machen möchte, so sollte eine sehr langsame Entwöhnung von den Medikamenten erfolgen. Zur Stütze und als Übergang rate ich zu pflanzlichen Präparaten. Bitte also keine Gewaltanwendung, diese führt nicht zur Ausgießung der Ätherkräfte. Ganz im Gegenteil, durch sie kann sich im Körper eher noch vieles verschlimmern.

*Die Ausrichtung auf die Erdmagnetströme –
eine Stütze für den
erkrankten oder schwachen Organismus*

Auch das Ausrichten auf die Magnetströme, worüber ich noch eine ausführliche Offenbarung geben werde, ist für den noch nicht im Geiste erwachten und vom Gottesgeist durchlichteten Menschen eine gute Stütze und Hilfe. Obwohl die Erdmagnetströme durch negative Quellen und gegensätzliches Handeln der Menschen erheblich gestört sind, so wirken sie trotzdem auf manche Menschen positiv ein, sofern ihr Energiefeld sehr schwach ist und den Körper wenig anregen und aufrichten kann. Hier gilt ebenso wie bei manchen anderen Erkenntnissen: Der negative Aspekt einer Kraft kann das Positive stärken.

So sind für schwache, müde und kränkelnde Menschen oftmals die Magnetströme sehr heilsam. Sie magnetisieren den gesamten Organismus, bauen schwache Zellen wieder auf, regulieren den Kreislauf und stabilisieren die Nerven.

Auch für geistig schwache, kranke Menschen und Epileptiker sind die Magnetströme kräftigend und belebend.

Bei Ermüdungserscheinungen, die sich vielfach um die Mittagszeit einstellen, kann Folgendes geraten werden: Zu dieser Zeit steht die Sonne am höchsten. Wenn nun durch das tätige Leben die ersten Anzeichen von Ermüdung auftreten, sollte sich der Wissende, der sich erholen möchte, nicht auf irgendeinen beliebigen Platz begeben. Das tut nur der unwissende Weltmensch.

Der Wissende jedoch beachtet seine Körperlage oder Körperhaltung. Sofern der Mensch auf Wasseradern reagiert, beachte er auch, dass er nicht auf einer Wasserader oder gar auf einem Kreuzungspunkt von Wasseradern sitzt oder liegt, denn diese versetzen den Körper in Unruhe und bringen keine Entspannung und Erholung.

Der nicht Belehrte lebt im Glauben, eine kurze Ruhepause und eine Tasse Bohnenkaffee würden ihm wieder die nötige Energie zurückbringen, um tatkräftig weiterarbeiten zu können.

Sofern keine karmischen Ursachen vorliegen, können Tumore, Schwindelgefühl, Abgeschlagenheit, Nervosität, geistige Störungen, epileptische Anfälle, Migräne, Herzbeschwerden, Venenverengungen und Entzündungen oftmals Folge einer aus Unwissenheit falsch gewählten Ruhelage des Körpers auftreten.

Diesbezüglich gebe ich nun einige Regeln, die allerdings nur für jene Menschen gelten, die in sich die Aktivität der Ätherkräfte noch nicht verspüren. Für Menschen, die die göttlichen Gesetze beachten und sich ständig der ewigen und heiligen Kräfte erinnern und diese tagtäglich erbitten, entfällt diese Notwendigkeit. Die in ihnen aktiven und hochschwingenden Ätherkräfte können vom physischen Leib jegliche Gefahr fernhalten, da sie die eindringende, niederschwingende Abstrahlung absorbieren, so dass diese im Körper gar nicht wirksam werden kann.

Müde, kränkelnde Menschen oder jene, die an den genannten oder ähnlichen Krankheiten leiden, sollten, sofern die Ätherkräfte in ihnen noch nicht aktiv sind, sich der Magnetströme und auch zusätzlich der aus dem Osten kommenden Ätherkräfte bedienen. Auch Menschen, die sich öfter eine Ruhepause gönnen, sollten diese äußeren Hilfsmittel beachten, die, wie offenbart, nur so lange Gültigkeit haben, bis der Innere Arzt und Heiler wirksam wird. Erst wenn sich die inneren Geistkräfte einstellen, werden die äußeren Hilfsmittel zweitrangig.

Wenn du also die Magnetströme für dich nutzen möchtest, dann lege dich flach auf den Boden. Das flache Liegen ohne Kopfpolster gilt hauptsächlich für Menschen, die keine Kopf- und Augenschäden haben. Lege dich, wenn möglich, auf den Boden, so dass der Körper gestreckt ist. Der Scheitelpunkt des Hauptes sollte nach Norden zeigen. Die Handflächen sollten nach oben offen ruhend auf der Erde liegen. Nun ziehe beide Beine an und stelle die Füße ohne Schuhe auf den Boden. Daraufhin atme einige Male kräftig ein und aus. Entleere dich dabei deiner Gedankenlast. Als Stütze kannst du wiederum das sechste Bewusstseinszentrum zwischen den Augen wählen. Dort halte dich empfindungsmäßig fest. Schließe deine Augen und lasse »Es« atmen. Wenn es dir schwerfällt, dich auf das sechste Zentrum zu konzentrieren, dann beobachte deinen Atem, wie er gleichmäßig kommt und geht und wie du ruhiger wirst, sofern du deine Gedankenlast abgeben konntest. In dieser Stellung verharre mindestens 10 Minuten.

Nach dieser Ruhepause richte dich langsam auf und gehe wieder deiner Tätigkeit nach. Bleibe dabei gelassen und ruhig. Denke nicht sofort, die Übung habe nicht gewirkt. Beobachte dich nicht, sondern glaube an die angesprochenen Kräfte, auf dass diese durch deine beständige Hinwendung wirksam werden können.

Die Erdmagnetströme können durch eine christliche Meditationshaltung, in welcher der Körper und das Antlitz nach Norden ausgerichtet werden, das Magnetfeld des Körpers und die

Zellstruktur aufladen, wodurch Kräfte gesammelt und aktiviert werden. Möchte der Heilung-Suchende dagegen die in den frühen Morgenstunden verstärkt vornehmlich aus dem Osten fließenden Ätherkräfte aufnehmen, so sollte in der Meditationshaltung das Gesicht nach Osten zeigen.

Segensreiche Wirkungen durch Wasseradern und Wasserkreuzungen

Geisteskranke, Epileptiker und Menschen mit Tumoren sollten sich dagegen auf Wasseradern legen, jedoch nur auf solche, die von Norden her fließen. Diese haben eine hohe Ausstrahlung von Silber, Mangan, Kupfer und auch eine gewisse Bleiabstrahlung.

Gerade diese Schwingungskräfte tragen zur Aktivierung bestimmter Zellen des Groß- und Kleinhirns bei.

Menschen mit schlechter Verdauung greifen gedankenlos zu Medikamenten. Ihnen könnte oftmals das Verweilen auf bestimmten, unschädlichen Wasserkreuzungen dienlich sein. Solche segensreichen Kreuzungen befinden sich beispielsweise dort, wo ein Schwarm Mücken tanzt. Durch das Verweilen auf einer Wasserkreuzung dieser Art wird das Magnetfeld des Körpers aufgebaut und der Stoffwechsel angeregt.

Auch an Stellen, an denen sich große Ameisenberge befinden, kreuzen sich gutartige Wasseradern. Dort entstehen sehr viele Dämpfe und Schwingungen von Ameisensäure. Diese beeinflussen positiv das Sonnengeflecht und tragen zur seelischen und körperlichen Aktivität bei. Sie beeinflussen auch heilbringend das Blutbild und stählen die Nerven.

Dieses Vorgehen wäre auch bei Krebserkrankungen zu bejahen. Für eine starke Entfaltung dieser gesetzmäßigen Heilkräfte ist jedoch die tiefe Ausrichtung des Heilung-Suchenden auf Gott, den alldurchdringenden Geist, entscheidend. An solchen Stellen im göttlichen Bewusstsein zu verweilen, führt zum Aufnehmen dieser aufsteigenden Schwingungen, die das Magnetfeld des Menschen stabilisieren und die gesamte menschliche Struktur stärken.

*Wie kann man Menschen
mit besonderen Geistesgaben, z.B.
Wünschelrutengänger, prüfen?*

Viele Menschen verfügen über Geistesgaben. So besitzen auch Wünschelrutengänger Kräfte, die aus dem Geiste Gottes kommen können. Der Gottesgeist vergibt Seine Gaben in reicher Fülle, aber nur jenen, die sich dem Geiste Gottes zuwenden. Deshalb prüfet zunächst vor allem den Menschen, der diese Geistesgaben besitzt, dann zieht Rückschlüsse, so wie es geschrieben steht, auf die Geister, die den Menschen lenken. Fragt: Wie lebt, denkt und spricht ein solcher Mensch? Daraus kann ein geistig Reifer erkennen, wes Geistes Kind der ist, der solche und ähnliche Gaben besitzt, und welches Wesen ihn leitet.

Wenn ein solcher Mensch nur von *seinen* Fähigkeiten und Kenntnissen spricht und alle anderen als zweitrangig oder gar drittrangig betrachtet, dann ist Vorsicht geboten. Wenn sich ein Mensch mehr dünkt als die anderen und sich über andere erhebt, dann ist Vorsicht geboten. Auch wenn er für den Dienst am Nächsten Geld und Gut nimmt, das heißt, wenn er sich für eine Geistgabe bezahlen lässt, dann ist ebenfalls Vorsicht geboten.

Ein gottergebener Mensch, der von Gott die Gabe hat, für den Nächsten zu wirken, auch wenn es darum geht, Wasseradern festzustellen, kann segensreich und zum Wohle der Allgemeinheit tätig sein. Allein schon mit bloßen Händen kann oftmals ein solch begnadeter Mensch unterirdische Gefahrenquellen aufspüren, sofern er ausschließlich von Gott, dem Geist des Lebens, diese Gnadengaben empfangen hat. Er kann auch Heilquellen und Heilströme feststellen, die dem irdischen Körper zum Wohle gereichen.

Alle Offenbarungen, die ich hier im Namen des Herrn gebe, sind Geistesgaben, die jenen zugute kommen, die sich dem Geist Gottes mehr hingeben und diesem mehr vertrauen als dem Menschengeist, der auch Zeitgeist genannt wird, auf welchem nur kurzlebige Teilerkenntnisse basieren.

*Heilmeditation bei Gehirntumoren
und Geistesschwäche.
Hinweise für die Aufnahme der
Erdmagnetströme bei Gehirnschädigung,
Epilepsie und dergleichen*

Bei Gehirntumoren und Geistesschwäche sollte der Mensch gerade in kühlen Tagen und bei großer Hitze eine Kopfbedeckung tragen. Zur Linderung und Heilung dieser Erkrankung sollten vor allem aber, wie bei allen Leiden, die *Ätherkräfte* erbeten werden.

Wesentlich ist auch, dass solchen Heilung-Suchenden viel Ruhe zuteil wird. Morgendliche Waldspaziergänge, besonders in sehr waldreicher Gegend, sind ebenfalls anzuraten, auch

eine morgendliche Meditation, für die sich der
Patient nach Osten ausrichtet und sich dabei auf
das sechste Bewusstseinszentrum der göttlichen
Liebe konzentriert, das, wie schon offenbart,
zwischen den beiden physischen Augen liegt.
Außerdem sollte jeder, der eine solche Heilmeditation ausübt, wissen, dass sich die über
das sechste Bewusstseinszentrum aktiv äußern-
den Lebenskräfte nur dann als wirksam erweisen, wenn er auch dem Gesetz Gottes entsprechend lebt.

Wenn sich der Mensch nach Osten wendet,
um die Ätherkräfte zu empfangen, so kommt es
dabei nicht darauf an, in welcher Art von Gebäude er sich befindet. Ist die Möglichkeit jedoch gegeben, im Freien oder in einem Holz-
haus zu meditieren, so kann dies nur begrüßt
werden. Sofern das aber nicht möglich ist, so ist
auch gegen jedes aus anderem Material erbaute
Wohnhaus nichts einzuwenden. Denn bei der
Aufnahme von Ätherkräften, die Gotteskräfte
sind, kommt es hauptsächlich auf die rechte, auf

Gott bezogene Einstellung und Lebensweise an, den göttlichen Gesetzen entsprechend.

Anders verhält es sich bei der Ausrichtung auf die Magnetströme der Erde.

Achte darauf, dass du deinen Wohnplatz oder deinen Platz für die Aufnahme der Erdmagnetströme nicht in einer Einflugschneise von Flugzeugen hast. In solchen Gebieten werden diese Ströme ständig gestört.

Du sollst auch nicht unter einer Hochspannungsleitung oder über einer elektrischen Anlage wohnen oder dich dort zur Aufnahme der Erdmagnetströme niederlegen. In diesen Bereichen erreicht der Mensch eher das Gegenteil.

Diese Einwirkungen führen zu ständigen Störungen der Erdmagnetströme. Dadurch wird auch das Magnetfeld deines Körpers beeinträchtigt, wodurch Nerven- und Körperschädigungen auftreten können. Die Folge von solchen und ähnlichen Belastungen des Körpers können auch seelische Leiden sein.

Heilung-Suchenden, die an einem Gehirntumor, an Epilepsie oder Gehirnschädigungen leiden, ist, wie bereits offenbart, anzuraten, die Ätherkräfte im sechsten Bewusstseinszentrum zu aktivieren. Über dieses Kräftepotential des Geistes werden auch die Gehirnzellen versorgt und die darin befindlichen Störfaktoren beseitigt.

Diese Patienten sollten darüber hinaus auch die Magnetströme, die im Besonderen um die Mittagszeit intensiver fließen und erhöhte Kräfte abgeben, nicht außer Acht lassen. Die Magnetisierung des Körpers ist jedoch – wie alles, das von außen kommt – nur eine Stütze für den physischen Leib. Das ewig kraftvolle und dauerhafte Lebenselixier ist *im* Menschen selbst. Es ist der Innere Arzt und Heiler, die ewig fließende Ätherkraft.

Für die Aufnahme der Erdmagnetströme sollte sich der Heilung-Suchende am besten auf den Boden niederlegen, bei einem Gehirntumor oder einer anderen erheblichen Gehirnschädigung jedoch niemals ganz flach. Ebenso auch bei

Epilepsie, wobei es hier ganz auf den Grad der Störung ankommt; auch bei schweren Augenleiden ist eventuell ein nicht zu starkes Kopfpolster anzuraten. Jeder muss selbst ausprobieren, wie es ihm am besten bekommt. In den Sommermonaten ist es ratsam, die Erdmagnetströme – und auch die Ätherkräfte – im Freien aufzunehmen, bei großer Hitze im Schatten.

Ansprechung der Ätherkräfte bei Kopfschmerzen, Migräne und Erkrankungen des Gehirns

Zur Heilung oder Linderung der soeben genannten drei Krankheitsarten oder auch bei Kopfschmerzen und Migräne sollte die Ätherkraft im sechsten Bewusstseinszentrum wie folgt angesprochen werden:

»O Herr, Dein Wille geschehe in mir. Ich öffne mich nur für Deine Kräfte. Sie sollen *gemäß Deinem Willen* in mir aktiv werden und die Krankheiten oder Schwächen beseitigen.«

Dann leite die göttliche Energie des sechsten Bewusstseinszentrums durch Empfindungen zu den kranken oder schmerzenden Stellen in deinem Haupte.

Der empfohlene Glaubens- und Hinwendungssatz ist wesentlich. Er darf allerdings nicht nur so dahingesprochen werden. Es muss das tatsächliche Wollen dahinterstehen und die volle Übergabe des Kindes in den Willen des Gottesgeistes geschehen. Das hat folgende Bedeutung:

*Die ausschließliche Übergabe in den
Willen Gottes ist nötig –
Gefahren bei Anrufen der Geistkraft*

Durch diese »Vertrauensbrücke« zu Gott, unserem Herrn, werden gegensätzliche Ströme, die auch von Seelen aus den Astralbereichen (Reinigungsebenen) ausgehen und möglicherweise Einlass finden können, ausgeschaltet.

Wenn der Mensch nur die Geistkraft anruft und sich nicht dem Kanal zur Gotteskraft erschließt, indem er sich ausschließlich dem Gottesgeist, dem großen Arzt und Heiler, hingibt – mit der Bitte »Herr, nur Dein Wille geschehe« –, so kann er einen Kanal zu Jenseitsbereichen öffnen. Von dort können eventuell Heileinflüsse durch Seelen, die in früheren Erdenleben Ärzte waren, eintreffen und den Körper stören. Diese unwissenden Seelen können auch – über verschiedene Kanäle – von anderen Menschen und auch von Tieren Kräfte entnehmen und diese den auf Heilung Hoffenden zuführen.

Dadurch kann wohl, da und dort, eine Heilung erfolgen. Hierbei wird jedoch nicht eine möglicherweise bestehende Seelenschuld, ein Karma, beachtet. Der Mensch kann auf diese Weise wohl in diesem Leben gesunden. Die Seele jedoch bleibt krank und muss ihr ausfließendes Karma in ein weiteres Erdenleben mitnehmen. Dort kann die Seelenschuld größer und umfangreicher auftreten als in der jetzigen Daseinsform, da sich in dieser durch ein unkontrolliertes Leben vieles Zusätzliche aufgestaut hat, das dann mit zum Tragen kommt.

Das Gleiche kann eintreten, wenn sich der Mensch Geistheilern anvertraut, die nicht unter der Christusgnade stehen. Darauf möchte ich hier nicht näher eingehen.

Durch die Aktivierung des sechsten Bewusstseinszentrums können die Krankheiten in deinem Haupte geheilt oder gelindert werden

Hast du das Lenken der göttlichen Ätherkräfte noch nicht erlernt, so gib dich Gott hin. Erbitte, wie angeraten, Seine Geistkraft, und richte deine Aufmerksamkeit auf das sechste Bewusstseinszentrum, das Liebezentrum. Dieses sechste Bewusstseinszentrum kann, wie alle Bewusstseinszentren, als ein leuchtendes, spiralartig rotierendes Energiefeld verstanden werden.

Die Vorstellung des pulsierenden und zugleich rotierenden »Bewusstseinsrades« sollte nur ein Anhaltspunkt für den noch im Geiste Ungeschulten sein. Der geistig Wissende erkennt dieses Rad als Gotteskraft von unterschiedlicher Intensität und Farbnuancierung, je nach der geistig-seelischen Reife eines Menschen. Dieses Bewusstseinsrad besteht aus Ätherströmen. Je mehr sich der Mensch Gott hingibt und sein Heil von Gott erbittet und sich auch in seinem Leben durch die Anwendung der göttlichen Gesetze bewährt, kommt jedes dieser sieben Bewusstseinsräder, vor allem aber das sechste, in immer höhere Aktivität.

An dieses sechste Bewusstseinszentrum sind folgende Organe des Körpers angeschlossen: Groß- und Kleinhirn mit Hirnanhangdrüse und Zirbeldrüse, Ohren, Nase, Augen.

Falls du das Lenken der göttlichen Ätherströme noch nicht beherrschst, kannst du in dieses sechste Bewusstseinszentrum vertrauensvoll deine Kopfschmerzen, die Migräne, die Geistesschwäche, Gehirnstörungen, den Gehirntumor, die epileptischen Anfälle, deine Augenleiden, deine Sehschwäche sowie deine Nasen-, Mandel- und Gehörschäden, auch die Schädigung der Wirbelsäule, deine Nervenschwäche, Schlaflosigkeit und Depressionen legen. Außerdem kannst du in dieses Liebezentrum alle anderen Beschwerden legen, deren Ursprung du nicht kennst.

Dieses sechste Zentrum ist, wie das vierte Bewusstseinsrad, in dem sich das Christuszentrum, das Erlöserlicht, befindet, eine Schaltstelle für die Ätherkräfte, die von dort über die Ätherkanäle zu allen Organen und Zellen des Körpers weitergeleitet werden.

Besser und gezielter ist es jedoch, wenn du unmittelbar das Bewusstseinszentrum ansprichst, mit welchem das erkrankte Körperorgan durch die Ätherkanäle verbunden ist. Dazu werde ich im Laufe dieser Offenbarung noch die notwendigen Hinweise geben. Die so aktivierten Ätherkräfte können dadurch schneller dorthin gelangen. Die Kraftzentren des Ätherbaumes sind also die Verteilerstellen der göttlichen Geistkräfte. Sofern diese Bewusstseinszentren richtig angesprochen werden, fließen die Ätherkräfte über bestimmte geistige Versorgungskanäle zu jenen Organen, die über diese Kanäle ihre Lebensenergie empfangen.

Das heißt also: Durch die Kraft der Gedanken kann der Wissende die göttlichen Heilkräfte in sich aktivieren und zu seiner Gesundung anwenden. Sofern die Gedanken im Gesetz Gottes gründen, werden hohe Ätherkräfte frei, die dem Menschen und allen Lebensformen dienen. Die Ätherkräfte können also über bestimmte Zentren erbeten werden, wodurch sie in Kürze an den kranken und schwachen Organen wirksam werden können.

Hier muss ich wiederum einflechten: Diese Offenbarungen werden aus dem Geiste Gottes gegeben.

Die Ätherkräfte können nur voll wirksam werden, wenn sich der Mensch diesen Kräften hingibt und nicht nur darum bittet, sondern auch ein geistig folgerichtiges Leben führt. Sofern die erbetenen Kräfte nicht einsetzen und das Erwünschte nicht brachten, so möge der Mensch den Grad seiner Hinwendung zu Gott und auch seine Lebensweise überprüfen und nicht glauben, diese göttlichen Heilkräfte wären nicht existent.

Die Voraussetzungen für das Wirksamwerden der heilenden Ätherkräfte im Menschen

Die göttlichen Ätherkräfte sind das heilige Gesetz, das alle Lebensformen, einschließlich der des Menschen, durchdringt. Die ewigen Ätherkräfte sind der Gesundbrunnen der gesamten Schöpfung. Sie fließen ständig und erquicken all jene Menschen und Seelen, die sich dem Gesetz Gottes zuwenden.

Diese Ätherkräfte fließen über die Bewusstseinszentren in die Zellstruktur des irdischen Körpers ein. Je gereinigter die Seele eines Menschen ist, desto stärker fließen diese heiligen Kräfte in den menschlichen Körper.

Die Ätherkräfte sind im Menschen der Innere Arzt und Heiler, den jeder Mensch erbitten kann. Dieser Innere Arzt wird sofort tätig und in den Zellkindern aktiv, wenn sich der Mensch Ihm (gesetzmäßig) zuwendet und ein entsprechendes Leben führt. Gott, der Herr, die Ätherkraft im Menschen, ist jederzeit bereit, dem Kind zu helfen und zu dienen.

Da sich die Menschheit von Gott, ihrem Herrn, immer weiter entfernt, so ist es Gott, dem Geist des Lebens, nicht immer möglich, Seinen Kindern sofort beizustehen. Der Mensch weiß infolge seines unlauteren Lebens die Ätherkräfte nicht zu erbitten und stößt sie durch seine seelisch-physischen Belastungen sogar ab. Dadurch sind oftmals die Seele und die sieben Kraftzentren im Menschen weitgehend verpolt. Daher können die heilenden und helfenden Ätherkräfte nicht sofort wirksam werden.

Deshalb sollte der Mensch, sofern er sich nun dem großen Arzt und Heiler, den Ätherkräften, zuwenden möchte, mit sich selbst Geduld üben. Denn er war es ja, der durch ein unlauteres Leben diese heiligen Kräfte verwaisen ließ.

*Der Ätherbaum im Menschen
versorgt alle Organe des Körpers
mit der heiligen Ätherkraft.
Die Bedeutung
der sieben Bewusstseinszentren*

Die Ätherkanäle im Menschen sind wie ein Baum angeordnet. Den Stamm dieses Ätherbaumes bilden die sieben Bewusstseinszentren. Von diesen sieben Kräften gehen jeweils sieben Ätherkanäle aus. Diese dringen in die einzelnen Organe des physischen Körpers ein, die jeweils an ein Bewusstseinszentrum angeschlossen sind.

Wenn die Seele ihren irdischen Körper verlässt, zieht sie diese sieben Energiefelder wieder in sich ein und bildet daraus sieben Hüllen. Diese umgeben sodann den ewigen Ätherleib mit seinem Wesenskern. Solange diese sieben Hüllen bestehen, wird der ewige Ätherleib Seele genannt. Erst wenn sich durch Läuterung und Reinigung der Seele diese sieben Hüllen wieder aufgelöst haben, kann der Ätherleib in die reinen Himmel zurückkehren, die er einst durch den Fall verlassen hat.

Solange sich die Seele im Körper befindet – sie ist in der Nähe der Hirnanhangdrüse lokalisiert – gilt Folgendes: Je lichter, das heißt, je beweglicher ein Bewusstseinsrad ist, desto mehr Ätherkräfte fließen in den Körper des Menschen ein. Dem Menschen ist es also möglich, über diese Bewusstseinszentren die heilbringende Geistkraft für seine Organe zu erbitten.

Diese Lebenskräfte, die Ätherkräfte, fließen im ätherischen Lebensbaum im Menschen links der Wirbelsäule entlang hinab. Dabei berühren sie bereits die sieben Bewusstseinszentren und geben schon während des Hinabfließens dem Körper Frische und Wohlbefinden. Im Beckenraum sammeln sich diese Lebenskräfte und werden daraufhin von der Kraft des vierten Bewusstseinszentrums, des Zentrums des Ernstes, in dem der Christusgeist, das Erlöserlicht, wirksam ist, zu diesem hinaufgezogen.

Von dort werden sie, ebenfalls durch die Kraft des vierten Zentrums, dem fünften und sechsten Bewusstseinszentrum zugeleitet, und zwar im zweiten Ätherkanal, der rechts der Wirbelsäule verläuft. Das sechste Bewusstseinszentrum enthält, ebenso wie das vierte Kraftzentrum, eine hohe Energiequelle, die in sich – intensiver als alle anderen Bewusstseinszentren – zugleich rotiert und pulsiert. Durch die Kraft dieses sechsten Zentrums werden die im zweiten Ätherkanal rechts der Wirbelsäule aufsteigenden Ätherkräfte dem siebten Bewusstseinszentrum zugeleitet, dem Tor zur Absolutheit. Von dort zieht der Wesenskern der Seele, der ewige Gottesfunke, diese Ätherkräfte an sich.

Vom Wesenskern der Seele aus vollzieht sich sodann erneut der geistige Ätherkreislauf. Dieser geistige, energetische Kreislauf fließt umso intensiver und schneller, je mehr sich der Mensch Gott, seinem Vater, hingibt, aus dem Herzen mit Glauben und Zuversicht betet und selbstlos, dem göttlichen Gebot entsprechend, für den Nächsten wirkt.

Sofern dieser Ätherkreislauf in erhöhter Aktion ist, ist der Mensch auch weitgehend gesund und lebensstark.

Der Mensch sollte auch über diesen seinen geistigen Ätherkreislauf informiert sein, um durch ein gesetzmäßiges Leben diesen wichtigsten, in ihm wirksamen Kreislauf zu aktivieren. Sodann kann er über die Bewusstseinszentren für seine kranken Zellen, Organe, Drüsen und Hormone, wie es in dieser Schrift dargelegt wird, die nötigen Heilkräfte erbitten.

Es steht sinngemäß geschrieben: »Bittet, und es wird euch gegeben, suchet, und ihr werdet finden, klopfet an, und euch wird aufgetan.« Das heißt, global gesprochen: Führe ein gottgewolltes Leben, damit dir Gott dann auf deine dem Gesetz entsprechenden Bitten hin über eines der sieben Bewusstseinszentren in deinem Körper antworten kann.

An das fünfte Zentrum sind folgende Organe angeschlossen: Mandeln, Schilddrüse, Kehlkopf, Rachen, Zähne, Lunge. Vom fünften Bewusstseinszentrum aus fließen teilweise auch die Ätherkräfte in den Nasenbereich, um dort die Zellstruktur zu beleben, die zum Rachenraum führt. Über das fünfte Zentrum können auch noch die oberen Luftwege angesprochen werden.

Das heißt also: Über das fünfte Energiefeld erbitten wir die Ätherkräfte für all jene Organe, die sich in der Nähe dieses fünften Zentrums, also in der Nackenregion, befinden.

Es steht geschrieben: »Bittet, und es wird euch gegeben.«

Viele Geschwister werden sagen: »Es genügt, wenn ich bete. Gott, unser Herr, weiß, woran es mir mangelt.« Grundsätzlich gesehen, trifft dies zu. Der Mensch aber sollte nicht nur seinen irdischen Leib kennen, sondern auch seinen Ätherkörper und seine Funktion. Denn früher oder später, das heißt, sobald die Seele ihr irdisches Haus verlassen hat, muss sie die Handhabung ihres Ätherleibes erlernen. Dieser kommt nur über seine sieben Energiefelder, die seine Grundkräfte bilden, in Aktion. Durch ihre volle Erschließung, das heißt Aktivierung, wird der Ätherleib schließlich mit dem gesamten geistigen Universum eins und gelangt dadurch in Harmonie mit dem Unendlichen.

Wer also schon als Mensch über die Existenz seines Geistkörpers und dessen Funktion unterrichtet ist, der kann nicht nur die Elementarkräfte seiner Seele beleben, sondern über diese auch seinen irdischen Leib aktiv erhalten. Dazu bedarf es nur des bewussten Ansprechens der Bewusstseinszentren.

So wie jedes Körperorgan seine Funktion hat und im gesamten Organismus ein unentbehrliches Rädchen bildet, das gesund, entsprechend der Körperrhythmen, funktionieren sollte, so sollten sich auch die Bewusstseinsräder dem kosmischen Rhythmus entsprechend bewegen. Dann könnte auch der irdische Körper genügend mit kosmischer Energie versorgt werden.

Jedes dieser geistigen Energiefelder entspricht einer ethisch-moralischen Gesetzesstufe, die zugleich eine Evolutionsstufe der Seele ist.

Verstößt der Mensch gegen eine dieser Gesetzmäßigkeiten, das heißt gegen eines dieser Energiefelder, so hemmt er den Ätherfluss in diesem Bewusstseinszentrum. Dadurch wird in gleicher Weise auch die ätherische Energieversorgung der mit diesem Bewusstseinszentrum unmittelbar und mittelbar verbundenen Körperorgane verringert. Im Laufe der Zeit führt dies zur Schwächung und schließlich zur Erkrankung eines oder mehrerer Organe.

Ich möchte kurz diese sieben Zentren, vom Scheitel her beginnend, erklären.

Das oberste Bewusstseinszentrum, das siebte, ist die Pforte zur Absolutheit. Es wird das Zentrum der Barmherzigkeit genannt. Ist dieses voll aktiv, so sind auch alle weiteren sechs Energiefelder des Körpers absolut gereinigt. Über dieses Zentrum fließen bereits die ersten Ätherkräfte in die weiteren Bewusstseinszentren und strömen von dort, wie die Säfte in einen Baum in den menschlichen Körper ein. Deshalb beginne ich mit der Beschreibung der Bewusstseinszentren von oben.

Die zusammengefaltete, das heißt eingeschachtelte Seele, die sich in der Nähe der Hirnanhangdrüse befindet, ist die Wurzel dieses Lebensbaumes im Menschen. In ihr befindet sich die Pfahlwurzel, die zum Wesenskern Gottes, zum Gottesfunken im Innersten der Seele führt. Über diese Pfahlwurzel werden alle Ätherkanäle sowohl innerhalb der Seele als auch im physischen Leib versorgt.

Das siebte Bewusstseinszentrum der Barmherzigkeit, die Pforte zur Seele, öffnet sich gemäß der Lebensweise des Menschen.

Das sechste Zentrum, das zwischen den physischen Augen liegt, das Bewusstseinszentrum der Liebe, ist eine intensiv rotierende und pulsierende Energiequelle. Es gibt die einfließenden Ätherkräfte an das fünfte Bewusstseinszentrum, das Zentrum der Geduld in der Nackenregion, weiter. Über das fünfte Zentrum fließen die Ätherkräfte in das vierte Zentrum des Ernstes, das sich zwischen den Schulterblättern, in der Nähe des Herzens, befindet. In diesem wirkt aktiv auch das Christuslicht für all jene, die dieses Bewusstseinszentrum und die darunter liegenden noch nicht vollkommen aktiviert haben. Von dort gelangen die Ätherkräfte, Stufe um Stufe, in das dritte Zentrum der göttlichen Weisheit (Lendenregion), in das zweite Bewusstseinszentrum des Willens (Kreuzbeinregion) und daraufhin in das unterste Bewusstseinszentrum der Ordnung in der Steißbeinregion.

Die Kräfte jedes Zentrums wirken wiederum als Unterregionen in allen anderen Bewusstseinszentren. Deshalb ist der menschliche Körper von siebenmal sieben Ätherkanälen durchzogen. Durch sie werden alle Organe und Zellen des Körpers mit der Lebenskraft, dem Äther, versorgt, aufrechterhalten und belebt.

Verstöße gegen die göttlichen Gesetze verringern den Fluss der Ätherkräfte im seelisch-körperlichen Kreislauf des Menschen. Verringerung der Bewusstseinshöhe und der Heilmöglichkeiten sind die Folge. Verstößt nun der Mensch, wie schon dargelegt, gegen eines dieser moralisch-energetischen Kraftfelder, so verringert er dadurch den Energiefluss in den Ätherkanälen, die sodann nicht mehr im vollen Maße die Organe, Zellen, Drüsen und Hormone mit Lebenskraft versorgen können. Dadurch wird nicht nur die Heilungsmöglichkeit des Inneren Arztes und Heilers erschwert, sondern auch der Erleuchtungsgrad des Menschen verringert sich. Der seelische Horizont des Menschen, seine Bewusstseinshöhe, wird eingeengt.

Oftmals spricht der Geist: »Dem Menschen können die Offenbarungen des Himmels nur seinem Bewusstseinsstand entsprechend gegeben werden.« Das wiederum besagt: Je stärker die Bewusstseinszentren verpolt sind, umso geringer ist das seelisch-geistige Aufnahmevermögen des Menschen. Er hat seinen seelischen Kreislauf weitgehend unterbunden. Daher kann keine allzu große Wechselwirkung zwischen Ätherkraft und Mensch eintreten, und auch das geistig-göttliche Aufnahmevermögen bleibt sehr gering, da die Ätherkräfte spärlich fließen. Dadurch wird die Heilung durch die Christuskraft sehr erschwert.

Verstärkte Aktivität der Ätherkräfte durch Selbstanalyse und Veredelung

Wenn also der Mensch den großen Inneren Arzt und Heiler um Hilfe bittet, so möge er sich fragen: »Gegen welches der sieben Bewusstseinszentren, das heißt, gegen welche zum Ausdruck kommenden ethisch-moralischen Gesetzmäßigkeiten habe ich am meisten verstoßen?« Hast du dich sodann in der Selbstanalyse erkannt, so bitte im Gebet um die Gnade Gottes. Dadurch wird sich im Laufe der Zeit dein Leben wandeln. Das heißt, wenn sich der Mensch zum Gesetzmäßigen ändert, gelangen verstärkt die Ätherkräfte in Aktivität, die sodann langsam, aber stetig die Bewusstseinszentren aufbauen und dem irdischen Körper lebensspendende Kräfte zuführen.

Deshalb ist es gut, wenn der Mensch die Funktion seines Geistleibes kennt. Auf diese Weise kann er erkennen, gegen welches Bewusstseinszentrum er verstößt und welchen Himmel er sich dadurch verschlossen hat.

Wer um die widerspiegelnde Anordnung der himmlischen Regionen in der Seele weiß und erlernt hat, die sieben Bewusstseinszentren in seinem Körper anzusprechen, der hat einen großen Vorteil für seine geistig-seelische Entwicklung erlangt. Durch die Analyse seines Lebens, seiner Handlungen und deren Wirkungen erkennt und weiß er, in welchem Gesetzesbereich es in seinem Leben nicht zum Besten steht. Das dadurch verpolte Bewusstseinszentrum kann er sodann ansprechen und zugleich ein besseres, gottgewolltes Leben führen.

Jesus sagte einst sinngemäß: »Nach deinem Glauben wird dir gegeben. Gehe hin, und sündige fortan nicht mehr.« Das heißt im übertragenen Sinne: Glaube an Gott, erkenne dich selbst, reinige deine Seele, indem du dich nicht mehr gegen das Gesetz des Herrn versündigst. Dann werden dir die Ätherkräfte vermehrt zufließen. Fällst du dagegen wieder in deine alten Gewohnheiten zurück, so werden auch wieder die alten Leiden auftreten, da sich erneut die Ätherkräfte reduzieren.

Deshalb sprach der Herr den Nachsatz: »Gehe hin, und sündige fortan nicht mehr.«

Heilmeditation und Heilübungen

Der Mensch kann sich durch ein solches Gebet dem Herrn übergeben und das Fließen der Ätherkräfte einleiten:

»Mein Herr und mein Gott, in Deinen Händen ruht mein Geist. Vieles habe ich mir durch falsches Denken auferlegt. Auch meine Handlungen entsprachen nicht immer Deinem Willen. Herr, ich habe meine Schwächen und Fehler weitgehend erkannt. Bitte, hilf mir, diese abzulegen.

Schwach bin ich noch in manchen Dingen, und sicher habe ich auch noch unerkannte Mängel, die mir mein Gewissen noch nicht zeigen konnte, da ich diese noch als gut ansehe.

Du, o Herr, bist der Geist der Wahrheit, Liebe und Gerechtigkeit. Du durchstrahlst alle Deine Kinder und erkennst jede unserer Schwächen.

Hilf mir, diese negativen Neigungen zu erkennen, damit ich sie von Herzen bereue, Dir übergebe und mich bessern kann.

Du großer Geist in mir weißt, was für mich gut und für meine Seele heilsam ist.

Es möge nur Dein Wille geschehen.

Das Gefäß meiner Seele öffne ich für Deinen heiligen Strom. Dein Kind möchte nur Deine Weisheit, Liebe und Gerechtigkeit empfangen.«

Nun kannst du dich in eine entsprechende Sitz- oder Liegehaltung begeben, entweder in die christliche Meditationshaltung mit dem Gesicht nach Osten, oder, sofern du dich flachlegen möchtest, mit dem Haupt nach Norden. Ist dir jedoch nur eine Sitzhaltung nach Norden möglich, so kannst du diese einnehmen; Liegen wäre jedoch angebrachter.

Beim Liegen lege die Handrücken auf den Boden, ziehe die Beine an, und stelle beide Füße wiederum auf den Boden. Verharre nun in völliger Entspannung.

Um dich vollkommen zu entspannen, atme einige Male kräftig ein und aus.

Eine wirksame Hilfe zur Entspannung ist auch, in Gedanken die sieben Bewusstseinszentren hinab- und wieder hinaufzuzählen. Das geschieht folgendermaßen:

Beginne beim siebten Bewusstseinszentrum, welches das Tor zum Leben ist und das sich ganz eng an deine Seele anschmiegt. Stelle dir vor, dass von dort aus die Ätherkräfte, der Geist Gottes, in einem vorbestimmten Rhythmus in deinen Körper strömen. Dieses Bewusstseinstor öffne nun in Gedanken und bitte den Geist um verstärktes Einströmen der Ätherkräfte in deinen physischen Leib.

Atme langsam aus, denke an dieses siebte Bewusstseinszentrum, und atme wieder langsam ein. Während des Einatmens verlasse mit deinen Empfindungen das siebte Bewusstseinsrad und konzentriere dich auf das sechste Zentrum.

Richte während des Einatmens dein ganzes Augenmerk in dieses sechste Zentrum, das Zentrum der Liebe. Nun atme wieder langsam und bewusst aus. Bewusst heißt: Sei dir nun bewusst, dass du nach dem Willen des Herrn Seine Ätherkräfte lenkst.

Bedenke zugleich, dass dies ein heiliges Tun ist, und begib dich empfindungsmäßig in das fünfte Zentrum.

In gleicher Weise atme und zähle dich bis zum untersten Kraftzentrum herab, das in der Steißbeinregion liegt.

Im Beckenraum, unterhalb des ersten Bewusstseinszentrums, sammeln sich die Ätherkräfte. Dort verharre nun fühlbar entspannt eine geraume Zeit. Beobachte dabei deinen Atem und denke:

»Der Geist atmet durch meine Seele und meinen physischen Leib. Es atmet in mir und durch mich!«

Nun atme ein und denke dabei an das unterste, das erste Bewusstseinszentrum. Erkenne, dass nun das Christuszentrum die in das Becken geflossenen Ätherkräfte anzieht, um sie zu den darüber liegenden Bewusstseinszentren zu bringen. Du begleitest nun den Fluss der heiligen Kräfte durch ein vollkommen gelockertes, entspanntes Atmen und bewusstes Denken und Hinaufzählen:

Du atmest nun im ersten Kraftzentrum ein. Mit deinem Empfinden begleite jetzt die Ätherkräfte zum zweiten Zentrum.

Dabei atmest du, im zweiten Zentrum angelangt, langsam aus. Jetzt verspürst du die Erleichterung und Frische, denn der geistige Kreislauf kommt nun in erhöhte Aktivität.

Dann atme sofort wieder langsam ein, bewusst, aber vollkommen entspannt und gelöst, und begib dich dabei eine Stufe höher, in das dritte Bewusstseinszentrum.

Beim Ausatmen begib dich in das vierte Zentrum und beim sofort anschließenden Einatmen in das fünfte Zentrum.

*Hinweise für die Aktivierung des
fünften Bewusstseinszentrums.
Zahnschmerzen, eitrige Mandeln,
Erkrankungen der Atemorgane*

Sofern du über dieses fünfte Ätherfeld Hilfe, Linderung und Heilung erbitten möchtest, so verharre in diesem Ätherfeld.

Lasse daraufhin »Es« atmen.

Dann aktiviere dieses fünfte Bewusstseinszentrum durch ein Gebet etwa folgenden Inhalts:

»O Geist, der Du auch in meinem fünften Bewusstseinszentrum wirkst, ich, Dein Kind, bitte Dich, durchströme die mit diesem Kraftfeld verbundenen Zellen. Aktiviere und belebe sie.

Neue, kräftige Zellen mögen sich bilden, die kranken werden durch die Kraft des Geistes ausgestoßen.

O Herr des Lebens, absorbiere sie und wandle sie nach Deinem Willen um, denn auch in ihnen befindet sich noch Dein Leben.«

Hast du beispielsweise Zahnschmerzen, so lenke nun in völliger Entspannung und von dem tiefen Glauben und Vertrauen beseelt, dass der Gotteswille dich niemals verlässt, Seine Ätherkräfte zu der schmerzenden Stelle.

Beobachte, wie sich in dir alles weitet und löst, wie heilige Ströme die Zellen berühren und diese die liebevolle Berührung dankbar annehmen. Lass alles in dir nach dem göttlichen Willen geschehen.

Wenn nicht sogleich eine Linderung der Schmerzen einsetzt, so sei nicht traurig und verzagt. Nimm den nun durch die Ätherkräfte in Aktion gebrachten Zellkindern nicht sofort wieder den Mut an ihrer Tätigkeit. Sei trotz allem dankbar, denn du stehst erst am Anfang deiner Erkenntnis über die Erweckung der Zellen.

Stehst du vor einer zahnärztlichen Behandlung, dann mache auch diesbezüglich deinem Zellenstaat Mut. Dadurch wirst du leichter und unbekümmerter den Arzt aufsuchen. Erkenne: In jeder Zelle ist das Leben, das du durch deine hochschwingenden Empfindungen ansprechen und verstärkt erwecken kannst. Wenn du dem Zellenstaat solche hochschwingenden Empfindungen zusendest, so richtet sich das Leben in den Zellen auf das Kommende aus. Das heißt, die Zellen bereiten sich auf den eventuellen Eingriff vor. Sie senden nun Heilschwingungen aus, welche die Verspannungen in den Zellen lösen.

Zur Ansprechung der Zellen verwende etwa folgende Formulierung:

»In jeder Zelle befindet sich das heilige Leben, die Ätherkraft. Vertrauensvoll wende ich mich an diesen Inneren Arzt und Heiler und bitte Ihn, Sein wärmendes und heilendes Licht den in Betracht kommenden Zellen zu senden.

Auch ich, der Mensch, richte mich ganz auf den Inneren Arzt und Heiler aus, der mein absolutes Vertrauen genießt und mir in allen Dingen beistehen wird.«

Hast du eitrige Mandeln, so lenke wiederum über das fünfte Kraftfeld die heiligen Ätherkräfte zu den erkrankten und geschwollenen Mandeln. Sprich mit diesen Zellen wie mit einem kranken Kind, denn in jeder Zelle ist lauschendes, göttliches Leben. Entschuldige dich bei ihnen und auch bei deinem Blutkreislauf, weil du keine rechte Sorge für ihr Wohlbefinden getragen hast und auch durch ihre Erkrankung deinen Blutkreislauf in Mitleidenschaft gezogen hast. Letzten Endes soll ja ein aktiver Blutkreislauf diese Krankheitserreger wieder aus deinem Körper transportieren. Mache nun deinen Zellkindern Mut, indem du ihnen die aus dem fünften Bewusstseinszentrum fließenden Ätherkräfte liebevoll, glaubensstark und vom tiefen Vertrauen beseelt, zuleitest, im Wissen, dass Gottes Wille alles vermag. Verharre nun vollkommen gelöst, und lasse die heiligen Ätherkräfte, den Inneren Arzt und Heiler, in den Zellen wirken. Verspüre, wie sich die Zellmünder auftun und die göttlichen Heilkräfte begierig aufnehmen. Empfinde dabei das heilige und aufbauende Wirken der ewigen Ätherkräfte und wie sich dadurch kranke und schwache Zellen auf den Weg zur

Ausscheidung begeben. Jetzt fühle auch deinen aktivierten Kreislauf, er erfrischt dich und belebt alle Organe und Zellen. Verharre eine kurze Zeit in der Stille und lasse »Es« in dir geschehen.

Wenn es dir möglich ist, so sollten diese Übungen ca. 20 Minuten dauern. Du kannst sie zweimal am Tage wiederholen. In der übrigen Zeit, in der du im täglichen Leben stehst, versuche ausgeglichen und harmonisch zu bleiben, und sei dir der Heilkraft Gottes in deinem Körper bewusst.

Über dieses fünfte Zentrum kannst du auf ähnliche Weise, wie hier beschrieben, den gesamten Rachenraum und einen Teil der oberen Luftwege aktivieren. Auch die Lungen können zum Teil über dieses fünfte Zentrum angesprochen werden, weil die Ätherkanäle, die Verästelungen, welche von diesem fünften Kraftfeld ausgehen, auch noch teilweise in deine Lungen hineinragen. Auch bei Bronchitis und Erkrankungen deiner Stimmbänder, das heißt aller

Organe, die sich in der Nähe dieses fünften Zentrums befinden, darfst du, o Mensch, dieses nach dem Willen Gottes ansprechen.

Lobe deine Körperzellen – die Lebenskraft in ihnen wird sich verstärken

Vergiss nicht, darauf zu achten, dass die Zellen die Bausteine deines Körpers sind, dass sie leben und ohne ausreichende Versorgung mit Ätherenergie nur so recht und schlecht dahinvegetieren können. Erkenne, dass deine Körperzellen auf all deine Empfindungen reagieren, so wie ein Kind.

Wenn du dein Kind nie lobst, sondern ständig tadelst und es beschimpfst, es sei zu nichts nütze, so wird es lustlos und verängstigt, schließlich glaubt es selbst, es sei zu nichts nütze. Dadurch bekommt dein Kind Komplexe und kann seine Talente nicht entfalten.

Auf ähnliche Weise reagieren deine Zellkinder. Wenn du ständig über deine Krankheiten und Sorgen klagst, wenn du mit deinem Nächsten über deine Sorgen und Krankheiten sprichst und verdrießlich, verärgert, mürrisch und lustlos dein Tagwerk vollbringst, so wirst du sicherlich deine Zellkinder nicht aufmuntern und die Lebenskraft in ihnen aktivieren. Ganz im Gegenteil, du wirst die Ätherkräfte des Geistes, die dir liebevoll dienen wollen, zurückweisen.

Deine Zellkinder, die auf deine Empfindungen, Gedanken und Worte lauschen, werden dir deinem Benehmen entsprechend entweder mit Gesundheit und Aktivität antworten oder lustlos, schwach und krank werden, weil du dich ständig beklagst, sie könnten nie etwas richtig vollbringen.

Bedenke, wenn du sagst: »Ich lebe«, so sagen dies auch deine Zellen. Wenn du sagst: »Ich bin schwach, krank und müde«, so spricht auch dies dein Zellenstaat.

Bedenke: Beklagst du dich über deine selbst geschaffenen Ursachen, so empfinden dies ebenfalls deine Zellkinder, die sich im Laufe der Zeit

entsprechend verhalten und müde und schwach
werden, da du ihnen ihr Unvermögen ständig
einredest.

Beendigung der Heilmeditation –
anschließendes Denken und Handeln

Wenn du dich nun aus deiner Heilmeditation erhebst, so danke vorher Gott, dem
Geist in dir. Gehe nun nicht sogleich mit aller
Kraft an die Arbeit.

Versuche, harmonisch und ausgewogen zu
denken und zu handeln. Wisse, der Geist ist der
Treibstoff, die Energie für deine Seele und den
physischen Leib. Die Seele ist also der Motor
und der irdische Leib das Gehäuse, in welchem
dieser wirkt. Versuche, den Motor deines Lebens
langsam anzulassen. Fordere von ihm nicht sogleich eine Hochleistung. Lasse Gott, den Geist,
durch deine Seele und deinen physischen Leib
wirken. Wenn du dir bewusst wirst, dass Gottes
Geist durch dich empfinden, denken und han-

deln möchte, so wirst du ihm auch dafür Zeit und Raum einräumen.

Bedenke, all deine niederen Gedanken und Beweggründe registrieren nicht nur deine Zellen, sondern auch deine Seele. Durch dieses fortwährende Fehlverhalten reduzierst du in dir die hohen Ätherkräfte, den Geist. Sofern du nun diese Kräfte erbittest, ist es diesen nicht sofort möglich, dir voll beizustehen. Durch deine glaubensstarke Mithilfe müssen die in dir erwachenden Energien zuerst den in deiner Seele und deinem Körper befindlichen »Schutt«, das heißt die negativen Schwingungen, hinwegräumen. Das heißt wiederum, der Geist muss zunächst dieses gesetzwidrige Schwingungsgebilde absorbieren, bevor er deine Zellen in Aktion bringen kann.

Vergiss nicht: Der Geist vollzieht alles liebevoll und in einem gesetzmäßigen Ablauf. Deshalb habe Geduld, und übe dich darin, sofern du sie noch nicht erlernt hast. Denn Geduld ist auch eine Eigenschaft Gottes, die in allen sieben Bewusstseinszentren als Ätherkraft wohnt.

Vom rechten Gebrauch der Medikamente
und Heilkräuter

In sämtlichen Lebensformen fließt, wie offenbart, die Ätherkraft, das Göttliche.

Wenn der Innere Arzt noch nicht vollkommen wirksam werden kann, so sollte der Mensch bei Schmerzen und Krankheiten trotz allem nicht sogleich unbedacht zu Medikamenten greifen. Erkenne, dass oftmals allzu viele Medikamente die sich aufbauenden, segensreichen Ätherkräfte wieder reduzieren. Als Stütze für deine Gesundheit greife, o Mensch, zuerst zu den Kräutern des Lebens, und gebrauche diese dem geistigen Gesetz entsprechend. Dieses lautet: Lass Gott, deinen Herrn, im Mittelpunkt deines Lebens stehen und wirken. Wende dich mit den erworbenen Kräutern Gott, deinem Vater, zu, auf dass Er das Kraut segne und du die dadurch verstärkte Heilkraft zum Segen deines Körpers empfangen kannst. Obwohl in den Kräutern, wie in allen Lebensformen, beständig die Ätherkräfte fließen und sie erhalten, so können die heilenden Kräfte noch um ein Vielfaches verstärkt werden, wenn du Gott, deinen Herrn, um die Segnung, das heißt, um die Verstärkung der Ätherkräfte in den Kräutern bittest.

Hast du Zahnschmerzen, dann spüle deinen Mund mit lauwarmem Zinnkrauttee. Außerdem mache dir ein Leinensäckchen. Darin sollten zu gleichen Teilen Haferstroh, Zinnkraut und Kamille sein. Dieses Säckchen lege gut warm auf die Wange.

Sofern die Zahnschmerzen nicht nachlassen und du zu Medikamenten greifen musst, dann nimm nicht sogleich die volle Dosis, sondern nur die Hälfte oder ein Viertel.

Erhebe sowohl die Kräuter als auch die Medikamente zu Gott, deinem Herrn, dessen Geist in dir wohnt, und bitte Ihn um Seinen Segen. Was bewirkt der Segen in den Kräutern und in den Medikamenten? Vor allem die in den Kräutern befindlichen Geistkräfte kommen in höhere Schwingung, denn alles besteht aus Geist. Das heißt, diese empfangen durch den Segen noch mehr Geistkraft.

Alles, was durch die segnende Gotteskraft, die vom Kind vertrauensvoll erbeten wird, in eine höhere Schwingung gebracht wird, ist noch wirksamer.

Das chemische Medikament ist von geringer Geistkraft durchdrungen. Bittet jedoch das Gotteskind, das sich ganz dem Inneren Arzt anvertraut, aber noch nicht voll in der alldurchdringenden Gnade steht, um den Segen für das Medikament, so kann sich die Geistkraft auch in dieser Medizin voll entfalten. Die rechte glaubensstarke Hinwendung zum Allerhöchsten, der im Körper und in der Seele jedes Menschen wohnt, verstärkt die innere Wirkungsweise des Medikaments, so dass davon nur ein Teil benötigt wird.

Die schädigenden Substanzen der Arznei können nun den Körperzellen wenig anhaben, da sich diese nun, durch die Hinwendung zum All-Einen, nach dem Rhythmus des Geistes aufbauen. Hier muss erneut gesagt werden: Geist oder Materie, alles beruht auf Schwingung. Die Geistkraft ist höchstschwingender Äther, die Materie heruntertransformierter Äther. Durch eine positive Einstellung und einen entsprechenden Lebenswandel kann die materielle Schwingung erhöht werden. Das heißt, sie gleicht sich nach und nach den höchstschwingenden Ätherkräften an, wodurch diese in der Seele und im Menschen schneller wirksam werden.

*In den Kräutern ist das Leben –
die Ätherkraft ist die beste Arznei*

Bevor du Kräuter, Wurzeln oder andere Lebensformen dem Wald und dem Feld entnimmst, bitte diese zunächst um ihre Gabe, denn in jeder Lebensform fließt, wie auch in dir, das geistige Leben.

Trenne diese erwachten Lebensformen mit einem scharfen Messer von der Wurzel oder dem Stamm ab. Behandle sie gut, und erkenne, dass sie wertvolle Ätherkräfte bergen.

Je mehr du dich auf die Ätherkraft ausrichtest, umso mehr wird diese in den Kräutern und Lebensformen wirksam sein. Durch deine vermehrte Ausrichtung auf die Ätherkräfte wirst du bald erkennen, dass du von den Heilpflanzen eine immer geringere Menge benötigst, weil sodann auch in dir die Ätherkräfte aktiver werden. Durch ein gesetzmäßiges Leben kannst du diese heiligen Kräfte in dir noch weiter verstärken.

Die Ätherkraft ist die beste Arznei. Sie macht alle äußeren Hilfsmittel, auch Heilkräuter und Pflanzen, entbehrlich. Deshalb berufe dich immer wieder auf den Inneren Arzt und Heiler, auf die in dir fließenden heiligen Ätherkräfte, die in sich alles bergen und die inneren Kräfte so mischen, dass sie für dich die beste und ausgewogenste Arznei sind.

Denn Der, der in dir lebt, kennt die genaue Dosis, die du benötigst, um Seele und Körper zu kräftigen und deinen Leib gesund zu erhalten oder gesunden zu lassen.

Die unterschiedlichen Wirkungen
der Sonnenstrahlen

Ein Mensch mit schwachen Nerven sollte sich bei starker Sonneneinstrahlung niemals in die pralle Sonne legen.

Jeder Erdteil birgt verschiedene Metalle und Stoffe, die zum Teil das Erdmagnetfeld bilden, strukturieren und beeinflussen. Jeder Erdteil hat seine typische Wechselwirkung zur Sonne. Das Magnetfeld eines Erdteils, der der Sonne zugewandt ist, stellt insbesondere zur Mittagszeit mit der Korona der Sonne, die sich aus ganz unterschiedlichen Schwingungsarten zusammensetzt, eine erhöhte Wechselwirkung her. Durch die Wechselwirkung zwischen Erdteil und Sonne wird eine bestimmte Frequenz in der Sonnenkorona angesprochen, die sodann in erhöhte Tätigkeit gerät und für diesen Erdteil entsprechende Kräfte freigibt.

In dieser eruptionsreichen Zeit werden von der entsprechenden Frequenz in der Sonnen-

korona sehr viele mit hoher Energie geladene
Sonnenteilchen ausgestoßen.

Diese gelangen durch unmittelbare Einstrahlungen bzw. über die Magnetströme auf die
Erde und in die Kreatur. Sie dringen in die Erde,
in den Menschen und auch in die Tiere ein und
bringen um die Mittagszeit Mensch und Tier,
sofern sie sich der prallen Sonne aussetzen,
in einen Zustand erhöhter Aktivität, die unter
Umständen starke Aggressionen herbeiführen
kann.

Diese erhöhte Wärmeenergie kann auch das
Magnetfeld des Körpers stören, wodurch auch
Unpässlichkeiten und Krankheiten, wie z.B.
Kopfschmerzen, Kreislaufstörungen, Herzver-
sagen, Blutstauungen und Nervenverkramp-
fungen auftreten können. Auch der Magen und
die Milz, die Bauchspeicheldrüse und alle weiteren Drüsen und auch Hormone können durch
das disharmonische Magnetfeld des Körpers
erkranken.

Ebenso können Fehlreaktionen die Folgen
dieser hohen magnetischen Spannungen sein.

Durch erhöhte Sonnenbestrahlung können auch Gesichts- und Gürtelrose entstehen, die im Grunde eine Erkrankung der Nerven sind. Gesichts- und Gürtelrose können u.a. auch durch Lebensmittel entstehen, die gerade in den Sommermonaten um die Mittagszeit der Sonne ausgesetzt werden oder infolge zu warmer Lagerung unter starkem Einfluss der Magnetströme standen. Obst, Gemüse, Getreide und alle Nahrungsmittel, die in warmen Räumen oder an der Sonne lagern, werden mit energetischen Teilchen angereichert, die zur Krankheitsbildung beitragen.

Beide Krankheiten können weiterhin auch durch erhöhte Schilddrüsen- und Hormontätigkeit oder durch überreizte Nerven entstehen, die oftmals als Folge einer zu starken Einstrahlung von Sonnenpartikeln in den Körper auftreten können. Durch erhöhte Sonneneinstrahlung und durch Aufnahme dieser stark angereicherten energetischen Sonnenteilchen werden auch Schilddrüsenerkrankungen hervorgerufen. Auch eine verstärkte Aktivierung der Hormon-

tätigkeit ist darauf zurückzuführen, die eine erhöhte Sinnlichkeit nach sich zieht, die deutlich
erkennbar in sehr heißen Ländern in Erscheinung tritt. Auf die Schwingungen der gesteigerten Sinnlichkeit begeben sich sodann unwissende, im gleichen Temperament lebende Seelen
von Verstorbenen (Astralseelen), die den Menschen beeinflussen können und ihn noch im
verstärkten Maße zu diesem Laster treiben. Vor
allem in den Sommermonaten wird ein großer Teil der Sonnenpartikel durch die Wolkenschichten in die sonnenreichen Länder abgeleitet. Der Rest der Sonnenpartikel wird durch
die Wolkenschichten abgeschwächt und durchdringt nur in vermindertem Grad die Erde,
Menschen, Tiere und alle materiellen Lebensformen.

Unharmonisch aktive Sonnenpartikel bewirken vor allem Schädigungen des Nervensystems,
insbesondere des vegetativen Nervensystems.
Diese Schädigung des Nervensystems zeigt sich
u.a. in verschiedenen Krankheitsarten. Sowohl
der Haut- als auch der Blutkrebs sowie der

Organkrebs können durch unharmonische Sonnenpartikel hervorgerufen werden. Das Gleiche kann geschehen, wenn sich der Mensch längere Zeit der prallen Mittagssonne aussetzt.

Auch Obst oder Gemüse, die in dieser energiereichen Mittagszeit geerntet werden, sind sehr stark mit diesen disharmonischen Kräften angereichert und deshalb für Mensch und Tier schädlich.

Tiefkühlkost, die an der Sonne aufgetaut wird, ist von den energetischen Sonnenteilchen durchwirkt. Gerade an heißen Tagen in den Sommermonaten sind diese ungeordnet und unharmonisch. Sie rufen in den Nerven und den von den Nerven stark beeinflussten Organen Krankheiten hervor.

Bei intensiver Sonneneinstrahlung sollte der Mensch keine Bekleidung aus Kunststofffasern tragen. Die Sonnenstrahlen, die auf diese Gewebe treffen, bewirken einen Wärmestau, der das hochempfindliche Nervensystem schädigend beeinflusst.

Die Fasern der Baumwolle dagegen neutralisieren und wirken u.a. auch spannungsausgleichend. Denn die Baumwolle liegt im Schwingungsbereich der Sonnenenergie, das heißt, die Sonnenpartikel sind mit den Baumwollfasern wie auch mit den Fasern der Wolle in Harmonie.

Auch das Bearbeiten von Kunststoffen unter Sonneneinstrahlung oder in überheizten Räumen wirkt auf ähnliche Weise störend auf den Menschen. Vielfältige Krankheiten können die Folge sein, da jeder Körper gemäß dem Lebenswandel des Menschen unterschiedlich schwingt und dadurch sein spezielles Magnetfeld hat.

Die Sonnenpartikel jedoch, die bei Sonnenaufgang auf die Erde, auf Menschen und Tiere niederfallen, sind ein Labsal für den Wohnplaneten und seine Bewohner. Diese Partikel, die am Morgen die Erde und ihr Leben durchdringen, tragen die harmonisierende und aufbauende Kraft der Sonne. Wer diese energetischen Teilchen aufzunehmen versteht, der empfängt lebensstärkende und heilsame energetische Kräfte.

Wenn sich ein Erdteil von der Sonne abwendet, also bereits schon während des Sonnenunterganges, treffen im erhöhten Maße die Partikel des Mondes auf die Erde, die insbesondere vor Mitternacht dem Menschen einen ruhigen Schlaf verleihen. Wer dagegen erst nach Mitternacht schlafen geht, empfängt bereits die mit starker Energie angereicherten Sonnenpartikel, welche die Nerventätigkeit aktivieren und dadurch dem Menschen einen unruhigen und traumreichen Schlaf bringen.

Die Mondpartikel, die vor Mitternacht vom schlafenden Menschen aufgenommen werden, beruhigen Seele und Körper. Geht der Mensch den seelischen Läuterungspfad, so erleichtern diese Vorgänge während des Schlafes die Trennung der Seele vom Körper und ihr Aufsteigen in höher energiehaltige Seelenbereiche und dadurch eine schnellere Seelenreinigung. Zugleich bewirken auch die vor Mitternacht ruhiger fließenden Magnetströme eine Beruhigung des menschlichen Körpers und dadurch die Heilung der Nerven. Nach Mitternacht dagegen kommen auch die Magnetströme der Erde wieder in erhöhte Tätigkeit und beeinflussen gegensätzlich den erst sehr spät zu Bett gehenden Menschen.

Über die Schilddrüse und ihre Behandlung

Die Schilddrüse ist ein Organ, das sehr vorsichtig behandelt werden muss. Sie kann den gesamten Körperhaushalt und den Körper selbst verändern. Auch deine Stimmungen hängen oftmals von der Tätigkeit der Schilddrüse ab. Durch Behandlung der Schilddrüse mit falschen Medikamenten können Hormone und Drüsen in Mitleidenschaft gezogen werden. Deshalb rate ich dir, sei gerade mit diesem Organ sehr vorsichtig. Sofern es in jungen Jahren falsch behandelt wurde, kann sich dies im Alter entsprechend auswirken.

Gerade bei der Frau, die in die körperliche Umstellung kommt, können durch unsachgemäße Behandlung der Schilddrüse die Zellen und Hormone gestört werden. Auch ein nicht gesetzmäßiger Lebenswandel kann diese Störungen herbeiführen, die im alternden Menschen sodann vielerlei Beschwerden heraufbeschwören, z.B. Abmagerung oder Fettansatz.

Die Schilddrüse reagiert sowohl auf zu heiße als auch auf zu kalte Getränke. Sie signalisiert sowohl ihr Wohl als auch ihr Unbehagen an die gesamte Zellstruktur und vor allem an die Hormone und Drüsen, die dadurch langsam erlahmen und nicht mehr die rechte Funktion ausüben können.

Das Gleiche gilt, wenn der Mensch große Mengen Alkohol trinkt oder fette, sehr gewürzte und vor allem sehr gesalzene Speisen zu sich nimmt. Sofern viel Tierisches gegessen und die Nahrung nicht richtig gekaut wird, können über die Schilddrüse Störungen im Allgemeinbefinden auftreten. All das Aufgeführte trägt zur Erschlaffung der Zellstruktur und zur Beeinträchtigung der Drüsen- und Hormontätigkeit bei. Diese Mängel machen sich oftmals erst in der Mitte des Lebens bemerkbar, sowohl bei der Frau als auch beim Mann. Bei der Frau treten sie verstärkt auf, da sich die Tätigkeit der Unterleibsorgane zurückbildet.

Deshalb, o Mensch, iss mäßig und kaue deine Speisen gut, würze sie nicht zu stark und vor allem nicht mit scharfen Gewürzen. Trinke mäßig, wenn möglich keinen Alkohol, sondern gute Fruchtsäfte. Gerade diese bauen die Zellen auf und sind auch für deine Drüsen und Hormone ein Labsal. Nimm Kirsch- oder Aprikosensaft, sie haben einen hohen Äthergehalt, sofern sie richtig behandelt wurden. Auch ein guter Apfelsaft trägt zur Entschlackung bei und fördert im rechten Maße die Zell-, Drüsen- und Hormontätigkeit.

Wenn der Mensch nach den Gesetzen Gottes lebt, so führt dies zu einer rechten Funktionsweise aller Organe im Körper. Oftmals erkennt der Mensch dies jedoch erst, wenn er die fortgeschrittenen Lebensjahre erreicht, in denen die Funktionen der Drüsen und Hormone nachlassen.

Ich nenne nun einige Teesorten, die eine rechte Aktivität der Schilddrüse herbeiführen, bemerke jedoch, dass die Teesorten unterschiedlich auf den einzelnen Menschen wirken.

Bei Schilddrüsen-Unterfunktion:

Labkraut, Eisenkraut, Tausendgüldenkraut, Hohlzahn, Wallwurz, Gänsefingerkraut, Liebstöckel, Eibisch, Fünffingerkraut.

Nimm davon nur 3 – 4 Sorten und mische sie zu gleichen Teilen. Trinke davon täglich ca. 2 Tassen, lauwarm und schluckweise. Nach ungefähr 4 – 6 Wochen wechsle diesen Tee. Wenn möglich, so trinke ihn ohne Zucker. Möchtest du ihn jedoch süßen, so nimm Waldhonig oder Fruchtzucker, aber nur eine geringe Menge.

Bei Schilddrüsen-Überfunktion: Anserine, Hopfen, Schöllkraut, Spitzwegerich, Huflattich, Schlüsselblume, Wegwarte, Berberitze, Herzgespann, Enzian. Auch von diesen Teesorten mische nur bis zu vier und halte es so, wie ich schon offenbarte.

In vielen Fällen ist die Pflückzeit von großer Bedeutung und auch, wie und unter welchen Verhältnissen die Pflanzen getrocknet werden. Der Mensch macht sich selten die Mühe, die Kräuter für seinen Bedarf selbst zu pflücken. Er geht meist zu Kräuterhändlern, um die Teesorten zu erwerben. Dort muss er nehmen, was ihm geboten wird. Wenn der Mensch jedoch gottverbunden ist und seine Seele durch einen entsprechenden Lebenswandel aufbereitet wurde, dass die innere Quelle des Geistes in ihm in erhöhtem Maße fließt, dann wird durch die Bitte um die Segnung der Kräuter vieles, was gegensätzlich schwingt, gemindert und die positive Lebenskraft des Krautes verstärkt.

Unser Herr sprach: »Tut dies zu Meinem Gedächtnis.« Der Mensch sollte den Herrn jedoch nicht nur um den Segen für das Brot bitten, sondern für alles, was Gott durch Sein Licht hat wachsen und gedeihen lassen, so auch für die Heilkräuter.

Das Wirksamwerden der segnenden Kraft in den Kräutern und auch in den Speisen führt in diesen wahrlich zu einer Wandlung. Ohne dass es der Mensch schaut, werden niedere, gesetzwidrige Schwingungen kraftlos, und hohe Schwingungen empfangen eine noch höherschwingende Kraft. Dadurch wirken die Bestandteile der Speisen und Heilpflanzen noch intensiver auf die Organe und Zellen des Körpers.

Lerne die Anatomie deines Seelenkörpers kennen, und aktiviere die Bewusstseinszentren

Wenn der Mensch um die Tätigkeit des Geistes in den verschiedenen Bewusstseinszentren weiß, so kann er direkt von diesen wesentlich schneller geistige Energien empfangen, als wenn er sich nur allgemein an die allgegenwärtigen Ätherströme wendet. Der Mensch sollte also, wie schon geoffenbart, sowohl in der Anatomie des Menschen als auch in der Anatomie seiner Seele bewandert sein. Wenn du den anatomischen Aufbau deines Körpers kennst, so kannst du oftmals sehr schnell analysieren, welches Organ dir Schmerzen bereitet und unmittelbare Gegenmaßnahmen ergreifen.

Hast du beispielsweise Herzbeschwerden, so solltest du wissen, welches der sieben Bewusstseinszentren verpolt ist, damit du dieses aktivieren kannst, um von dort für dein Herz die heilenden Ätherkräfte zu erbitten. Der Mensch sollte also auch die Anatomie seines Seelenleibes kennen und wissen, wenn Hals-, Zahn-, Nasen-, Ohrenschmerzen usw. auftreten, welches geistige Zentrum auf die jeweiligen Organe wirkt.

Gott ist Geist! Die sieben Bewusstseinszentren entsprechen den Wesenheiten und Eigenschaften Gottes. In jedem Zentrum fließen anders schwingende Ätherkräfte, die frequenzmäßig auf die einzelnen Körperorgane abgestimmt sind.

Wenn du, o Mensch, einen großen Raum ausleuchten musst, so wirst du dich auch mehrerer Lichtquellen bedienen, die in ihrer Intensität jeweils verschieden sind. In dem einen Teil genügt ein schwächeres Licht, in einem anderen wieder benötigst du ein stärkeres. Es kommt ganz darauf an, welche Tätigkeiten du in den verschiedenen Teilen deines Raumes ausführen möchtest.

So unterschiedlich fließen auch die Ätherkräfte des Geistes. Jedes Bewusstseinsrad, das heißt jede Wesenheit oder Eigenschaft Gottes, hat seine besondere Schwingungszahl, die sich auch in der Lichtintensität äußert.

Sofern du also deinen Seelenkörper kennst und gelernt hast, deine Bewusstseinszentren anzusprechen, so kann dir auch wesentlich schneller Hilfe zuteilwerden, weil du sofort erkennst, gegen welche Wesenheit oder Eigenschaft Gottes du verstoßen hast.

Hat der Mensch z.B. ein schwaches Herz, so hat er sicherlich in diesem oder in einem der Vorleben gegen das vierte Bewusstseinszentrum gehandelt. In diesem Energiefeld, dem Zentrum des göttlichen Ernstes, wirkt auch der Christus-

Erlöserfunke. Obwohl die Wirkungen der einzelnen Verstöße auch variieren können, da in den anderen Bewusstseinszentren ebenfalls die Ströme des göttlichen Ernstes, zwar nicht als Haupt-, sondern als Nebenenergie fließen, so machen sich diese jedoch meist durch die Verpolung des jeweiligen Hauptzentrums bemerkbar. Der wissende Mensch, der in der Anatomie seines Seelenkörpers bewandert ist, wird deshalb dieses Hauptzentrum beleben, sich jedoch auch Gedanken machen, wie er die Verpolung oder Verschattung in seiner Seele lösen kann. Er wird nicht nur im betroffenen Energiefeld die Ätherkräfte ansprechen, sondern zugleich auch durch ein entsprechendes Leben die Ätherkanäle der Seele und die des Körpers reinigen, indem er seinen Lebenswandel analysiert und sich in seinen menschlichen Gewohnheiten umstellt.

Hat der Mensch gegen das sechste Bewusstseinszentrum, das Energiefeld der Liebe, verstoßen, so hat er, wenn das Karma ausfließt, z.B. ein Augen-, Gehirn- oder Nasenleiden.

Sofern er hauptsächlich gegen die Ströme des fünften Bewusstseinszentrums verstoßen hat, so werden Krankheiten im Bereich der Mandeln, Schilddrüse, Kehlkopf, Rachen, eventuell Lunge usw. auftreten.

Oftmals ist es auch so, dass der Mensch gegen mehrere göttliche Grundkräfte verstoßen hat. Die Folge ist die Erkrankung mehrerer Organe. Das Resultat können seelische Depressionen sein. Der Ursprung jedoch ist die Verschattung der Seele, derzufolge die Tätigkeit der im Menschen befindlichen Bewusstseinszentren erlahmt und die Organe des Menschen nur noch mit geringen Ätherkräften versorgt werden.

Durch ein sehr strapaziöses Leben des Menschen wird die Energie, die durch Nahrung oder Medikamente erlangt wird, sehr rasch wieder durch gegensätzliches Denken und Reden verbraucht. Die Ätherkräfte können nicht ausgleichend stimulieren und stärken, da die Bewusstseinszentren durch dichtere Verschattung inaktiv und dadurch für die Geistkräfte weitgehend undurchlässig sind. Infolge dieser und ähnlicher Vorgänge erlahmen umso schneller auch die Organe des Körpers und erkranken erheblich leichter.

Wenn der Mensch also um diese gesetzmäßigen Vorgänge weiß und sich bemüht, seinen Lebenswandel zu ändern, indem er sich auf die göttlichen Gesetze ausrichtet, die entsprechenden Bewusstseinszentren gesetzmäßig aktiviert und auch durch Gedankenkraft die Ätherkräfte zu lenken vermag, so ist er allen anderen Betern weit voraus. Dies alles sollte jedoch im Namen und nach dem Willen des Herrn getan werden. Der Mensch möge sich nur programmieren und die heiligen Ätherkräfte lenken, wenn er zuvor einige Herzensworte der Übergabe an Gott, unseren Herrn, gesprochen hat.

Ein Bittgebet ist jedoch nur wirksam, wenn der Mensch seinen Eigenwillen Gott, seinem Herrn, übergibt und bereit ist, in sich den göttlichen Willen wirksam werden zu lassen. Deshalb sollte der Hilfesuchende seine Bitte stets mit dem Zusatz beenden: »Aber Herr, nur Dein

Wille geschehe, denn Du allein weißt, was für meine Seele und meinen Leib gut und dienlich ist.«

Weitere Hinweise für die Aktivierung des fünften Bewusstseinszentrums – Kehlkopf, Stimmbänder, Atmung

Wer mit dem Kehlkopf Beschwerden hat, möge ebenfalls das fünfte Bewusstseinszentrum ansprechen. Vor allem möge er dabei auch die Zellen programmieren, das heißt, wie ich schon berichtete, sie auf die Ätherkräfte auszurichten, auf dass sie ihre Zellmünder öffnen und von der aus dem fünften Energiezentrum fließenden göttlichen Kraft willig nehmen.

Die Stimmbänder kannst du ebenfalls schulen. Lege Gotteslaute auf sie, indem du z.B. sprichst: »Gott« oder »Amen, Leben, Geist und Kraft«. Oder auch »O-O, A-A-A« oder »La« oder »Vater, Ordnung, Wille, Gnade, Liebe«. Da in allen Zellen die Wechselwirkung des göttlichen Lebens ist, so reagiert auch jede Zelle auf die Empfindungen und Gedanken des Menschen. Deshalb kannst du auch alle Zellen bewusst ansprechen. Sie werden reagieren. Beginne mit deinen Stimmbändern folgendermaßen zu sprechen:

Ich bitte euch, ihr Stimmbänder, nehmt nun meine Worte, die ich auf euch lege, freudig an. Lasst diese schwingen, und öffnet euch den Kräften des Geistes.

Lege nun, o Mensch, zunächst das Wort »Gott« auf deine Stimmbänder. Sprich im Kehlkopf: »Gott, Gott, Gott«, und verbinde dich zugleich mit dem fünften Bewusstseinszentrum, das in der Nackenregion liegt. Lasse die hohe Schwingung des Wortes »Gott« zu deinem fünften Energiefeld dringen, lasse diese Schwingung zugleich auch in deinem Haupt vibrieren, und bitte den im fünften Bewusstseinszentrum wirkenden Äthergeist, Er möge die Stimmbänder beseelen. Lasse keine Gedanken in dich ein.

Verbleibe in dieser heilsamen und aufbauenden, fließenden Quelle des Geistes.

Lege ein weiteres Wort auf deine Stimmbänder, zum Beispiel »Vater«, und sprich mit diesem hochschwingenden Wort wiederum das fünfte Kraftfeld an.
Mache diese Übung mehrmals am Tage.

Es möge dir zur Gewohnheit werden, alle Worte auf die Stimmbänder zu legen und aus dem Kehlkopf heraus in dein Haupt hineinzusprechen. Dann wirst du bald verspüren, dass sich auch deine Atmung ändert und vollkommen wird.
Zur Unterstützung deiner Stimmbänder kannst du mit Zinnkraut und Salbei gurgeln. Tee aus Eibisch und Liebstöckel ist ebenfalls anzuraten.
Vollbringst du dies alles im tiefen und beseelenden Glauben an Gott in Christus, deinem Inneren Arzt und Heiler, so wirst du sicher Erfolg haben. Natürlich gehören Ausdauer und

ein Leben in Hinwendung und in der Übergabe an Gott, unseren Herrn, dazu.

Wenn der Mensch eine geregelte Atmung anstrebt, so wendet er oftmals viele Techniken an, die ihn am wahren Sprechen und Atmen mehr hindern als fördern. Bedenke, o Mensch, dass der Geist, der in dir lebt und wirksam werden möchte, alles vermag. Er kann dir auch die rechte Atemweise schenken. Seine vollkommene geistige Beatmung löst in dir die bestehenden Verkrampfungen. Dadurch kann der Geist sodann deinen gesamten Körper, das heißt jede Zelle von Grund auf beatmen und durchatmen.

Deshalb schule, o Mensch, zunächst deine rechte Sprechweise. Lege deine Worte auf die Stimmbänder, lasse sie dort schwingen und dann im ganzen Haupt vibrieren. Sodann wirst du auch eine kräftige Atmung erlangen! Pflege eine aufrechte Sitz- und Ganghaltung. Deine Schritte sollen gemessen und harmonisch sein. Dein Blick möge nicht nur auf den Boden gerichtet sein, sondern in die Weite, damit du die

Fülle der Unendlichkeit wahrzunehmen vermagst. Veredle deine Empfindungen und Gedanken, dann wird auch deine Atmung allein durch die Kraft des Herrn vollkommen sein, ohne Erlernen einer speziellen Atemtechnik.

Sofern du nun gelernt hast, alle sieben Bewusstseinszentren anzusprechen und du sowohl in deinem Empfinden, Denken, Reden und Handeln ein gesetzmäßiges Leben führst, auf die rechte Ernährungsweise achtest und in der rechten Weise kaust und trinkst, so wirst du bald merken, dass dich der Geist Gottes nicht nur beatmet, sondern all deine Organe und Zellen durchatmet. Wer diese Gesetzmäßigkeiten beibehält, wird bald erkennen, dass ungeeignete Atemtechniken zu anderweitigen Verkrampfungen führen. Denn der Odem des Geistes, das heißt der in dir bewusst atmende Geist, macht dich erst wirklich frei.

Sobald der Mensch an den Kräften des Inneren Arztes und Heilers zweifelt und über seine Krankheiten, Leiden oder Schicksalsschläge mit anderen spricht, anstatt mit Christus in Gott, unserem Herrn, so kann er sicher sein, dass seine Krankheit nicht weicht. Zweifel an der Allmacht Gottes und vieles Gerede über Krankheiten und Sorgen bringen dem Menschen nicht den gewünschten Segen. Was ausfließen und sich auflösen möchte, wird im physischen Leib oder in der Seele durch diese falsche Empfindungs-, Denk- und Handlungsweise festgehalten.

Der Gottesgeist in dir ist immer bereit, dir zu dienen. Der größte Hinderungsgrund kannst du, o Mensch, selbst sein. Ein Beispiel: Wenn die Sonne in die Wohnräume deines Hauses scheint, so leuchtet sie jede dunkle Ecke deines Zimmers aus. Verschließt du jedoch die Fensterläden, so wird es in deinem Wohnraum dunkel und kühl. O erkenne, auf ähnliche Weise geschieht es auch in dir. Wenn dein Gemüt licht und voll Vertrauen auf die göttliche Hilfe ist, wenn du keine Furcht vor eventuellen Krankheiten und Schicksalsschlägen hast und auch darüber nicht sprichst, so wird, sowohl in deine

Seele als auch in deinen irdischen Körper, vermehrt das Licht Gottes eindringen und alle noch versteckten Krankheiten und sich aufbauenden Schicksalsschläge nach und nach ausleuchten und beseitigen.

Der Geist ist ewig belebende Energie. Der Mensch muss sich für diese Gotteskräfte öffnen und darf durch gesetzwidriges Denken, Reden und Handeln die »Fensterläden«, das heißt die Zellen und Seelenpartikel, nicht mit entgegenwirkenden Schwingungen abdecken und dadurch dem Licht des Geistes das Einstrahlen, Lindern und Heilen verwehren. Der erwachte, im Gottesgeist lebende und denkende Mensch kann also, sofern er ein beständiges Gottesleben anstrebt, jedes Zentrum ansprechen und unmittelbar die heilenden und helfenden Ätherkräfte abrufen.

Über das fünfte Bewusstseinszentrum, das seinen Sitz in der Nackenregion hat, können, wie bereits offenbart, die Mandeln, Schilddrüse,

Kehlkopf, Rachen, Zähne und auch zum Teil
noch die Lunge mit Ätherkräften versorgt werden. Über dieses Kraftfeld fließen auch die
Ätherkräfte in die Arme und Hände.

Über das vierte Bewusstseinszentrum

Im vierten Bewusstseinszentrum, dem Energiefeld des göttlichen Ernstes, wirkt das
Christus-Erlöserlicht. Dieses geistige Kraftfeld,
das seinen Sitz in der Rückenregion, zwischen
den Schulterblättern, in der Nähe des Herzens
hat, ist ein sehr starkes Rotations- und Pulsa-
tionszentrum, das auch die Verbindung zwischen dem sechsten Bewusstseinszentrum, das
zwischen den Augen liegt, und den ersten
drei Bewusstseinskräften, die unterhalb dieses
Christuszentrums aktiv sind, herstellt. Dieses
vierte Bewusstseinszentrum transportiert die
heiligen Ätherkräfte aus dem Sammelbecken in
der Steißbeinregion hinauf zum sechsten Kraftfeld, dem Liebezentrum. Dieses leitet die heili-

gen Kräfte zum siebten Bewusstseinsrad. Von dort aus gelangen sie schließlich wieder zum Wesenskern Gottes im Innersten der Seele, womit der geistig-körperliche Energiekreislauf des göttlichen Äthers geschlossen ist.

Der geistige Körper, der, solange er belastet ist, Seele genannt wird, besitzt einen vollkommen ausgewogenen, energetischen Kreislauf. Erst wenn sich dieser Kreislauf der kosmischen Kräfte in der Seele absolut im Rhythmus des göttlichen Gesetzes bewegt und diese kosmischen Ströme entsprechend den siebenmal sieben kosmischen Lebenskräften fließen, ist die Seele wieder zum reinen Geistwesen geworden und eins mit dem Unendlichen.

Über das vierte Bewusstseinszentrum werden folgende Organe mit Ätherkräften versorgt: Herz, Lunge, Rückenmark und Rippen. Hervorheben möchte ich, dass die Ätherkräfte über jedes Zentrum auch die Drüsen, Hormone, sämtliche Zellen, also auch die Hautschichten und Knochen des menschlichen Körpers, entsprechend der Hinwendung des Menschen zu Gott beleben. Der ewig fließende Geist ist bestrebt, den gesamten Menschen vollkommen zu durchdringen und die Materie zu beherrschen. Erst wenn der Geist die Materie, den physischen Leib, weitgehend durchstrahlen kann, da sich der Gottsucher dem Unendlichen hingibt, bleibt der Körper trotz eines fortgeschrittenen Alters elastisch und gesund.

Der Mensch kann über das vierte Kraftfeld das Herz ansprechen, indem er sinngemäß etwa so betet:

»Vater, ich bin Dein Kind. Du bist in mir die Absolutheit. Du bist der vollkommene Geist, der nur Vollkommenes geschaffen hat. Unsere menschlichen Beschwerden, gleich welcher Art sie auch sein mögen, traten und treten nur durch unsere Gottfernheit auf, da wir uns von dem ewig gebenden, erhaltenden und vollkommenen Gesetz des Lebens entfernt haben. Deshalb ist auch mein Herz nicht in Ordnung, und mein Blutkreislauf unterliegt großen Schwankungen.

O Geist, der Du mein Vater bist, ergieße über das vierte Bewusstseinszentrum Deine heiligen und heilbringenden Kräfte in mein schwaches und krankes Herz. Ich bitte dich, verstärke Deine Ätherkraft, auf dass ich, sofern es Dein Wille ist, gesunde.«

Wenn du nun noch zusätzlich dein Herz, das heißt die Zellen deines Herzens, die Kinder deines Körpers ansprichst, so kannst du selbst noch sehr hilfreich wirken.

Durch falsches Empfinden, Denken, Reden und Handeln hat der Mensch oftmals die Aufmerksamkeit der Bausteine seines Körpers ganz nach außen gelenkt, so dass die Zellenkinder gar nicht gewöhnt sind, auf die hohen Ätherkräfte in ihrem Innersten zu lauschen und sich für diese ganz zu öffnen. Durch ständiges Klagen über Schmerzen und dergleichen hat der Mensch seinen Zellkindern keine aufmunternden Gedankenkräfte übertragen. Ganz im Gegenteil, die Zellen wurden durch die falsche Denk- und Handlungsweise des Menschen müde und reagieren eventuell gerade noch auf die Nahrung oder auf Medikamente.

Wer jedoch den Inneren Arzt und Heiler um Rat und Hilfe bittet, der habe auch für seinen kranken Körper aufmunternde Gedanken und Worte, die sodann seinen Zellkindern zugutekommen. Dadurch richten sich diese nach und nach auf den Inneren Arzt und Heiler aus, der über die sieben Grundzentren lindert und heilt.

Wenn dir also empfohlen wird: »Richte dich auf Gott, deinen Vater in Christus, deinen Inneren Arzt und Heiler, aus«, so ist damit gemeint, du mögest dich in deinen Empfindungen, Gedanken, Worten und auch Handlungen umstellen, auf dass sich deine Zellkinder mehr und mehr den Ätherkräften, dem Inneren Arzt und Heiler, zuwenden, anstatt ihren bisherigen, nach außen gerichteten Gewohnheiten.

Weitere Hinweise für die Aktivierung des vierten Bewusstseinszentrums – Herz- und Kreislaufbeschwerden

Versuche auch, ein gesundes Leben zu führen. Lege großen Wert auf aufbauende, hochschwingende Nahrung.

Bei Herzkrankheiten und Kreislaufschwäche bereite dir dein Essen aus Gerste oder Hafer oder aus Roggen und Reis. Nimm auch Vollkornbrot, am besten Schrotbrot. Achte jedoch darauf, dass es nicht zu alt ist oder bereits schimmelt. Verschimmelte oder angeschimmelte Nahrung solltest du nicht mehr essen, denn es bilden sich Pilze und Gärstoffe, die gerade deinem Herzen, aber auch deinen Lungen nicht zuträglich sind. Diese ganz unterschiedlich auftretenden Krankheitserreger werden vom Blut in den gesamten Körper transportiert, wodurch an mehreren Stellen deines Leibes Krankheiten auftreten können.

Gerade bei Herz-, Kreislauf- und Lungenerkrankungen sollte auf kalorien- und fettarme Nahrung Wert gelegt werden.

Ein Gottsucher, der sich dem Inneren Arzt und Heiler anvertraut, sollte auch gesund leben, das heißt, nur solche Nahrung zu sich nehmen, die ihm die Natur gerne schenkt, z.B. vornehmlich Obst und Körner.

Der Gott zugewandte Mensch sollte sich auch nie überessen. Das heißt, er sollte weder völlern noch schlemmen, sondern mäßig essen und Gott, unserem Herrn, für Seine Gnadengaben danken. Denn alles, was der Mensch aus den Händen des Herrn empfängt, ist Gnade.

Bei Herzmuskelschwäche oder allgemeiner Herzschwäche kann zu folgenden Teesorten geraten werden: Liebstöckel, Herzgespann, Tausendgüldenkraut, Anserine, Labkraut, Zinnkraut und Veilchen. Von diesen sollte man vier Teesorten auswählen, sie mischen und etwa zwei Tassen täglich, 4 – 6 Wochen lang, lauwarm trinken, ohne Zucker.

Ich muss immer wieder darauf hinweisen, dass der Geist nur allgemeine Ratschläge gibt. Treten die erwünschten Wirkungen nicht ein, so sollte der Mensch daran denken, dass dies entweder an der Art seiner Seelenschuld liegen kann oder an seiner derzeitigen Lebensweise, die nicht den göttlichen Gesetzen entspricht. Auch in das bestehende irdische Gesetz greift der Geist durch diese Hinweise nicht ein. Er gibt nur Ratschläge aus dem großen, wirkenden Gesetz Gottes, das alles durchdringt. Dieses Gesetz Gottes hat dem Menschen das erhaltende Lebensprinzip, die Heil- und Ernährungskräfte des Naturreiches, zum Geschenk gemacht.

Zur Stärkung eines schwachen Herzens kann auch die Herzgegend mit Alkohol, Franzbranntwein mit Latschenkiefer eingerieben werden. Anschließend sollte sich der Heilung-Suchende warm kleiden, insbesondere sollte das Herz, das heißt, die ganze Brust, warmgehalten werden. Bei Herz- und Kreislaufbeschwerden möge auch auf die Warmhaltung der Füße und des Hauptes großer Wert gelegt werden, denn ein warmer Kopf und warme Füße beseitigen viele Krankheiten.

*Im Herrschaftsbereich des Geistes
gibt es keine Krankheit – Furcht und Sorgen
öffnen der Krankheit Tür und Tor*

In jeder Zelle ist die Kraft des Heiligen Geistes. Das heißt, in jeder Zelle des gesamten Organismus sind geistige Kräfte. Diese Geistkräfte haben, so wie der Mensch auch von der irdischen Polung her weiß, zwei Grundkräfte, den positiven und den negativen Pol. Befinden sich diese beiden Grundkräfte in Harmonie, so sind sie in ständiger harmonischer Wechselwirkung. Durch die Wechselwirkung zwischen den Polen entsteht Energie und Leben.

In jeder Körperzelle befinden sich auch zwei geistige Pole, ebenfalls Positiv und Negativ genannt. Der Geist nennt diese auch die beiden Grundkräfte des ewigen Lebens. Der göttliche Äther, der über den Wesenskern der Seele zunächst den sieben Bewusstseinszentren und dann von diesen aus über den Ätherbaum den Körperzellen zugeführt wird, berührt in den

Zellen diese beiden Grundkräfte. Dadurch werden die Zellmembranen zum Schwingen gebracht. Je mehr Geistkräfte in die Körperzellen einfließen, umso intensiver schwingen die Zellmembranen und umso dynamischer ist der Körper eines Menschen.

Diese Dynamik der Geistkräfte bewirkt Harmonie in der gesamten Zellstruktur, in den Nerven und in allen Organen. Durch diese dynamischen Gotteskräfte bleibt der physische Leib gesund.

Wenn diese Heilkräfte aus Gott, dem Wesenskern der Seele, ungehindert in Seele und Körper fließen können, lassen sie keine Krankheitserreger in den physischen Leib eindringen oder transportieren solche Erreger schnell wieder aus dem Leib. Denn dort, wo der Geist unbeeinträchtigt zur Herrschaft gelangt, können keine Krankheiten bestehen und sich auch keine aufbauen. Denn die Zellkinder reagieren auf die heiligen Ätherkräfte und lassen sich nicht von den niederen Schwingungen der Krankheitskeime beeinflussen, außer der Mensch öffnet diesen niederen Frequenzen durch seine gegensätzlichen Neigungen und niederen Gefühle und Handlungen Tür und Tor. Der Türhüter, o Mensch, sind also deine edlen und reinen Empfindungen, Gedanken, Worte und Werke.

Du, o Kind Gottes, bist also selbst der Polizist für deinen Zellenstaat, das heißt, der Türhüter deines Lebens. Ein guter Polizist weiß um die Gesetze des Geistes und wendet diese auch entsprechend an. Ein Unwissender, der nur dem Namen nach Polizist oder Türhüter genannt werden kann, wird nicht die Gesetzmäßigkeiten Gottes anwenden und deshalb den niederen Schwingungen, den Viren, Bakterien und noch vielen unerkannten Krankheitserregern Tür und Tor öffnen. Zusätzlich animiert der Mensch auch noch diese niederen Schwingungen, indem er von seinen Krankheiten spricht und sich vor allem Gegensätzlichen fürchtet. Schon durch aufwendiges, negatives Reden und Handeln werden unter Umständen die Krankheitserreger zur Tat angeregt und die Schwingungen der

Zellstruktur verringert. Außerdem reduzieren Angst und Sorge die dynamische Kraft in den Zellen, wodurch wiederum auch diese furchtsam und ängstlich werden und mehr und mehr erlahmen.

Wenn also durch gesetzwidriges Denken und Handeln die Zellstruktur erlahmt, so wird hiermit den eindringenden Krankheitserregern zugleich Mut gemacht, denn Furcht und Sorgen ziehen gegensätzliche Kräfte an. Deshalb, o Mensch, sprich mit deinen Zellen wie mit Kindern. Muntere sie auf und erkläre ihnen, welch hohe Kräfte in ihnen wohnen, die nur darauf warten, sich zu entfalten, um aktiv zu werden.

Hinweise bei Lungenbeschwerden – Regeln für eine kurze und eine längere Meditation

Wenn du, o Mensch, z.B. eine Erkrankung deiner Lunge verspürst oder andere Beschwerden fühlst, so lasse nicht gleich den Mut sinken und denke an das Schlimmste. Durch angsterfüllte Gedanken bereitest du den Zellen deiner Lunge keine Freude und richtest diese nicht auf die aktiven Ätherkräfte aus. Dein Mensch und auch deine Zellkinder werden dadurch mutlos. Sowohl du als auch deine Zellen öffnen sich so für Krankheiten oder Schicksalsschläge, die nicht unbedingt als Karma zur Ausgeburt drängen.

Ganz im Gegenteil: War für dich kein Schicksalsschlag und keine Krankheit im Buch deines Lebens, im karmischen Seelenbuch, angezeigt, so hast du allein durch dein falsches Denken und Verhalten in diesem Erdendasein die Krankheit oder das Missgeschick heraufbeschworen. Denn Aktionen, das heißt gegensätzliche Denk- und

Handlungsweisen, schaffen Reaktionen. Diese ziehen niedere Schwingungen an, die sich sodann in dir aufbauen. Sandtest du z.B. einem Mitmenschen wuterfüllte, niedere Gedanken, so wird auch dein Nächster von diesen Gedanken berührt, sofern er sich auf der Frequenz deiner Schwingung befindet.

Sei also mit dir und deinem Nächsten in Harmonie, so wirst du auch mit deinem gesamten Körper, mit allen Organen, Zellen, Drüsen und Hormonen in Harmonie leben. Die Harmonisierung deines ganzen Seins wird dich dann zur Einheit, in die absolute Harmonie mit dem Unendlichen führen, der in dir lebt.

Deshalb sprich, wie mit allen Organen, so auch zu deiner Lunge:

»Du großes Atmungsorgan, das du einen Platz in der Nähe des Herzens, des großen Kraftwerkes im Menschen, hast, sei dir in meinem Körper deiner hohen Aufgabe bewusst. In jedem Lungenbläschen, in jeder Zelle schwingt die hohe Kraft des Geistes. Diese Energie ist unsere gemeinsame Quelle. Aus ihr trinken wir und laben uns.

Nun ihr beiden Lungenflügel, öffnet euch für die Kräfte des heiligen Äthers. Sie sind unser Leben. Diese Kräfte des Geistes dürfen wir nun trinken. Sie geben uns Stärkung und Kraft.«

O Mensch, widme dich des Öfteren am Tage einer Kurzzeitmeditation!

Die Möglichkeit dazu ist dir überall gegeben, gleich, wo du dich auch befindest:

Am Arbeitsplatz, im Haushalt, ja sogar wenn du beim Einkaufen bist. Für kurze Zeit kannst du unterwegs, zum Beispiel in einer Seitenstraße, langsam gehen. Vertiefe dich dabei in die Gotteskraft. Bitte Gott um Seinen Lebensodem, z.B. für deine Lungen. Bitte Gott, deinen Vater, dass Er durch dich bewusst atme. Vergiss während dieser kurzen Zeit von ungefähr fünf Minuten deine Umwelt und alles, was du noch zu besorgen hast. Lasse es in dir atmen. Denke dabei liebevoll an dein erkranktes Organ, die Lunge, und sei dir bewusst, dass Gott, der Herr, sie stärkt. Über deine Empfindungen kannst du sodann eine göttliche Verbindung zum vierten Bewusstseinszentrum, dem Zentrum des Ernstes, auch Christuszentrum genannt, herstellen und von dort die unmittelbaren Kraft- und Heilströme erbitten.

Da alles auf Schwingung beruht, ist es dir schon durch *einen* gotterfüllten Gedanken möglich, das vierte Bewusstseinszentrum in erhöhte Aktivität zu bringen. Aus diesem Kräftepotential ergießt sich sodann unmittelbar geistige Energie in dein erkranktes Organ.

Das Christuszentrum hat, wie bereits geoffenbart, in deinem Körper eine hohe Funktion zu erfüllen. Über diese pulsierenden Christuskräfte finden der Mensch und des Menschen Seele die absolute Erlösung und Befreiung, das heißt auch Befreiung von Krankheit und Sorgen, da dieses Zentrum alle anderen seelisch-körperlichen Energiefelder mit Lebenskräften versorgt, und zwar deinem Lebenswandel, das heißt deinen Empfindungen, Gedanken, Worten und Werken gemäß. Die Ansprechungs- und Absenkungstechnik kannst du auch mit jedem anderen Organ durchführen, auch mit deinen strapazierten Nerven!

Sofern du Ruhe zu einer längeren Meditation hast, so begib dich in die Meditationshaltung. Wende dein Gesicht nach Osten und sprich, wie ich schon offenbarte, deine Lunge an und bringe sie mit dem vierten Bewusstseinszentrum in Verbindung. Ist es dir möglich, in den Sommermonaten im Freien oder gar in einem Tannenwald oder in einem Garten unter Fichten oder Tannen zu meditieren, so wird dir zusätzlich auch noch ihre Odkraft zuteil. Die Natur und alle Schöpfungsformen des Geistes geben dem schönsten Schöpfungskind, dem Kind des göttlichen Vaters, bereitwillig in reicher Fülle, sofern sich der Mensch als ein Teil des großen Ganzen erkennt und sich mit allen göttlichen Lebensformen in Harmonie und Frieden befindet.

Falls du geschwächte Lungen hast und in dir die Ätherkräfte noch nicht so wirksam sind, dass sie Abhilfe schaffen können, dann wäre anzuraten, sich zweimal wöchentlich 10 Minuten lang zur Vormittagszeit in die durch Sonneneinstrahlung vorgewärmte Erde einzubuddeln. Anschließend sollte ein Bad aus Kiefern- und Tannenspross genommen werden, einmal wöchentlich zusätzlich ohne Erdeinbuddeln. Dies gilt auch bei Knochentuberkulose.

Auch zum Inhalieren kannst du jungen Tannenspross aufbereiten, indem du ihn kurz aufkochen lässt und dann die aufsteigenden Dämpfe inhalierst.

Bitte, liebe Geschwister, reißt nun nicht die Tannensprosse lieblos von dem Werk unseres Schöpfers! Trennt sie liebevoll mit einem scharfen Gegenstand ab. In jeder Lebensform ist die Kraft des Geistes. Bittet den Geist in der Tanne um einen Teil der Sprösslinge. Dann schneidet einige schräg ab. Bitte, entkleidet die Zweige nicht ganz, denn auch die Tanne schmückt sich gerne Jahr für Jahr stets mit einem neuen Kleid, das sie größer und kräftiger werden lässt. Nimm von einigen Tannen und jeweils nur sehr wenig

Sprosse. Eine halbe Handvoll ist ausreichend für 2 – 3 Inhalationen! Dafür sollten nur sehr junge Sprosse genommen werden, und die Inhalation sollte nicht öfter als 2 – 3 Mal wöchentlich vorgenommen werden. Außerdem kann der zur Inhalation verwendete Tannenspross mit weiteren Tannenzusätzen, die in einem Fachgeschäft erhältlich sind, für ein Bad gemischt werden.

Bei Anfälligkeit für Bronchitis und bei schwacher Lunge sollte sich der Heilung-Suchende im Schatten zur Mittagszeit in frisches, noch nicht ganz getrocknetes Heu legen, etwa 15 Minuten lang, 3 – 4 Mal wöchentlich.

Um Lungenkrankheiten zu beseitigen oder um die Lunge abzuhärten, empfiehlt der Geist, den Körper im Bereich der Lunge während des Winters zur Mittagszeit mit Schnee abzureiben. Danach sollte der Körper abgetrocknet und in warme Kleidung gehüllt werden. Der Heilung-Suchende sollte im geheizten Raum verbleiben, damit der Körper starke Wärme entwickelt. Diese Anwendung mit Schnee ist auch bei Bronchitis zu empfehlen.

Im Schnee sind die starken Heilkräfte der Sonne und des Mondes wirksam. Es sind die auf die Erde niederfallenden Sonnen- und Mondpartikel.

Deshalb wird die hier offenbarte Anwendung mit Schnee am besten zur Mittagszeit vorgenommen, nachdem die Sonne ihre wärmenden Strahlen dem Schnee übermittelt hat.

Wesentlich ist, dass der Mensch all die hier gegebenen Anweisungen bewusst vollzieht, im Glauben an Den, der in seinem Innersten lebt, an Gott, unseren Vater, dessen Kinder wir alle sind.

Ich wiederhole: Diese geistige Heilweise kann jedes Menschenkind anwenden. Da in jedem Menschen jedoch die Geistkräfte unterschiedlich fließen, werden auch die Heilwirkungen nicht in allen Fällen gleich stark in Erscheinung treten. Der eine Heilung-Suchende wendet sich Gott mehr zu, der andere weniger. Beim einen Menschen muss noch eine Seelenschuld ausfließen, beim anderen liegt eine Schwäche des Glaubens vor.

Auch bezüglich der Kräutertees, für die der Geist nur Anregungen gibt, sollte der Mensch wissen: Diese Gottesgaben sind Gnadengaben. Nur wer sie auch als solche betrachtet, wird einen Erfolg verspüren. Der Mensch sollte nicht glauben, weil der Geist auf diese verweist, müssten sie auch heil- und wirksam sein. Dies hängt ausschließlich von der Hinwendung des Heilung-Suchenden an Gott ab und von der Art der Seelenschuld.

Da jeder Seelenkörper und auch der physische Leib unterschiedlich belastet sind und daher anders reagieren, so schließen diese Heiloffenbarungen die Konsultation eines Arztes nicht aus.

Nun nenne ich noch einige Teesorten, durch welche die Lunge gekräftigt und die Bronchien gestärkt werden: Lungenkraut, Weißdorn, Haferstroh, Mistel, Löwenzahn, Distel und Spitzwegerich. Auch hiervon sollten wiederum bis zu fünf Kräuter gemischt und 2 Tassen über den Tag verteilt lauwarm getrunken werden. Dies ist zugleich ein zusätzliches Hilfsmittel bei schwacher Lunge.

Schleimlösend und zugleich herzstärkend wirkt auch ein Tee aus Zwiebeln, mit etwas Waldhonig gesüßt und gut warm getrunken.

Gelassenheit – Aufrechte Haltung – Körperübungen

Auch das Rückenmark und deine Rippen werden von den heilenden Ätherkräften Gottes durchstrahlt.

Bemühe dich, aufrecht zu schreiten, einerlei, ob dein Körper noch jung oder schon gealtert ist. Gewöhne dir auch während des Gehens eine meditative Haltung an. Schreite aufrecht!

Sei bestrebt, dich ständig unter Kontrolle zu haben. Übe dich, dass du nicht in Hektik gerätst, noch ein anderer dich dazu bringen kann.

Die Ausgewogenheit deiner Seele und deines irdischen Leibes bringen dir in allen Dingen Gelassenheit und zugleich auch eine zielstrebige Tätigkeit. Gestalte dein Leben und deinen Tagesablauf so, dass du alles in Harmonie vollbringen kannst. Wisse, dass sich durch Hektik und Disharmonie dein Tagwerk nicht schneller erledigt. Ganz im Gegenteil, durch Hektik und Disharmonie arbeitet der Mensch ziel- und planlos. Dadurch wird vieles nicht vollbracht, was in den Tagesplan miteinbezogen war. Jede von dir ausgehende Unruhe stört auch die Harmonie des Körpers und behindert das stärkere Fließen der heilbringenden Ätherkräfte.

Ist dein Körper schwächlich und vollbringst du deine Tätigkeit meist sitzend, so vergiss nicht, täglich, eventuell morgens, mittags und abends leichte Körperübungen zu machen. Dein Körper wird es dir danken, insbesondere in späteren Jahren. Durch leichte, harmonische Körperübungen lockerst du deine gesamte Körperstruktur. Auch deine Organe entkrampfen sich, was wiederum bewirkt, dass du leichter und

beschwingter atmest und außerdem die Ätherkräfte das ihre tun können. Die Wirkung kannst
du erhöhen, wenn du deine Körperübungen zu
einer sehr harmonischen Musik ausführst. Das
hat einen doppelten Effekt. Sofern du ein gott-
verbundener Mensch bist und dich Gott, deinem
Herrn, jeden Morgen im Gebet anempfiehlst, so
werden sich an den bewussten, harmonischen
Körperübungen, die zu melodischer Musik aus-
geführt werden, auch deine Zellkinder erfreuen,
die sich verstärkt den Ätherkräften zuwenden
und sich auch für diese öffnen.

Der Mensch sollte alles bewusst tun, das
heißt, sich der Gegenwart Gottes bewusst sein.
Wenn sich der Mensch täglich Gott, seinem
Vater, hingibt und sich auch im täglichen Leben
als Kind des Herrn erweist, indem er seinen
Nächsten achtet und ihn als Bruder anerkennt,
wird er bald den Balsam des Lebens verspüren,
das heißt, die heiligen und heilenden Ätherkräfte werden ihn stärker durchfließen, ihn
nähren, beleben, heilen und ihm dienen.

Im Leben des Menschen sollte es heißen: Herr, rede und handle Du durch mich.

Der Geist möchte die Materie durchdringen und im Menschen dominieren und wirken. O lass dies geschehen, auf dass du, o Mensch, schon im Erdenkleid die Seligkeit erlangst.

Das zweite und das dritte Bewusstseinszentrum

Das dritte Bewusstseinszentrum liegt in der Lendenregion. Es umschließt die Wirbelsäule mit dem Rückenmark und den Bauchraum mit Magen, Dünndarm, Leber, Milz und Bauchspeicheldrüse.

In sämtlichen Zellen, Organen, Hormonen und Drüsen, in den Knochen, im Knochenmark, im gesamten Organismus, wirkt der ewig fließende Geist. Seine göttlichen Kräfte durchdringen alles in dem Maße, in dem sich der Mensch diesen Ätherkräften zuwendet. Sie fließen deshalb, wie schon geoffenbart, in jedem Körper unterschiedlich, bei dem einen Menschen stärker, beim anderen weniger stark. Der eine Mensch verfügt über eine reife und ausgewogene Seele, durch welche die heiligen Ätherkräfte intensiver fließen und daher im Körper schnell wirksam werden können. Des anderen Seele ist mehr verschattet und daher umwölkt, wodurch die Ätherkräfte nicht so schnell in Aktion treten.

In jedem Menschen und in jeder Seele wirken die göttliche Gnade, die göttliche Barmherzigkeit und Liebe.

Wer in seinem Leben Geduld übt und sich täglich mehr der heilenden Christus-Gotteskraft hingibt, der bringt durch die stetige Hinwendung zur Gottheit die Gottesgnade erhöht zum Fließen, die den Heil- und Lebenskräften im Menschen mehr und mehr Raum verschafft und bereit ist, in ihm vieles Negative abzubauen.

Deshalb möge sich jeder Mensch bemühen, ein gottgewolltes Leben zu führen, damit er dem Gottesgeist die Möglichkeit erschließt, sich in ihm mehr und mehr zu entfalten.

Die geistige Heilweise beruht vor allem auf diesen heiligen, göttlichen Ätherkräften, das heißt, auf der Erschließung und Führung der Kräfte des Heiligen Geistes – und weniger auf der Naturheilweise, die in dieser Schrift nur einen kurzen Anklang findet. Das Primäre ist die Erschließung der geistigen Lebenskräfte, des Äthers, der, sofern er uneingeschränkt fließen kann, alles zu bewirken vermag. Der Gottesgeist im Menschen ist der beste Arzt, Heiler, Lebensberater, Führer, Wegweiser und vor allem der liebende Vater Seiner Ihm zugetanen Kinder.

Das dritte Bewusstseinszentrum wird aus geistig-göttlicher Sicht das Zentrum der Weisheit genannt. Ohne dieses geistige Energiefeld wäre der Mensch im Knochenbau und im Muskelsystem nicht voll beweglich. Das göttliche Prinzip der Weisheit, dieser heilige Ätherstrom, bewirkt den aufrechten und grazilen Gang des Menschen. Die göttliche Weisheit ist zugleich die Tat. Das erkennen wir schon, wenn wir an die über dieses Bewusstseinszentrum mit den heiligen Ätherkräften versorgten aktiven Organe wie Magen, Darm und dergleichen denken.

Dieses Bewusstseinszentrum ist auch der Ursprung des Schöpferischen im Menschen, es berührt den Geist des Menschen. Ist dieser auf Gott ausgerichtet und erbittet der Mensch von Gott Weisung und Führung, so kommen insbesondere die Ströme der göttlichen Weisheit zur Entfaltung, die nicht nur im dritten Bewusstseinszentrum fließen, sondern als Teil des siebenfachen Ätherstromes ebenso in allen anderen Bewusstseinszentren. Im Geiste gibt es keine Trennung der Kraft. Sowohl im kleinsten, unscheinbarsten Teilchen wie auch im großen Ganzen ist alles enthalten. Deshalb heißt es nach den geistigen Gesetzen: Alles ist in allem enthalten! Die Kraft der Weisheit ist stabilisierend und kräftebildend. Wer an Knochenerkrankungen oder Missbildungen des Körpers leidet, hat sicherlich gegen dieses aufbauende und stabilisierende geistige Gesetz der Tat verstoßen.

Ist der Mensch in der angegebenen Weise erkrankt oder an der Wirbelsäule, am Rückenmark usw., so sollte er, falls er die Heilung durch die Ätherkräfte erlangen möchte, diese Körperteile und Organe empfindungsmäßig mit dem dritten Bewusstseinszentrum in Verbindung bringen und sich auch seiner Seelenschuld bewusst werden. Überdenke, o Mensch, dein Leben und erkenne, gegen welche Gesetzeskräfte, die in den Bewusstseinszentren zum Ausdruck kommen, du gesündigt hast, und unterlasse dies fortan.

Die geistige Behandlungsweise der Wirbelsäule

Versuche, so gut es dir möglich ist, aufrecht zu gehen; halte dein Haupt gerade. Nimm auch eine gerade Sitzhaltung ein.

Sprich mit deiner Wirbelsäule. Muntere sie auf, denn auch in ihr ist Gott, das Leben. Beklage dich nicht, denn der Anzuklagende bist allein du, o Mensch, wegen deiner gegensätzlichen Denk- und Handlungsweise gegenüber Gott, deinem Vater, der auch die Kraft in deiner Wirbelsäule ist. Jeden der Wirbelknochen kannst du ansprechen. Versuche diesen dabei möglichst mit den Fingern deiner rechten Hand zu berühren. Verbinde gedanklich deine Wirbelsäule mit den göttlichen Kräften im dritten Bewusstseinszentrum, und bitte diese Ätherquelle, dir Linderung oder Heilung zu schenken. Sei dir bewusst, dass der göttliche Geist Energie ist, und dass du gemäß dem Willen Gottes und deinen aufrichtigen Gebetsgedanken die verpolten Geistkanäle zu deiner Wirbelsäule freilegen kannst, wodurch diese heiligen Kräfte verstärkt in deine Organe, oder wie hier, in deine Wirbelsäule einfließen können.

Jeder Sportler sollte sein besonderes Augenmerk auf dieses dritte Bewusstseinszentrum der Weisheit legen, das zugleich das Energiefeld der Tat ist. Denn vornehmlich über dieses Zentrum wird die Muskulatur mit Geistkräften versorgt. Auch die Venen, Sehnen und Nerven erhalten über dieses dritte Energiefeld die Ätherkräfte.

Auch die Wissenschaftler und Ärzte sollten zur Steigerung ihrer intuitiven Fähigkeiten dieses dritte Bewusstseinszentrum aktivieren, denn dieses wirkt sehr stark auf das Sonnengeflecht ein und dadurch auf das Gemüt und die Empfindungen des Menschen. Je aktiver dieses dritte Bewusstseinszentrum ist, umso sensitiver und kreativer ist auch der Mensch.

Jeder echte Christusheiler empfängt wohl die Christuskraft aus dem vierten Bewusstseinszentrum. Damit jedoch diese Heilkraft im verstärkten Maße über dieses vierte Bewusstseinszentrum zum Heilung-Suchenden fließen kann, bedarf es, neben der erhöhten Wirksamkeit des ersten und zweiten Energiefeldes, vor allem einer gesteigerten Aktivität des dritten Bewusstseinszentrums. Sind diese ersten drei Bewusstseinszentren weitgehend aktiv, so fließen im Heiler schon große Heilkräfte. Ich wiederhole: Je stärker Ordnung, Wille und Weisheit in Aktion sind, umso mehr Geistkräfte, das heißt Heilkräfte, fließen auch aus dem vierten Zentrum, das auch das Christuszentrum genannt wird. Den Vorgang des Heilens in seiner Gesamtheit möchte ich hier jedoch nicht offenbaren. Diese Ausführungen sollten nur ein Anklang sein.

Je mehr die drei ersten Bewusstseinszentren belebt sind und ausstrahlen, umso stärker rotiert auch das sechste Kraftfeld im Körper. Dieses Bewusstseinszentrum der Liebe ist, wie offenbart, eine Schaltstelle zur Lenkung der Ätherkräfte in die anderen Bewusstseinszentren. Es bildet den unmittelbaren Zugang zum Tor der Barmherzigkeit, dem siebten Bewusstseinszentrum, das die Ätherkräfte vom Wesenskern der Seele empfängt. In diesem Wesenskern bilden Liebe und Barmherzigkeit, neben dem Prinzip der Geduld, die Hauptströme der göttlichen Ätherkraft.

Mit den nun folgenden Worten kannst du, o Mensch, nachhaltig deine Wirbelsäule ansprechen:

»Du bist der Stamm meines Körpers. Alles, dessen du bedarfst, empfängst du aus dem dritten Bewusstseinszentrum. Trinke von diesen Kräften, und richte dich durch diese auf. Ich, dein Mensch, werde dir beistehen, indem ich mein Leben, sowohl in Gedanken als auch in Worten und Werken, ordne und dir, dem Stamm meines Körpers, zu weiteren aufbauenden Kräften verhelfe.«

Auch tägliche, leichte Körperübungen wären sehr anzuraten: Lass deine Arme und Beine kreisen, bewege deinen Rumpf, mache mehrere Kniebeugen, stärke dich und gewöhne dir eine aufrechte, harmonische Körperhaltung an.

Dein Rückenmark kannst du ähnlich wie die Wirbelsäule ansprechen und es dem dritten Bewusstseinszentrum zur vermehrten Energieversorgung übergeben.

*Auch dein Verdauungsorgan,
der Magen, gehorcht dem dritten
Bewusstseinszentrum*

Sowohl das Herz als auch der Magen sind wichtige Funktionsträger deines Körpers. So wenig wie du dein Herz überlasten solltest, ebenso wenig sollte dein Magen überbeansprucht werden.

Erst wenn der Mensch erkannt hat, dass die Mundhöhle mit ihren Zähnen der Vormagen ist, wird das Verdauungsorgan, der Magen, dem Körper auf rechte Weise dienen können.

Dabei bewirkt langsames Kauen und ein gutes Einspeicheln der Nahrung eine Energieanreicherung in deinem Körper, so dass du mit einer geringeren Nahrungsmenge auskommen kannst. Durch das Kauen wird Energie freigesetzt, die sodann dem Körper unmittelbar zugeführt wird. Das gilt jedoch nur, wenn du bewusst kaust, das heißt bei deinen Mahlzeiten schweigst und bewusst in der göttlichen Gegenwart ruhst.

Bedenke, der Magen hat keine Zähne. Er verarbeitet die Speise nur mit seinen Muskeln und Säften. Bewusstes und langsames Kauen bringt nicht nur deinen Magen in Harmonie, sondern auch die anderen Organe, die mit diesem verbunden sind, ebenso dein Herz und den Blutkreislauf.

Je größere Stücke der Mensch hastig in den Mund steckt und diese rasch und kurz kaut, umso mehr kommen der Magen, die Leber, die Milz, der Dünn- und Dickdarm in Aufruhr. Der Magen, der die ankommende große Nahrungsmenge wittert, die von dir nur sehr leidlich gekaut wird, bereitet sich schon ungeduldig auf ihren Empfang vor. Dein Verdauungsorgan beginnt also schon zu arbeiten, während du kaust.

Je gefüllter dein Mund ist, und je kürzer du kaust, desto mehr Speichel produziert dein Körper in unharmonischer Weise, der dich drängt, das halb Zerkaute rasch und nicht vollkommen eingespeichelt hinunterzuschlucken. Der Magen, der die unharmonischen Kaubewegungen in deinem Vormagen vernimmt, benimmt sich ebenso hektisch wie dein Gebiss, Gaumen und Speichelfluss. Denn der Speichel und der Gaumen signalisieren die Düfte und die Menge der ankommenden Speise zum Magen, der sich nun ebenso hektisch verhält wie dein Vormagen.

Wird sodann die übergroße Nahrungsmenge halb zerkaut hinuntergeschluckt, so wird diese Gottesgabe von den Magenmuskeln und den Magensäften ebenso disharmonisch verarbeitet, wie dies auch das Gebiss vollzogen hat. In der Zwischenzeit verlangt der Gaumen schon wieder nach dem nächsten Bissen, der ihn auch von dem durch die Gier getriebenen Menschen empfängt. Derselbe Vorgang wiederholt sich. Das schlecht Zerkaute gleitet wieder in den Magen, der sich durch die Überbeanspruchung nicht mehr zurechtfindet. Kaum ist der halbzerkaute Bissen angekommen, ist bereits im Mund des Menschen schon wieder der nächste in Bearbeitung.

Dies setzt sich so lange fort, bis der Mensch ein Magendrücken verspürt, wodurch ihm das Verdauungsorgan signalisiert: »Nun ist es genug.

Ich werde meiner Aufgabe, alles zu verdauen, nicht mehr gerecht.« Dieser Druck wird wohl vom menschlichen Völler wahrgenommen, jedoch was kümmert ihn das? Zu alledem trinkt er noch ein Glas Bier oder ein Glas Wein. Beides wird ebenso hastig getrunken, wie das Essen verschlungen wurde.

Die Resonanz des Ganzen: Nicht nur der Magen ist überlastet, sondern auch die mit ihm verbundenen Organe werden in Mitleidenschaft gezogen. Diese sind nicht mehr fähig, das vom Magen in seiner Hektik Produzierte aufzunehmen. Sie streiken. Dadurch verbleibt die Nahrung oftmals sehr lange im Körper. Es bilden sich Gase, die wiederum auf die Organe und vor allem auf das Herz drücken und den gesamten Organismus belasten.

Im Laufe der Jahre lässt die Tätigkeit des Magens nach. Auch alle anderen Verdauungsorgane erschlaffen, die Leber, die Galle, die Milz und auch der Dünn- und Dickdarm werden durch ständig überhöhte Aktivität träge. Auch das Herz und der Kreislauf werden beeinflusst. Der

Mensch wird unansehnlich stark und oftmals aufgedunsen, weil der gesamte Organismus frühzeitig erschlaffte. Der Mensch muss aber weiterhin seinen beruflichen Pflichten nachgehen. Dies verlangt dem Körper erhöhte Kräfte ab. Die erste Zeit kann der Mensch noch aus Kraftreserven schöpfen. Sind diese jedoch verbraucht, so wird durch die fortlaufende Überbeanspruchung allmählich dieses oder jenes Organ erkranken, oder es werden gleich einige Organe in Mitleidenschaft gezogen.

Wie benimmt sich daraufhin der unwissende, kranke Mensch? Er geht zum Arzt und klagt über seine Schmerzen und Krankheiten. Der Arzt verschreibt ihm Medikamente, die der Heilung-Suchende bedenkenlos einnimmt. Ohne zu wissen, dass ihm pharmazeutische Präparate mehr schaden als nützen, nimmt er diese von dem Wunsch beseelt ein, bald wieder gesund zu werden. Während er diese Medizin gewissenhaft einnimmt, klagt er in der Familie über seine Schmerzen und Krankheiten. Auch dem Nachbarn, den Berufskollegen und Freunden schildert er diese Symptome. Jeder bedauert ihn und meint, woher denn wohl diese körperlichen Störfaktoren kommen, er habe doch immer gut gelebt und sich sicherlich körperlich nicht überanstrengt. Der Mensch kann die Ursachen und ihre Zusammenhänge nicht erkennen. Wer sollte ihn auch belehren! Millionen Menschen schlingen gierig ihr Mahl hinab und wissen nicht, woher die vielen Beschwerden kommen.

Der Geist Gottes versuchte immer wieder, unter der Menschheit aufklärend zu wirken. Er, der Herr, und Seine Diener offenbarten, dass jede Ursache auch eine Wirkung hervorruft. Die Menschheit jedoch hörte selten auf diese mahnenden Stimmen, die aus dem geistigen Reich kommen.

Nur einige aufbereitete Seelen und Menschen nehmen die Botschaften des Geistes ernst. Andere hören oder lesen sie nur und legen sie dann zur Seite. Die große Masse der Menschheit hat dafür kein Interesse. Sie lebt in den Tag hinein und gönnt sich allein nur die Dinge des äußeren Lebens nach Herzenslust, bis früher oder später, entweder in diesem oder in einem weiteren Leben, die gesetzten Ursachen zur Auswirkung kommen und eventuell erst über ein von der Seele neu gewähltes Erdenkleid ausfließen. Denn jede gegensätzliche Aktion schafft eine Seelenbelastung, da die magnetisch-schöpferische Seele sowohl das Positive als auch das Gegensätzliche anzieht. Auch die Völlerei, das Gieren nach Nahrung und Getränken, das hastige, unkontrollierte Essen sind Fehlerquellen, also Ursachen, die sowohl den Körper wie auch die Seele belasten.

Heilige die Nahrung, denn sie ist von Gott!
Der unwissende Mensch, der seinen Körper durch übermäßige Nahrung und unkontrolliertes, hastiges Essen und Trinken sehr schädigt, trägt zudem durch sein Jammern und durch Medikamente verstärkt dazu bei, dass seine Körperzellen noch mehr ermüden und die körperliche Elastizität immer mehr abnimmt.
Der Mensch kann jedoch Gehirn- und Körperzellen sowohl mit guten, aufbauenden

Schwingungen programmieren als auch mit negativen, das heißt, er kann sich mit diesen schwingungsmäßig noch weiter heruntertransformieren. Der Mensch klagt über seine Krankheit, über Herz-, Kreislauf-, Magen-, Leber-, Gallenbeschwerden, Übergewicht und vieles mehr.

O Mensch, klage dich selbst an. Nicht deine Organe sind die Urheber deiner Krankheiten, sondern der Urheber bist ausschließlich du selbst! Der Mensch also ist der Schuldige an seinem Leiden. Weder schickt Gott die Krankheit, noch sind die Organe die Urheber. Einzig und allein ist das Fehlverhalten des Menschen die Fehlerquelle. Durch fortgesetztes negatives Denken und Handeln schädigt er seinen Organismus und belastet zugleich seine Seele.

Jedes gegensätzliche Verhalten Gott und auch dem Körper gegenüber belastet die Seele. Gott gab dem Menschen eine reine, kosmische Seele. Diese ist, wie Er, der Herr, frei von Krankheit und Leid. Einzig der Mensch ist es, der durch seine Gegensätzlichkeiten seine Seele für lange Zeit kosmisch untauglich macht und seine Körperschwingungen täglich mehr und mehr heruntertransformiert.

*Umstellung des Denkens
und Einübung in ein gottbewusstes,
positives Denken und Tun*

Nimmst du dir, o Mensch, nun nach dem Lesen dieser Offenbarungen ein Leben nach den Gesetzen des Herrn vor, so handle wie folgt. Bedenke: Was du in vielen Jahren durch gesetzwidriges Denken, Reden und Handeln zerstört hast, kann in wenigen Tagen nicht wieder aufgebaut werden. Übe dich also in Geduld.

Setze dich ruhig und vertrauensvoll auf einen Stuhl – bitte, in keinen bequemen Sessel. Er ist nämlich in Wirklichkeit für dein Knochengerüst und für deinen gesamten Körper gar nicht bequem, auch wenn es den Anschein hat. Ein allzu weicher Sessel trägt mit dazu bei, dass sich dein Körper verformt. Setze dich also auf einen Stuhl, und zwar so, dass du nach Osten blickst. Dadurch wird dein Körper auf diese Himmelsrichtung ausgerichtet, aus der insbesondere in den frühen Morgenstunden hohe energetische Kräfte auf dich einströmen. Nimm eine aufrechte Körperhaltung ein, lege die Handrücken auf deine Oberschenkel. Halte dein Haupt gerade, und schließe die Augen. Beginne zunächst mit einer kurzen Seelenanalyse.

Möchtest du gesund und friedvoll werden, so beginne damit, die *geistige* Medizin deines Inneren Arztes und Heilers anzuwenden.

Es ist der Geist Gottes in Christus, der um alle Dinge des Lebens weiß und diese auch zu ordnen vermag, sofern du dich Ihm vertrauensvoll zuwendest.

Habe also Vertrauen zu Christus und glaube an Ihn!

Durch falsche Denk- und Handlungsweise hast du selbst deinen Körper geschädigt. Bereue dies, und übergib alle deine unlauteren Empfindungen Ihm, dem großen Arzt und Heiler in dir.

Lege alles, was dich bedrückt, auf das vierte Zentrum, wo die Christuskraft, die verzehrende Heilflamme, brennt.

Nimm dir nun vor, deine Zellkinder, deine Körperstruktur mit positiven Gedanken und Worten aufzubereiten, indem du etwa so von Herzen betest:

»Ich bitte Dich, o Du großer Innerer Arzt, stehe mir bei! In mir, in jeder Zelle meines Körpers, ist Deine Kraft. Diese Kräfte bejahe ich.

Sie mögen in mir wirksam werden.

Alles Unreine, das in meiner Seele und in meinem Körper ist, lege ich Dir, dem Inneren Arzt, zu Füßen.

Ich weiß, Du wirst mir gemäß meiner Hinwendung beistehen, sofern es für mein Seelenheil gut ist.«

Sprich sinngemäß weiter:

»Du bist in mir die aufbauende Kraft, die in jeder Zelle meines Körpers von Tag zu Tag wirksamer wird.

Ich bin die Kraft aus Deiner Kraft.

Ich fühle den erfrischenden Quell Deines Heiligen Geistes. Ich muntere nun die Zellkinder, meine Zellstruktur, auf, aus diesem Quell zu trinken.«

Nun richte deine Aufmerksamkeit auf das dritte Bewusstseinszentrum.

Dann sprich zu deinem Magen oder zu einem deiner Organe, die mit diesem Energiefeld verbunden sind.

Sage dem Organ niemals, dass es krank sei.

Bedenke: Wenn du dein Kind nie lobst oder beschenkst, sondern nur tadelst, wird dein Kind lustlos und traurig und kann eventuell Depressionen oder andere Fehlschläge erleiden.

Muntere deine Organe auf, und lobe sie, so wie du dies als guter Vater oder Mutter auch deinem Kinde gegenüber vollbringst.

Sage deinen Kindern, den Zellen und Organen, dass in ihnen eine verborgene Kraft schlummert, die du nun in ihnen erwecken möchtest. Von dieser Kraftquelle dürfen sie trinken. Diese innere Gotteskraft erschließt sich, sobald der Mensch ernsthaft um sie bittet. Deshalb sollte jeden Tag 1 – 2 Mal ganz bewusst diese innere Kraft angerufen werden:

Während du in völliger Entspannung sitzt, richte immer wieder liebevoll und bittend deine Gedanken auf das dritte Bewusstseinszentrum, das sich in der Lendenregion befindet. Denn von diesem Energiefeld aus fließen deinem Magen, der Leber, der Milz, dem Dünndarm, der Bauchspeicheldrüse, der Wirbelsäule mit dem Rückenmark die heiligen Geistkräfte zu.

Die Heilkräfte verströmen sich in die von dir erweckten Zellen und Organe und schenken diesen erhöhtes Leben. Sie stoßen kranke und schwache Zellen ab und regen zur Neubildung gesunder Zellen an. Verfahre täglich auf diese Weise mit deinem Körper, und du wirst spürbare Erleichterung fühlen.

Wesentlich dabei ist: Ändere deine Essensgewohnheiten! Iss wenig Tierisches, dafür mehr Getreideprodukte, Obst und Gemüse. Trinke gute Frucht- und Gemüsesäfte, möglichst selbst gepresst. Gewöhne dir an, nur kleine Bissen zu nehmen. Kaue diese gut und langsam. Trinke in kleinen Schlucken, und setze nach jedem Schluck ab. Erhebe bei all diesem Tun deinen Geist zu Gott. Sei dir dabei bewusst, dass die Kraft Gottes in allen Lebensformen wirkt, auch in der Nahrung, die du zu dir nimmst. Heilige also deine Nahrung!

All dein Tun und Wirken soll im Sinne Gottes geschehen. Er, der Herr, dessen Geist in dir ist und dessen Kind du bist, möchte für dich nur das Beste.

Durch dieses gottbewusste Handeln wird auch dein Magen wieder zur echten Aktivität gelangen. Er wird durch die gut vorgekaute, geringe Menge wieder freudiger arbeiten und die Substanz der Nahrung den durch dich angesprochenen und dadurch willigen Zellen und Organen zuführen.

O Mensch, versuche auch, die Aufnahme von Medikamenten zu reduzieren. Während du die Ätherkräfte erbittest, stelle nun langsam deinen Körper auf natürliche Heilmittel um. Auch die Naturheilmittel sind nur ein Hilfsmittel für deinen noch nicht vollkommen auf die heilenden Ätherkräfte ausgerichteten Körper. Die Heilkräuter oder auch deren Potenzierungen sind für deine Organe nicht schädlich, da sie mit den Ätherströmen in Harmonie sind.

Habe mit dir Geduld. Werde nicht ungeduldig, auch wenn es sehr lange dauert, bis der Innere Arzt und Heiler voll wirksam werden kann. Bedenke, wie lange du gegen Seine Kraft wirktest und diese dadurch verdrängt hast. Aktiviere nun diese göttliche Heilkraft durch die Hinwendung an Christus und durch ein gesetzmäßiges Leben, indem du dich veredelst und aufbauende, hohe Gedanken und Worte entwickelst. Hüte dich vor Gegensätzlichkeiten. Was du in Tagen guten Willens für deinen Körper aufgebaut hast, kannst du rasch wieder durch einige unlautere Gedanken, Worte oder Handlungen zerstören. Übe dich, und lege all deinem Tun das Maß des Geistes zugrunde. Mäßige dich in allem, und sei dir bei jeder einzelnen Handlung der Gegenwart Gottes bewusst. Das stärkt deinen Körper und deine Seele, auf dass es dir einst an nichts mehr fehlen wird, weil Gott in allem dein Maßstab ist und du zu Seinem bewussten Kind geworden bist.

Sämtliche Organe deines Körpers kannst du durch dein Denken und Tun sowohl positiv als auch negativ beeinflussen.

Erkenne, o Mensch, welche Organe von welchem Energiefeld deines Körpers die heiligen Ätherkräfte erhalten.

Vom dritten Bewusstseinszentrum aus werden, wie geoffenbart, u.a. Magen, Leber, Milz, Dünndarm und die Bauchspeicheldrüse versorgt, vom zweiten Bewusstseinszentrum, das in der Kreuzbeinregion liegt, u.a. die Nieren mit den Harnleitern, der Mastdarm und der Dickdarm.

In allem Sein fließt die Ätherkraft, das Leben aus Gott. Alle die erwähnten Organe können, wie dargelegt, angesprochen werden. Voraussetzung ist jedoch, dass der Mensch sein Leben völlig umstellt und sich mehr dem Inneren Arzt anvertraut als den äußeren Heilkünsten.

Oftmals ist ein ärztlicher Eingriff unumgänglich. Sofern dies geschehen muss, so verzage nicht! Dein Leben liegt in Gottes Hand.

Reinigungsbereiche und Inkarnationen – ihre Bedeutung für den Entwicklungsweg der Seele

Viele Menschen glauben, dass durch äußere Einflüsse, wie z.B. durch Operationen oder gefahrvolle Begegnungen, etwa mit aggressiven Menschen, das irdische Leben vorzeitig ausgelöscht werden könne.

Bedenke, o Mensch: Dein Leben ist dir anfänglich durch das Strahlungsbild deiner Seele vorgezeichnet, das sich für die Inkarnation die entsprechende Planetenkonstellation, das heißt deren Einflüsse auf den Menschen, erwählt.

Jeder Mensch wird somit unter einem bestimmten Sternbild geboren, das nichts anderes ist als die Bündelung bestimmter Strahlungen, welche die Seele und den Menschen so lange beeinflussen, bis er sich über diese Planeteneinwirkungen hinausentwickelt hat.

Der Mensch kann sich gemäß seiner Lebensweise in einen höheren als den mitgebrachten Bewusstseinsstand entwickeln oder auch in einen niedrigeren zurückfallen. All diese Tendenzen sind im Strahlungsbild der Seele und im Sternbild offenkundig.

In den jenseitigen Bereichen gibt es, ebenso wie auf dieser Erde, Schulen. Dort werden die Seelen über diese kosmischen Gegebenheiten und Zusammenhänge unterrichtet. Geistwesen, das heißt Lehrengel, nehmen sich insbesondere jener Seelen an, die zu einer weiteren Einverleibung streben. Für diese Inkarnationswilligen ist es wesentlich zu wissen, was ihnen im Erdenkleid bevorsteht. Folgt eine Seele den Unterweisungen ihres Lehrengels, so darf sie in das auf sie zukommende Strahlungsfeld ihres Sternbildes blicken, um die verschiedenen Möglichkeiten des Lebensablaufes im menschlichen Körper kennenzulernen. Dieses Bild der Planetenkonstellation erschließt sich der Seele und zeigt die auf den Menschen möglicherweise zukommenden Schicksalsschläge. Die inkarnationswillige Seele kann dabei ihre Tendenzen und Neigungen sowohl zum Positiven als auch zum Negativen erfahren. Im Sternbild der Seele ist beides ersichtlich.

Oftmals ist es so, dass die Seele ihren überaus starken Hang zum Negativen schaut und dabei erkennt, welche schweren Situationen und Schicksalsschläge sich im Erdenkleid ereignen können. Einer solchen Seele wird in der Geistschule vom Weg zu einer weiteren Einverleibung abgeraten. Von den Lehrbeauftragten wird ihr empfohlen, weiterhin im Seelenreiche zu verbleiben, um dort den Zustand zu verbessern, bis ihr Strahlenbild mehr positive Aspekte zeigt. Die Seelenentwicklung kann auch im Seelenreich vollzogen werden. Dort ist eine Verbesserung des seelischen Strahlenbildes leichter zu erlangen als in einem irdischen Leib. Unter euch Menschen herrscht über diese Zusammenhänge eine so große Unkenntnis, dass ich darüber noch einiges Grundsätzliche offenbaren möchte:

Der Bewusstseinsstand jeder Seele ist an den Farbnuancen der Seelenhüllen zu erkennen. Wenn diese Farben sehr stark von den himmlischen Gesetzesstrahlen abweichen, so sind die Details der Seelenschuld klar und deutlich zu erkennen. Jedem Geistwesen, so auch den Lehrbeauftragten, ist es möglich, den Zustand der Seelenhüllen in Bildern sichtbar zu machen. Die Seele kann also an und in sich selbst die auf sie im Erdenkleid zukommenden Schicksalsschläge und Sorgen erkennen. In diesem Seelenbild zeigt sich zum Teil auch die detaillierte Führung durch die Planetenkonstellation, deren Kräfteeinwirkungen mit dem Seelenzustand der inkarnationswilligen Seele identisch ist. Die Seele erkennt dabei: Wenn einige Farbnuancen ihrer Seelenhüllen lichter sein werden, fallen im

Erdenkleid diese oder jene Schicksalsschläge von ihr ab, die ihr dort viel Schmerzen und Not bringen und ihre geistige Entwicklung verhindern würden.

Eine inkarnationswillige Seele, die dieser inneren Schau glaubt, die ihr der Lehrengel auftun durfte, und die bestrebt ist, sich im Erdenkleid schneller zu reinigen als im Seelenreich, kann in eine geistige Sonderschulung eintreten. Dort werden die inkarnationswilligen Seelen unterwiesen, wie sie im Erdenkleid ihr Seelenbild schneller verbessern können, und erhalten genaue Lehranweisungen und Führung, auf dass sich die Seelengewänder mehr lichten und die Seelentendenz, das heißt ihre Schwingung, angehoben wird. Diese Seelen gehen dann auf dem Weg zur Einverleibung wohl über die Planetenkonstellation, die ihrem Seelenbild gleich ist. Aber die Seele tritt in ein höheres Strahlungsfeld dieser Planetenkonstellation ein, das mehr positive Aspekte aufweist. Dadurch wird ihr die Möglichkeit geboten, sich im Erdenkleid in Jahren aus diesem Strahlungsfeld heraus in ein nächsthöheres zu erheben, was ihr, im Großen und Ganzen gesehen, im Seelenreich nicht so rasch möglich gewesen wäre.

Befindet sich jedoch eine Seele bereits in der dritten oder gar vierten Bewusstseinsstufe, das heißt im dritten oder vierten Astral- oder Reinigungsbereich, besser in der dritten oder vierten Reinigungsebene, da sie bei früheren Inkarnationen auf Erden einen größeren Läuterungsweg hinter sich gebracht hat, so verspürt diese ganz genau, dass eventuell eine schnellere Höherentwicklung im Seelenreich möglich ist als über noch weitere Inkarnationen. Hier ist auch wieder die Tendenz maßgebend. Wenn beispielsweise eine Seele auf der dritten Bewusstseinsstufe steht und ihre seelischen Neigungen schon in die vierte hineinragen, dann sind ihre Seelengewänder schon lichter als bei einer Seele, die sich gerade in die dritte Bewusstseinsstufe einordnen konnte, aber erst kurz diese Entwicklungs- oder Reinigungsebene erreicht hat und noch Tendenzen der zweiten Bewusstseinsebene aufweist.

Diese geistigen Gesetze variieren so stark, da alles auf Strahlung und Farbnuancen aufgebaut ist, so dass man diese detailliert gar nicht schildern kann, da jede Seele individuell geführt werden muss, bis sie ihre Individualität, das heißt ihre eigenen Vorstellungen, abgelegt hat und eins mit dem Unendlichen geworden ist.

Sobald die Seele ihr Erdenkleid angelegt hat, ist ihre Vergangenheit abgedeckt. Unterzieht sich eine Seele der Geistschulung in den jenseitigen Bereichen, bis sie eine entsprechende Entwicklung ihrer Seelengewänder, ihrer Seele, erreicht hat, so hat sie es dann im Erdenkleid viel leichter, den positiven Aspekten zu folgen und ihr Seelenbild zu verbessern oder sich gar aus diesem herauszuentwickeln. Das hat zur Folge, dass die Seele von höherschwingenden Kräften beeinflusst wird, wodurch ihr Erdenleben friedvoller und harmonischer verlaufen kann.

Ein operativer Eingriff – Wende und Chance im menschlichen Leben

Steht der Mensch in seinem Erdenleben vor einer Operation, so kann es sein, dass er vor solch einer Wende zu einer Höherentwicklung steht. Er kann das Strahlenbild seiner Seele positiv oder negativ beeinflussen.

Eine Operation kann in deinem Leben der Augenblick sein, in welchem du gemäß dem Strahlenbild deiner Seele einen negativen oder, durch Beten und Hinwendung zu Gott und den göttlichen Gesetzen, einen positiven Weg einschlagen kannst.

In jedem Menschenleben werden Akzente gesetzt, durch die der Mensch und des Menschen Seele zum höheren Selbst erwachen können, falls diese Kreuzungspunkte im Leben erkannt werden und die Entscheidung für das Positive, das heißt für das Göttliche und die göttlichen Gesetze getroffen wird. Das besagt: Eine Operation kann eine Wende im menschlichen Leben bewirken.

Viele Menschen erkennen jedoch diese Möglichkeit für einen Richtungswechsel ihres Lebens nicht.

Durch einen gelungenen operativen Eingriff könnten Seele und Mensch eine höhere Schwingungszahl erlangen. Erkennt der Mensch diesen Fingerzeig seines Schicksals nicht, so kann er ganz plötzlich vom guten Weg abgleiten und in eine Richtung weg von Gott, unserem Herrn, gelangen. Dadurch können in seinem Leben weitere gegensätzliche Ereignisse eintreten. Deshalb ist es von Bedeutung, wie sich der Mensch zur Operation einstellt. Jede Operation ist ein Eingriff sowohl in dein physisches Leben als auch in die seelischen Bereiche. Jedes Medikament wirkt auf die Schwingungen des Ätherleibes gegensätzlich.

Deshalb, o Mensch, sei bestrebt, vor jeder dir vom irdischen Arzt geratenen Operation in das tiefe Gebet zu gehen und dich Gott, deinem Herrn, anzuempfehlen. Wenn du dein Leben nach den göttlichen Gesetzen ausgerichtet hast, wird dich Gott zu dieser Operation führen, den Ätherleib schützen und dem Arzt die nötigen Impulse geben. Jede größere Operation kann für dich wegweisend sein, denn auch sie ist durch die Planetenkonstellation vorgezeichnet und steht unter ihrem Einfluss. Tendierst du zu Gott, indem du nach Seinen Gesetzen lebst, wird die Operation glücken, das heißt entweder zum Wohle deiner Seele oder für Seele und Körper. Deshalb überlasse Gott dein Geschick, und übergib Ihm dein Leben.

Gehe auch nicht mit Gedanken der Furcht zu einer Operation. Dadurch sendest du Schwingungen aus, die u.a. auch den Arzt beeinflussen und beeinträchtigen können. Außerdem wird dadurch dein Körper verkrampft. Auch wenn du entspannende Medikamente erhältst, lösen diese nicht die durch Furcht hervorgerufenen Verkrampfungen in deiner Seele. Solange die Seele durch tagelange Sorgen und Ängste verkrampft ist, gibt sie wenig Lebenskraft, das heißt Ätherkräfte, an den physischen Leib. Diese Kräfte fehlen sodann deinen Organen.

Das kann verschiedenartige Folgen haben. Zum Beispiel kann dadurch der Arzt den tatsächlichen Krankheitsherd nicht erkennen, weil ein Organ durch den Entzug der kosmischen Lebenskraft oftmals stärker erkrankt scheint, als es in Wirklichkeit ist. Oder du empfindest Schmerzen, die von einer im Grunde harmlosen Erkrankung ausgehen. Durch deine übergroße Furcht, es könnte etwas Schwerwiegendes vorliegen, verkrampfst du dich mehr und mehr, wodurch sich die Schmerzen verstärken. In deiner übergroßen Verängstigung gehst du zum Arzt, der dir eventuell zu einer Operation rät, die nicht unbedingt nötig ist.

Durch solche und ähnliche Fehlentscheidungen kannst du dich auf den gegensätzlichen Weg begeben, der in deiner Planetenkonstellation als Scheideweg zum Negativen angezeigt ist. Durch falsches Reagieren können sich Seele und Mensch auf den absteigenden Weg begeben, so dass die Operation missglückt oder nur scheinbar erfolgreich ist und in ihrer Folge weitere Unannehmlichkeiten bringt.

Alles ist in deinem Lebensbild, deiner Seele und deinem Sternbild angezeigt.

Dein Schicksal liegt in deiner Hand

Viele Seelen, die in den Reinigungsebenen belehrt werden, hören nicht auf die Ermahnungen und Weisungen der Lehrengel. Sie gehen bei der nächstmöglichen Planetenkonstellation zur Inkarnation, das heißt, wenn die Neigungen ihrer Seele durch einen der siebenmal sieben kosmischen Strahlen angesprochen werden.

Dein Schicksal, o Mensch, liegt also in deiner Hand. Deine positiven wie auch deine negativen Eigenschaften und Neigungen gehen von dir selbst aus, von deiner Seele. Sie kommen nicht von Gott, der jenseits der menschlichen Neigungen ist.

Ein um die Gesetze des Herrn Wissender wird sein Schicksal in die Hand Gottes legen und durch die ihm immerwährend zufließenden Ätherkräfte aus seinem Leben das Beste machen. Der Mensch könnte vieles von sich abwenden, wenn er um die Gesetzmäßigkeiten des Lebens wüsste. Diese müsste er allerdings dann auch anwenden.

Deshalb, o Mensch, verkrampfe dich nicht sogleich, wenn Schmerzen auftreten, und befürchte nicht gleich das Schrecklichste. Was ist in deinem Leben schrecklich? Nur das, was du infolge deiner Unkenntnis der geistigen Gesetze und durch dein negatives Denken und Handeln selbst heraufbeschworen hast. Der Mensch ist einzig und allein selbst der Urheber seines Schicksals. Die Ursachen, die dein Schicksal zeitigen, können weit zurückliegen. In deinem Seelenbild ist alles offen dargelegt. Diese Aufzeichnungen betreffen die Handlungen deiner Vorleben, die eventuell jetzt in deiner derzeitigen leiblichen Lebensspanne zur Auswirkung kommen.

Eine Seele, die auf die Weisungen der Lehrwesen hörte, ist während ihres Erdenganges von ihrem Schutzgeist oder ihrem inneren Führer, dem Heiligen Geist, leichter über das Gewissen positiv zu beeinflussen als eine ungehorsame Seele, die unter überwiegend negativen Aspekten zur Inkarnation ging. Doch auch dieser Seele ist die Möglichkeit zur Umkehr gegeben, auch wenn sie dies schwerer zu erkennen vermag und das ihr aus dem Geiste Gebotene nicht immer verstehen und verwirklichen kann. Wer also diese tieferen geistigen Gesetze und Zusammenhänge von Ursache und Wirkung kennt, der wende dieses Wissen auch richtig an. Wer um diese Gesetze des Herrn und ihr Verwobensein wenig weiß, kann sich nicht auf sein Unwissen berufen. Zum Ersten kennt er die Gesetzesauszüge Gottes, die Gebote, und zum Zweiten hat er schon des Öfteren die Worte Jesu vernommen: »Was der Mensch sät, wird er ernten.«

Verhalten vor Operationen

Sofern nicht eine Sofortoperation nötig ist, wie bei schweren Aderverletzungen, Blinddarmentzündungen, Beinbruch und dergleichen, so begib dich zunächst in die Stille. Nimm die schon offenbarte christliche Meditationshaltung ein, und wende dich vertrauensvoll an Gott, unseren Herrn, deinen Vater.

Falls möglich, setze dich, vor allem im Sommer, bei Sonnenaufgang an das offene Fenster, in deinen Garten, in ein Feld oder in den Wald. Nimm dort die besagte Meditationshaltung ein. Dein Gesicht sollte nach Osten zeigen. Atme die auf dich aus dem Kosmos herniederströmenden Ätherkräfte ein, und verbinde dich, während du atmest, mit deinem Herrn und Gott, dessen Geist in deiner Seele wohnt. Bitte Ihn um Führung und um Lebenshilfe. Öffne dich Ihm vertrauensvoll, und habe Geduld. Lasse das Unterschwellige, die Gedanken an die Operation, auch in den tiefen Schichten deines Gehirns, in deinem Unterbewusstsein, los. Löse dich von jeglicher Furcht, und bete aus tiefstem Herzen zu Dem, der alle Dinge weiß und alles lenken kann. Vertraue Ihm, und gib dich Ihm ganz hin.

Wenn du dabei in tiefe Ruhe gekommen bist, dann lenke durch deine Gedanken – die, wie du nun schon des Öfteren gehört hast, Kräfte sind – die Ätherenergien, die Heilkräfte sind, zu deinen schmerzenden Stellen. Öffne dich ganz diesen heilenden Kräften, und sprich, wie in dieser Schrift immer wieder geoffenbart wurde, mit den jeweiligen Organen oder mit den Zellen. Du kannst mit allen Teilen deines Körpers, mit deinen Nieren, den Harnleitern und mit deinem Mast- und Dickdarm sprechen. In all deinen Organen, auch in den Nerven, Drüsen und Hormonen ist das Göttliche, die Ätherkraft, die auf Entfaltung wartet.

Bedenke jedoch: Wenn du die heiligen Kräfte erbittest, dann ist es auch notwendig, dass sich dein Leben, das heißt dein Denken und Handeln, im Sinne der göttlichen Gesetze vollzieht. Sprich auch nicht von deinen Schmerzen, außer du verspürst das Bedürfnis, sie einem deiner Nächsten ernsthaft mitzuteilen. Wende dich zuvor im Gebet an den inneren Führer, den Geist, Er möge dich führen und auch dein Wortführer im bevorstehenden Gespräch sein. Der Herr deiner Seele führt dich sodann, so es Sein Wille ist, zu einem Menschen, der dir eventuell durch ein Kräutlein oder durch eine entsprechende Lebensanweisung beistehen kann. Klage deinem Nächsten jedoch nicht dein Leid, sondern erkläre ihm deine Lage mit der Glaubensbegründung, die sinngemäß lauten sollte: »Alles liegt in Seinen Händen. Ich lasse mich von Ihm, meinem Herrn, unterweisen und führen.«

Wenn du in deiner Meditation die Ätherkräfte erbittest, dann richte deine Gedanken auf das vierte Bewusstseinszentrum, das zwischen deinen Schulterblättern in der Nähe des Herzens liegt. Bitte das dort wirkende Erlöserlicht um die innere Führung und um verstärkte Ätherkräfte. Dann lenke deine Empfindungen und Gedanken auf das zweite Kraftfeld, von dem aus die Heilströme für deinen Dickdarm,

Mastdarm und die Harnleiter u.a. ausgehen. Erbitte erhöhte Lebenskräfte für das erkrankte Organ. Sprich mit diesem Organ und mache diesem mit lebensbejahenden Gedanken Mut, sich auf die inneren, heilenden Ätherkräfte auszurichten.

Haben die von dir angesprochenen Organe zu viele Medikamente erhalten, dann sind sie nach außen orientiert. Ihre Zellen verlassen sich auf die Gaben der Medikamente. Deshalb reduziere langsam diese Arzneimittel und lasse deine Zellen und Organe verstehen, dass sie auch die Heilgaben vom Inneren Arzt und Heiler erhalten. Sprich sinngemäß folgendermaßen:

Von dem ewigen Brunnquell, der allein dir die beste Medizin zu geben vermag, empfängst du jetzt, liebe Niere (oder: du Dickdarm und dergleichen), die aufbauenden Kräfte.

Wende dich nun dem Inneren Arzt und Heiler zu. Lausche nicht auf die Wünsche deines Körpers nach irdischer Medizin, die dir vom Magen oder über das Blut signalisiert werden.

Lausche auf die heilige und heilende Ätherkraft. Offne dich für die Medizin aus dem ewigen Brunnquell allen Seins.

Ihr Zellen, öffnet eure Münder und trinket die verheißungsvollen Kräfte. Geist fließt zu Geist, Gotteskraft zur Gotteskraft, göttliche Liebe zur Gottesliebe, denn Gleiches zieht Gleiches an.

Sprich nun weitere Herzensworte zu den erkrankten Organen. Wisse, der Innere Arzt ist das Leben in allem Sein, so auch in jeder Zelle deines Körpers.

Oftmals würde es keiner Operation bedürfen, wenn der Mensch die rechte Lebenshaltung zum Göttlichen hätte.

Wenn du den Weg zu Gott mit Gott, deinem Herrn in Christus, wandelst, dann ändere auch deine Ess- und Trinkgewohnheiten. Nimm Abstand von allzu scharf gewürzten Speisen. Die Schwingungen dieser Gewürze legen sich unangenehm auf deine Seele, berühren die Ätherkräfte, die daraufhin zurückweichen. Meide auch Nikotin und Alkohol und verringere mehr und mehr tierische Nahrung, vor allem Fleisch und Fisch. Wende dich vollkommen von den Rauschgiften ab. Sie belasten unvorstellbar den Ätherleib, die Seele des Menschen, und können, früher oder später, zum Tode führen, da die Ätherkräfte immer mehr zurückweichen und die Seele dadurch ihren Körper nicht mehr erhalten und tragen kann.

Führe ein gottgewolltes Leben. So wirst du auf die in deinem Seelenbild aufgezeichnete positive Lebensbahn finden. Durch diese Kehrtwendung hin zum Guten in deinem Leben erweckst du die heiligen Ätherkräfte, die dich führen und unterweisen werden. Schreite auf diesem nun begonnenen Evolutionsweg weiter. Übe dich im guten und wohlwollenden Denken und Handeln. Versuche im täglichen Leben mit Gott, dem inneren Licht deiner Seele, Kontakt zu halten, indem du dich als Kind deines himmlischen Vaters erweist und diesem tagsüber, wo du dich auch befindest, in Liebe Gedanken zusendest. Versuche, des Öfteren am Tage Einkehr

zu halten, und sei dir Seiner führenden Hand
bewusst.

Erfährst du, dass eine Operation unumgänglich ist, so wende dich wieder dem All-Einen zu
und bitte um Seine Führung. Gehe vertrauensvoll zur Operation. Du hast dich nun seelisch
und physisch gut vorbereitet.

Am Tag der Operation gehe wieder in die
Meditation, gleich, wo du dich gerade befindest, im Bett deines Krankenzimmers oder im
Vorraum des Operationssaales. Sprich mit deinem Inneren Arzt und Heiler, mit Christus, der
helfenden und heilenden Kraft in dir und sodann mit deinem erkrankten Organ. Muntere
deinen Blutkreislauf in gleicher Weise auf, wie
du gelernt hast, die Zellen und Organe deines
Körpers anzusprechen, um sie in Harmonie zu
bringen.

Gib dich ganz in die Hände des Inneren
Arztes. Dann kann durch Seine Strahlung, die
über dich erfolgt, der Operateur geführt werden. Wenn du die erste Injektion zur Betäu-

bung deines Bewusstseins empfängst, blicke kurz das Narkotikum an, lege deine segnenden Gedanken auf den Inhalt der Spritze und segne zugleich den Arzt oder den Helfer, der dich behandelt. Segne das ganze Operationsteam. Dann bete, bis du einschläfst.

Gottes Wille wird sodann an dir geschehen, Er, dein Vater, das Licht und die Kraft in dir und in allen Menschen, möchte sowohl für dich als auch für alle Seine Kinder nur das Beste. Er bedenkt zuerst die ewige Substanz, deine Seele. Nach Seinen gesetzmäßigen Kriterien empfängst du Seine helfenden Kräfte.

Einerlei, wie auch die Operation verlaufen mag, bleibe auf diesem Weg des Vertrauens zu Gott und lasse dich von diesem Pfad der Liebe zu Ihm durch nichts und von niemandem abbringen. Wisse, dass du ein Kind des Allerhöchsten bist. Dein Vater, der allumfassende Liebe ist, weiß Sein Kind so zu führen, dass es nach diesem Lebenskampf siegreich in Seine Vaterarme gelangen kann. Deshalb lasse nicht ab, und bleibe unermüdlich auf dem Pfad zum ewigen

Leben. Was dir auch an Freud und Leid begegnen und dich treffen mag, verbleibe im Vertrauen einzig auf Ihn, deinen Herrn.

Werden dir auch noch so viele Hürden und Hindernisse in den Weg gelegt, denke an dein Seelenbild, an dein Sternbild. Alle Hürden und Hindernisse müssen daraus weichen. Vergiss nicht: Aufgeschoben ist nicht aufgehoben! Alles Unlautere muss erkannt und Ihm, dem Absoluten, dem Einen, hingetragen werden, auf dass dein Seelenbild frei von allem menschlich Negativen werde. Nur durch eine tägliche, positive Arbeit an dir selbst gelangst du in die gesetzmäßige Evolution, die dich Gott, deinem Vater, näherbringt. Dein Leben sollte also der Siegeszug deiner Selbstüberwindung sein.

Das erste Bewusstseinszentrum: Steißbeinregion

Der Mensch wird vom Odem des Heiligen Geistes beatmet und erhalten. Je mehr sich der Mensch mit seinem ganzen Sinnen und Trachten Gott, seinem ewigen Vater, zuwendet, desto mehr fließt Geistkraft in seine Seele und in den physischen Körper ein. Der Odem des Heiligen Geistes, auch Äther- oder Lebenskraft genannt, der verstärkt die Seele und den physischen Leib mit Seinen heiligen Kräften durchpulsen kann, schenkt beiden Körpern, sowohl dem ätherisch-feinerstofflichen als auch dem grobstofflich-materiellen, Harmonie und Freude. Daraus wird Gesundheit für alle Zellen und Organe deines Körpers. Dieser Vorgang vollzieht sich über die Zellmembran. Je harmonischer und ausgewogener diese schwingt, umso gesünder sind die Zellen und umso ausgeglichener und freier wird der Mensch.

Ein solch durchgeistigter Mensch, dessen ganzes Sinnen und Trachten das Streben zum ewig Heiligen Geist ist, wird sich nicht mit unzulänglichen irdischen Meinungen und Vorstellungen begnügen. Er weiß um das ewig wahre Grundgesetz des Lebens, das lautet: Alle kosmisch reinen Kräfte sind in mir. Ein nach innen gekehrter Mensch weiß um die Gesetzmäßigkeiten Gottes, die sowohl für die Seele als auch für den grobstofflichen Leib heilende, belebende und erhaltende energetische Kräfte sind, die ein Mensch des Geistes, ein wahres Kind Gottes, auch anzuwenden vermag. Deshalb sagte der Herr sinngemäß: Werdet vollkommen, so wie euer Vater im Himmel vollkommen ist.

Wenn also das ewige Gesetz Gottes im Menschen fließt, so darf es der Mensch auch ansprechen. Voraussetzung ist, dass der Mensch um diese kosmischen Zusammenhänge weiß. Er muss auch erkennen, dass diese heiligen Kräfte nur verstärkt in Aktion kommen, wenn er diesem fließenden Gesetz entsprechend lebt und es nicht durch gegensätzliches Denken und Handeln mehr und mehr reduziert. Kommt der Mensch nicht mit diesem inneren Gesetz in

Harmonie, so wird das innere Licht, die Ätherkraft, zurückweichen. Dadurch wird es in seinem irdischen Körper immer dunkler. Das hat
zur Folge, dass sich auf diese Weise der Mensch
»sein Schicksal schmiedet«: Sein unlauteres
Verhalten kann ihm in diesem Leben unüberbrückbare Hürden bringen, die eine weitere
Seelenschuld, ein Karma, aufbauen.

Wenn also in einem gotterfüllten Menschen
die heiligen Geistkräfte in Aktion treten und er
die geistige Heilweise kennt, so kann er die göttlichen Heilkräfte über die schon geoffenbarten
Zentren erbitten.

Es steht sinngemäß geschrieben: »Bittet, und
es wird euch gegeben. Suchet, und ihr werdet
finden. Klopfet an, und es wird euch aufgetan.«
So darf der Mensch, wie schon geoffenbart, auch
im ersten Bewusstseinszentrum, dem Energiefeld der Ordnung, anklopfen, an das folgende
Organe angeschlossen sind: Beckenraum mit
Hüftgelenk, Geschlechtsorgane, Gebärmutter
mit Eierstöcken, Eileiter, Scheide, Prostata,

Samenblase mit Samenleiter, Penis, Blase. All diese Organe dürfen nun vom Heilung-Suchenden, der sich der geistigen Selbstheilung zuwendet, in der offenbarten Weise angesprochen werden:

O Mensch, nimm nun die christliche Meditationshaltung ein, und verbinde dich mit deinem Gott und Herrn, deinem inneren Führer. Überdenke dein Leben, und bereue deine erkannten Fehler und Schwächen, denn der Herr sprach sinngemäß: »Gehe hin und sündige fortan nicht mehr.« Das soll heißen: Was du erkannt und bereut hast, sollst du nicht mehr herbeiholen, weder in Gedanken, noch in Worten, noch in Handlungen.

Sofern du deine ernsthaft bereuten Schwächen in Gottes Hand abgegeben hast und dir vornimmst, nicht mehr zu sündigen, so werden sich sofort die inneren Lebenskräfte steigern. Schon nach kurzer Zeit kannst du die dir zuströmenden Kräfte des Geistes empfinden.

Bitte jetzt erneut um Hilfe, Linderung oder Heilung. Dann begib dich in Gedanken zu deinem schwachen oder kranken Organ. Mit deinem in Gott ergebenen Willen lenke nun durch die Kraft und Macht deiner Gott zugewandten Gedanken die heilenden Ätherkräfte zu den kränkelnden Organen. Sprich mit diesen Zellgefügen, denn in jeder Zelle ist die heilige Ätherkraft, der Geist.

Durch unlauteres, gegensätzliches Denken und Handeln hast du diese Gotteskräfte im Innersten deiner Zellen weitgehend zurückgedrängt. Sprich diese nun an, indem du ihnen aufbauende, hochschwingende Gedanken zusendest.

Leidest du beispielsweise als Frau an einer Entzündung der Eierstöcke oder hast du als Mann ein Prostataleiden, so sprich sinngemäß:

»Du mein Unterleibsorgan, höre: Von außen und von innen fließen dir nun die heilenden Gnadengaben zu. Öffne dich für die Kräfte des Inneren Arztes und Heilers. Nimm nun auch meine dir zugedachten guten Empfindungen und Gedanken an. Es gibt im gesamten kosmischen Leben weder Müdigkeit noch Krankheit. In den Bereichen, aus denen du nun die heilenden Kräfte empfängst, ist alles ewig wirkende Kraft.

Nun habe ich gelernt, dass Gedanken Kräfte und Mächte sind, sowohl im Positiven als auch im Negativen.

Was dir, mein Organ, fehlt, ist die Aufmunterung, auf dass sich deine Zellen der göttlichen Lebenskraft zuwenden können, die ich nun durch ein gottgewolltes Leben täglich mehr und mehr erbitte.

Ihr Zellen, öffnet nun eure Münder und trinkt von der segensreichen Kraft.

Ich bejahe in mir die Gesundheit. Aus meinem gesamten Körper weicht die Müdigkeit. Die heiligen Kräfte ziehen ein, und die kranken Körperzellen verlassen den Körper. Ich wiederhole: Die heiligen Kräfte ziehen ein, und die kranken Körperzellen verlassen den Körper. Neue und gesunde Zellen werden geboren.

Ich wiederhole: Neue und gesunde Körperzellen werden geboren!

Der Geist ist in meinen Organen des Unterleibes rege.

Ich wiederhole: Der Geist ist in meinen Organen des Unterleibes rege (z.B. Gebärmutter, Prostata und dergleichen).«

Diese kurzen Ansprechungen deines kranken Organes wiederhole sinngemäß des Öfteren am Tage, gleich wo du dich auch befindest. Dadurch programmierst du deine Gehirn- und Körperzellen. Zugleich aktivierst du auch die Ätherkraft, den Geist, die Lebenskraft in dir.

Vergiss jedoch nicht, mindestens einmal am Tage, am besten am Morgen, in die Stille zu gehen, um dich auf das engste mit Gott, deinem Herrn, zu verbinden, damit Er, der Unendliche, in deinem Tagesablauf führend sein kann.

Vollbringe alles mit Gott, deinem Herrn, und bemühe dich, ein gesetzmäßiges Leben zu führen. Beachte alle die in dieser Schrift gegebenen Hinweise, damit jedes deiner sieben Bewusstseinszentren über den Lebensbaum aktiviert wird und in dir all deine Körperorgane von den heiligen Ätherkräften aus der Heilquelle der Christus-Gottes-Kraft durchströmt werden können.

Übe dich in Geduld, denn du hast viele Jahre gesündigt, oftmals schon in deinen Vorleben, worüber der gottgewollte Schleier liegt. All diese noch bestehenden Schatten müssen durchlichtet werden, damit deine schwachen und kranken Organe die Lebenskräfte des Geistes in vollen Zügen trinken können.

Du fragst: »Weshalb hat der Herr über meine Vergangenheit einen Schleier gelegt?« Der Mensch sollte nicht an die Vergangenheit denken, um nicht im jetzigen Erdenleben dadurch kostbare Zeit zu vergeuden. Wisse, dass Gott allwissend ist und auch deine Vergangenheit kennt. Das sollte dir genügen.

Gib dich in deiner jetzigen irdischen Daseinsform dankbar und vertrauensvoll ganz Gott, deinem Vater und Herrn, hin. Er, der All-Eine, weiß, woran es dir mangelt. In Seiner grenzenlosen Liebe wird Er dir beistehen und alles für dich ordnen.

Die Hinwendung an Gott ist das Wesentlichste für deine Gesundung. Hinzukommen muss dein Leben nach den Gesetzen Gottes, damit sich die Geistkraft in dir erfüllen kann.

Gott, unser Herr, so heißt es bei euch Menschen, hat für jede Krankheit ein Kräutlein wachsen lassen. Wisse, dass die vielen Kräuter eine manifestierte Evolutionsstufe aus den Gedanken Gottes sind. Aus den göttlichen Ätherkräften, die aus unterschiedlichen Schwingungsgraden bestehen, gingen die Mineral-, Pflanzen- und Tierreiche hervor und auch die gefassten Ätherpotenzen, die Naturwesen, die aus allen geistig kosmischen Bestandteilen der Unendlichkeit bestehen, jedoch noch nicht zur Gotteskindschaft erhoben wurden.

Aus diesen geistig-energetischen Zusammenfügungen der einzelnen Schwingungskräfte des göttlichen Äthers entstand der ewig bestehende Ätherleib der vollkommenen Geistwesen. Dieser reine Geistleib wird in seinen siebenfachen, verschatteten Hüllen Seele genannt.

Erkenne, o Mensch: Die Bestandteile der Kräuter sind somit schwingungsmäßig in dir und auch in der Ätherkraft, der heilenden Gotteskraft, die all deine Seelenpartikel und Körperzellen durchströmt, mit Lebenskraft versorgt und diese dadurch am Leben erhält. Somit befinden sich auch sämtliche Spurenelemente, die dein Körper benötigt, in den göttlichen Ätherkräften.

Die manifestierten Evolutionsgedanken Gottes, die Kräuter, die du als Tee oder in potenzierter Form einnimmst, werden dir vom Geist des Lebens deshalb gereicht, weil sich der Mensch empfindungsmäßig und gedanklich mit Ideen und Dingen befasste, die nicht den göttlichen Gesetzen entsprechen, wodurch er sich von Gott, der fließenden Ätherkraft, immer mehr entfernte.

Die gesamte Schöpfung ist in dir!

Die Kräfte jedes Kräutleins, jedes Spurenelementes, jedes Vitamins, das heißt, alles, wessen dein Körper bedarf, kannst du aus den göttlichen Ätherkräften erhalten, die dich ständig durchströmen, sofern diese heiligen Kräfte durch dein gesetzmäßiges Leben voll aktiv in dir wirken können. Denn alles beruht auf Strahlung, alles ist Energie. Materie ist nichts anderes als umgewandelter, niedrig schwingender, kristallisierter Äther.

Wer seine Seele zu den höheren Kräften erhebt, empfängt diese sowohl für seine Seele als auch für seinen Leib.

Solche positiven, hochschwingenden Ansprechungsgedanken, welche in dir die heiligen Ätherkräfte aktivieren, kannst du auf all deine Körperorgane, Zellen, Hormone, Drüsen und Gliedmaßen anwenden.

Sofern du sehr viel Medikamente einnimmst, so empfehle ich, Bruder Emanuel, der Inspirator dieses göttlichen Wissens: Reduziere diese Medikamente und stelle dich langsam auf Naturprodukte um. Diese Heilsgaben befinden sich, wie du nun schon gehört hast, in Harmonie mit dem göttlichen Äther.

Auch Tees aus verschiedenen Kräutern werden, wie du aus dieser Offenbarung ersehen hast, vom Geist Gottes zur Heilung und Stärkung empfohlen, da in den meisten Menschen die Ätherkräfte nicht vollkommen wirksam sind.

Leidest du als Frau beispielsweise an einer Erkrankung der Unterleibsorgane (Gebärmutter), so bereite dir einen Tee aus weißer Taubnessel, Tausendgüldenkraut, Schafgarbe, Huflattich und Brennnessel. Mische die Kräuter zu gleichen Teilen und trinke den Tee lauwarm und schluckweise, zwei bis drei Tassen über den Tag verteilt, möglichst ohne Zucker. Möchtest du dieses heilbringende Getränk süßen, dann nimm einen halben bis einen Teelöffel Waldhonig oder die gleiche Teelöffelmenge Fruchtzucker, nicht mehr.

In dieser Offenbarung legt der Geist, wie schon der Titel erweist, großen Wert auf die *geistige* Heilweise. Deshalb offenbare ich nur gelegentlich Zusammenstellungen von Teemischungen oder andere Naturheilweisen.

Hast du als Mann beispielsweise Unterleibsbeschwerden (ein Prostataleiden), so sei dir eine Teemischung empfohlen aus Gänsefinger, Liebstöckel, Weidenröschen, Spitzwegerich, Gänseblümchen, Schlüsselblume, Wegwarte und einer geringen Menge Faulbaumrinde. Auch diese Zusammenstellung sollte wie vorstehend angegeben zubereitet und schluckweise getrunken werden.

Bei Unterleibsschwächen wäre Frauen Folgendes anzuraten:

Jeden zweiten Tag Sitzbäder, bereitet von Eichenrinde oder aus frischem Bohnenkraut. Hierzu etwa 5 Handvoll oder ein größeres Bündel Bohnenkraut ca. 2 Minuten lang aufkochen lassen und dann abgeseiht ins Wasser geben. Anschließend ca. 10 Minuten lang das Sitzbad nehmen, abtrocknen und den Körper gut warm halten.

Zur Stärkung der schwachen Unterleibsorgane oder zur Heilung von inneren Geschwüren tragen auch Abreibungen des Unterleibes bei. Dazu nehme man Eichenrinde oder Bohnenkraut. Die Eichenrinde setze man mit gutem, nicht kohlensäurehaltigem Mineralwasser in einem kobaltblauen Glas an. Bohnenkraut sollte in Alkohol angesetzt werden.

Das Gefäß zur Bereitung der Auszüge aus diesen Naturprodukten stelle man geöffnet in die Morgensonne, etwa 4 – 5 Mal bei Sonnenschein. Das Gefäß spätestens um 10 Uhr wieder in die Wohnung nehmen und abgedeckt im Zimmer stehen lassen. Nach den besagten 4 – 5 Tagen kann damit der Unterleib täglich eingerieben werden.

Dazu trinke man täglich einen Tee aus Frauenmantel, Labkraut, Spitzwegerich und Knabenkraut, jeweils 2 Tassen über den Tag verteilt, lauwarm und schluckweise, ca. 4 Wochen lang. Anschließend sollte der Tee gewechselt und aus einer geringen Menge Akelei, Tormentill, Schafgarbe und Gänsefingerkraut bereitet werden.

Wesentlich ist, dass der Unterleib ständig warmgehalten wird, ausschließlich mit Bekleidung aus Naturfasern. Dadurch wird eine positive Aufladung des körperlichen Magnetfeldes herbeigeführt, die bewirkt, dass der Leib des Heilung-Suchenden eine positive Aufladung erfährt.

Zusammenfassung
der entscheidenden Weisheiten für die
Heilung von Leib und Seele

Nun fasse ich noch einmal die entscheidenden Weisheiten für die Heilung deiner Seele und deines Leibes zusammen:

Die unerschöpflichen Kräfte des Geistes, das heilige Gesetz, die Ätherkräfte, erschließen sich jedem Menschen in ihrer unendlichen Vielfalt. Das gesamte schöpferische Leben, Gott, die Ätherkraft, fließt in jeder Seele und in jedem physischen Leib.

Jede schöpferische Empfindung des Heiligen Geistes fließt durch den Körper als lindernde, stärkende und heilende Kraft, als geistiger Äther in Seele und Mensch. Die heiligen aktiven Ätherkräfte befinden sich in den Mineral-, Pflanzen- und Tierreichen. Dieses göttliche Kräftepotential kann auch in Seele und Mensch voll wirksam werden. Die Ätherkräfte des Unendlichen sind der Geist Gottes, das ewig fließende Gesetz.

Je mehr sich der Mensch Gott, seinem Vater, zuwendet und Sein Gesetz erfüllt, umso stärker fließen in Seele und Leib die Ätherkräfte, auch Heilkräfte genannt.

Damit du ein gesetzmäßiges Leben führen kannst, das die Geistkräfte in dir aufbaut und diese verstärkt zum Fließen bringt, ist es erforderlich, dass du die folgenden geistigen Grundwahrheiten beachtest:

Das Wesentliche im Leben eines Menschen sind positiv aufbauende Empfindungen, Gedanken und Worte.

Dein Körper ist wie ein Resonanzboden: Jeder unedle und negative Gedanke löst in diesem Resonanzboden gegensätzliche Schwingungen aus, die sich über deinen gesamten Leib, aber auch über deine Seele erstrecken.

Erkenne: Wenn du einen Stein in das Wasser wirfst, so zieht dieser Kreise. Ebenso ist es, wenn du positive oder negative Empfindungen, Gedanken und Worte aussendest.

Der Resonanzboden, dein Körper, und deine Seele schwingen in der Weise, in der du empfindest, denkst und handelst. Durch hohe Schwingungen, die deine edlen Gefühle, Neigungen und Gedanken hervorbringen, trägst du zu einer Reinigung deiner Seele und zur Durchlichtung deines Organismus bei. Das heißt, je höher deine Seele schwingt, umso stärker fließen in dir die heiligen Kräfte Gottes.

Jedes gesetzwidrige Denken und Handeln stört das geistige Gesetz im Menschen. Das heißt, die Ätherkräfte ziehen sich zurück, weil sie nicht mit den niederen menschlichen Schwingungen parallel fließen können.

Der Mensch sollte sich auch ein langsames und harmonisches Sprechen angewöhnen. Sprich nur Wesentliches und Positives aus. Alles Unwesentliche nimm erst gar nicht in dich auf.

Es reduziert deine Seelen- und Körperkräfte und trägt zur Disharmonie bei.

*Tägliche Aufbereitung der Seele
am Morgen*

Jeden Morgen reinigt und pflegt der Mensch seinen Körper. In gleicher Weise sollte er sich tagtäglich morgens der „Seelenwäsche" unterziehen. Deshalb, o Mensch, bete zunächst, wenn du erwachst. Dann stehe rechtzeitig auf, wasche dich und kleide dich an. Anschließend wäre es gut, wenn du leichte, rhythmische Körperübungen ausführen würdest.

Wenn du also am Morgen leichte Körperübungen und deine Meditation, die zur Verinnerlichung beiträgt, vollzogen hast, so frühstücke in absoluter Harmonie.

Ist es dir anschließend zeitlich noch möglich, so programmiere deine Gehirnzellen mit hochschwingenden Worten. Deine Gehirnzellen werden dieses programmierte Gedankengut unmittelbar zu den Zellen, Organen, Drüsen, Hormonen und zu deinem gesamten Körpergefüge signalisieren.

Sprich sinngemäß:
»Alle positiven Kräfte sind in mir.

Sowohl meine Seele als auch mein Leib richten sich auf die helfenden, führenden und heilenden Kräfte aus.

Gott ist ewige Harmonie. Ich bin ewige Harmonie. Die Hektik dieser Welt berührt mich nicht, denn ich bin ewige Harmonie.

Ich bin die Liebe und die Weisheit aus Gottes Allmacht und Größe.

Alle unedlen Gefühle und niederen Neigungen, die mich überfluten wollen, übergebe ich dem allmächtigen Geist in mir.

Ich bin Geist.

Meine Worte mögen vom Gottesodem beseelt werden, auf dass ich nur rede, was gottgewollt ist, denn ich bin Geist. Der Geist meines Vaters ist in mir.

Ich bin Sein Kind.

Ich werde von Seinem strahlenden Geist umsorgt. Deshalb bin ich ständig in Ihm, und Er, das Licht, wohnt in mir. Ich bin gesund, weil mich Seine Heilkraft und Liebe bestrahlt und kräftigt.

In mir ist Seine aufbauende Kraft.

In und mit Gott, meinem Vater in Christus, beginne ich mein Tagwerk.

Friede und Liebe allen Menschen und Seelen, die meine Geschwister sind.

Einheit und schöpferische Liebe sei mit allen Lebensformen, dem Mineral-, Pflanzen- und Tierreich.

In allem ist Sein Leben, sowohl in der Sonne als auch im Mond und auch in den Sternen.

Ich bejahe sowohl die materielle als auch die geistige Schöpfung.

Ich bejahe die ewige Gegenwart Gottes, Seinen ewig harmonisch liebenden Geist, der alles Sein durchfließt.

Ich lebe ewig.

Mein ewiger Leib kennt weder Zeit noch
Raum. Ich bin ewige Existenz, ewiges Sein.
Ich bin Geist.«

*Wie kann ich Seele und Körper
in Harmonie erhalten?*

Gewöhne dir, o Mensch, an, deine Mahlzeiten zu heiligen und diese in Ruhe und Stille aufzunehmen. Lege also dabei Hast und Hektik ab. Nimm hochschwingende Nahrung zu dir und iss wenig. Nimm kleine Portionen und kaue diese gut. Trinke mäßig und in kleinen Schlucken.

Schreite harmonisch und aufrecht. Sowohl an deiner Gestik als auch an deiner Bewegung erkennt der geistig Weise deinen Seelenzustand. Gewöhne dir ein harmonisches Schreiten und Gestikulieren an.

All diese Verhaltenshinweise tragen zur Verinnerlichung und Harmonisierung deiner Seele und deines Körpers bei.

Durch eine ständige Selbstbeobachtung und eine positive, gesetzmäßige Programmierung deines Unterbewusstseins wirst du zum geistigen Menschen erwachen, der die Ätherkräfte nach dem Gesetz des Herrn zu lenken versteht.

Fürchte dich nicht, Gott lebt und wirkt in dir! Sowohl Furcht als auch Angst wirken auf deine Seele gegensätzlich und stören das Fließen der heiligen Kräfte in dir.

Verbinde dich des Öfteren am Tage mit deinem himmlischen Vater, dessen Geist in dir lebt.

Geize mit der Einnahme von Medikamenten, diese wirken auf den Ätherleib in dir und auf deinen irdischen Körper kräftezehrend und disharmonisierend. Kannst du nicht ohne Medikamente auskommen, so bitte Gott, deinen Herrn, um Seinen Segen für diese Arznei. Er, der Geist in dir, kann weitestgehend die schädlichen Stoffe neutralisieren. Der Segen jedoch ist für diese Präparate nur wirksam, wenn du diese letztlich als Störfaktor – sowohl für deine Seele als auch für deinen irdischen Leib –

erkennst und auch gewillt bist, an dir zu arbeiten, um deinen Körper umzuerziehen.

Meide laute und disharmonische Musik. Sie stört dein Wohlbefinden und verringert die Schwingung deiner Seele.

Rhythmische Musik stört auch dein Allgemeinbefinden. Sie kann sogar seelische Belastungen auslösen, die sich in deiner Seele und auch in deinem Leib direkt auswirken können.

Harmonische Musik dagegen trägt zur Harmonisierung deiner Seele und auch deines irdischen Leibes bei.

Vergiss nie, Gott für Seine Wohltaten zu danken und erweise dich als ein gehorsames Kind, das durch Selbstanalyse und durch Verwirklichung der göttlichen Gesetze im täglichen Leben an sich arbeitet und dadurch selbstlos und opferbereit wird. Gott kann dir dann all Seine Liebe, Weisheit und Kraft noch spürbarer schenken.

3. TEIL

Weitere Hinweise und Empfehlungen bei bestimmten Erkrankungen

Leistungssteigerung und Ausgeglichenheit durch positive Aufladung des Magnetfeldes

Eine gezielte magnetische Aufladung von Seele und Körper bewirkt u.a. Heilerfolge und Leistungssteigerung. Ein positives Magnetfeld schenkt auch Ausgeglichenheit und Harmonie.

Mit Hilfe eines Quarzsteines können wir unser seelisch-physisches Magnetfeld verstärken. Dazu verfahre der Mensch wie folgt:

Lege den Quarz eine halbe Stunde lang unter fließendes Wasser, dann reibe ihn fünf Minuten in den Innenhandflächen. Anschließend gib ihn als magnetisches Aufladefeld für deinen Körper in die Rocktasche.

Auf ähnliche Weise kann der Mensch auch mit einem Silberring verfahren, in welchem ein Quarz, Bernstein oder Aquamarin gefasst ist. Gib den Ring eine Viertelstunde unter einen Wasserstrahl, dann reibe ihn fünf Minuten lang zwischen den Handtellern. Nun trage ihn am Ringfinger. Diese in Silber gefassten Steine kannst du auch an einer silbernen Halskette tragen.

Die hier geschilderte Aufladung der Steine mit Magnetkraft durch Wasser und Reiben in den Handflächen sollte alle vier Tage wiederholt werden.

Verhalten bei Müdigkeit, Depressionen und Energieverlust

Ist der Mensch immer müde oder leidet er unter Depressionen, die meist auch Aggressionen auslösen, so sollte er sich, so oft es ihm möglich ist, an einen Wasserfall begeben, sich an den Rand des Wassers setzen und das springlebendige Wasser betrachten, das über die Steine sprudelt. Dabei befreie sich der Mensch von seinen schwermütigen und quälenden Gedanken.

Das Wasser entfaltet durch das ständige Aufprallen auf die Steine sehr starke magnetische Kräfte, die der müde, abgespannte, apathische, aggressive und depressive Mensch aufnimmt.

Jede Niedergeschlagenheit zeugt von Energieverlust. Dieser ist nicht immer durch gute, hochschwingende Nahrung zu ersetzen. Es bedarf oftmals der Aufladung des seelisch-physischen Magnetfeldes in der vorstehend geoffenbarten Weise. Dies sollte vor allem im Frühsommer und in den Sommermonaten geschehen, bei Sonnenaufgang oder im Laufe des frühen Vormittags, etwa bis 10 Uhr.

Ist ein Mensch zu stark mit Energie angereichert, insbesondere nach einem heißen Sonnentag, den er unter der Sonneneinstrahlung verbringen musste, dann sollte er kaltes oder kühles Wasser von den Ellenbogen aus die

Arme entlang über die Handrücken fließen lassen, dadurch wird die Energie abgeleitet – jedoch nicht über die Handflächen. Das Gleiche bewirkt auch ein kühler Wasserstrahl, den du von den Kniebeugen aus etwa 2 Minuten lang über die Waden, Fersen, bis zu den Fußsohlen fließen lässt. Dies leitet ebenfalls die Energie ab.

Erhöhte Sonneneinstrahlung und Wärmestau können bei einzelnen Menschen auch ein Energiedefizit herbeiführen. Das bewirkt unter anderem eine Absenkung des Kreislaufes. Hier wäre Folgendes anzuraten:

Trinke einen leichten, lauwarmen Tee mit einer Zitrone, schluckweise, nicht auf einmal. Tees aus Anserine, Rosmarin oder Apfel, ebenfalls mit einer Zitrone oder Orange, bewirken das Gleiche.

*Die Frequenzen der Meereswogen
steigern die Vitalität des Körpers und
die Lebenskräfte der Seele*

Auch durch die Meereswogen werden, besonders in den Morgenstunden, wenn die Flut steigt, hohe energetische Kräfte auf das Festland ausgestrahlt, die aus den tiefsten Bereichen des Meeresinneren kommen. Wenn die Tiefen des Meeres durch die Sonneneinstrahlung stark in Bewegung kommen, strömen energetische Kräfte von Silber, Mangan, Kupfer und vielen anderen Elementen zum Festland. Wer sich auf diese energetischen Kräfte mit ihren hohen Frequenzen bewusst ausrichtet, kann sein seelisches und körperliches Kräftedefizit, den gesamten Körperhaushalt, auffrischen, da diese hohen Lebensgaben im Körper den oftmals bestehenden Mangel an Spurenelementen beheben.

Weshalb ältere Menschen
gerne Vögel füttern

Gerade die Flugtiere neutralisieren durch ihre Schwingung starke Spannungsfelder. Ältere Menschen, die oftmals ein seelisches und körperliches Kräftedefizit haben, nehmen diesen Ausgleich von Spannungen wahr und begeben sich gerne in dieses entspannende Kraftfeld, das ihnen, je nach Einstellung und Bewusstseinshöhe, einen ausgeglichenen Energiehaushalt vermittelt.

Allgemeine Hinweise
bei Krebserkrankungen

Bei einer Krebserkrankung, insbesondere bei Lungenkrebs, wäre ein Tee aus ganz jungem Tannenspross angezeigt, der noch den Morgentau und damit hohe Ätherkräfte trägt. Diesen Tannenspross setze 1 – 2 Stunden lang mit gutem, nicht kohlensäurehaltigem Mineralwasser an. Dann lasse ihn kurz aufkochen und trinke tagsüber 2 – 3 Tassen lauwarm, schluckweise, nicht gezuckert. Bei Krebserkrankungen können auch Moor- oder Lehmbäder Linderung und Heilung bringen. Der Krebs selbst entsteht auf vielerlei Art und Weise.

Es gibt auch ein ungeordnetes Wachstum von Zellen (Krebs), das ausschließlich durch Angst ausgelöst wird oder durch Verkrampfungen des Nervensystems und der Zellstruktur.

Blutkrebs z.B. kann auch erblich bedingt sein. Durch eine vollständige Änderung der Lebensweise kann er geheilt werden. Der Mensch muss sich dafür nicht nur gedanklich umstellen, sondern auch seine Ernährungsweise ändern: Es wäre anzuraten, viel frisch gepresste Pflanzensäfte, Gemüsesäfte und Apfelsaft zu sich zu nehmen. Mehr von diesen Qualitäten getrunken als gegessen, reinigt, besser gesagt, erneuert das Blut. Der Kranke sollte von allen alkoholischen Getränken, von Nikotin und allen gesalzenen Speisen Abstand nehmen. Er möge auch die künstlichen Düfte, z.B. Spray, Parfüm und dergleichen meiden. Weiterhin wäre anzuraten, keine Fleisch-, Wurst- und Fischwaren zu sich zu nehmen, auch nichts Gebratenes oder scharf Gewürztes. Auch »Einbrenne« und alles Fetthaltige sollte gemieden werden.

Dies alles sind nur Anregungen. Der Geist und die ihm dienenden Geschwister können natürlich nicht für den Eintritt der lindernden und heilenden Wirkungen garantieren. Die heilenden Gotteskräfte aus den Pflanzen und der Natur werden nach dem Willen des Herrn jedem Einzelnen gemäß seiner seelischen Entwicklung geschenkt, wobei der Herr des Lebens zuerst das Wohl der Seele bedenkt und dann erst den physischen Leib.

Die heilsamen Wirkungen der
Roggen- und Weizenfelder

Asthma-, schilddrüsen-, lungen-, nerven-, unterleibs- und krebserkrankte Menschen sollten in den Morgenstunden, wenn die Sonne erwacht, bewusst und ganz auf die Gotteskraft ausgerichtet, durch ein Roggen- oder Weizenfeld wandern. Die Ähren geben die reichlich aufgenommenen Ätherkräfte, Sonnen- und Mondpartikel, bereitwillig ab.

Bei Heuschnupfen gib frisches Heu mit viel Blüten in ein Leinentuch und lege es unter dein Kopfpolster. Nachhaltiger wäre die Wirkung, wenn du unmittelbar auf diesem Säckchen schlafen würdest. Tagsüber rieche immer an frisch getrocknetem Majoran, den du am besten in ein Taschentuch einnähst.

Gemeinsam mit der Erweckung der Ätherkräfte trägt diese Verfahrensweise zur Linderung oder Heilung deines Heuschnupfens bei.

Bei Magersucht sollte der Mensch darauf bedacht sein, seine Nerven zu stärken. Dadurch wird auch die Schilddrüse stabilisiert. Reis-, Weizen-, Hafer- und Gerstengerichte beschleunigen die Heilung. Auch Äpfel sind nervenstärkend. Der Kranke sollte öfter am Tage einen Apfel zu sich nehmen, sehr gut gekaut, am besten gerieben.

Die ätherischen Kräfte einzelner Moosarten und des Waldgrases

Die Ätherkräfte, die sich auf vielfache Art und Weise darbieten, können auch von folgenden Lebensformen empfangen werden:

Waldmoos ist fruchtbarkeitsanregend. Gartenmoos stärkt Herz und Magen.

Wenn die Sonne scheint, sollte sich der Mensch auf diese Moosarten setzen oder stellen, den Blick der Sonne zugewandt, und die hoch energiehaltigen Kräfte des Mooses bewusst einatmen und in sich aufnehmen.

Am Waldgras haften, nach den Nadelbäumen, die meisten Ätherkräfte. In der Morgen-

stunde, wenn die Sonne aufgeht und das Gras
bescheint, sollte sich der Mensch ins Waldgras
legen, in ein dünnes Leinentuch gewickelt oder
in leichter Kleidung. Das stärkt den gesamten
Körper, denn alle Zellen nehmen die Kräfte
dankbar auf. Auch für die Augen sind diese
Ätherkräfte ein Labsal. Sie sind auch nerven-
beruhigend und nervenstärkend.

Die Reinigung des Körpers sollte auch von innen her erfolgen

Eine Kur mit frisch gepresstem Holunder-
saft, von dem man täglich zwei Likörgläs-
chen trinke, reinigt den gesamten Organismus.

Sehr stärkend wirkt ein Tee aus der weißen
Taubnessel.

Die weiße Taubnessel kann auch mit Alko-
hol angesetzt werden. Sie bewirkt die innere
Stärkung und eine Steigerung der Vitalität.
Das Pflücken geschehe in den Morgenstunden.
Anschließend erfolge gleich das Ansetzen in

Alkohol. Hierfür kann ein normales Glas verwendet werden. Dieses stelle man ungefähr vier Tage vor Vollmond nachts vor das Fenster und tagsüber abgedeckt in einen kühlen Raum. Die Verbindung des Alkohols mit den Taubnesselblüten zieht des Nachts die in der werdenden Vollmondzeit besonders stark mit Energie aufgeladenen Mondpartikel an. Nach vier Tagen wird das Angesetzte abgeseiht. Davon täglich 1 – 2 Teelöffel getrunken, bringt innere Stärkung und Vitalität. Dieser Extrakt kann auch zur Abreibung, vor allem des Unterleibes, verwendet werden. Die Mondpartikel dringen in die Unterleibsorgane ein und kräftigen nicht nur den gesamten Unterleib, sondern berühren auch die Eierstöcke der Frau und regen diese zu einer kräftigen und gesunden Eibildung an.

Die rote Taubnessel ist blutbildend. Sie sollte getrocknet und als Tee verwendet werden.

Ratschläge bei Skrofulose und Schuppenflechte

Bei Skrofulose pflücke man Farn und lege diesen mehrere Nächte lang, vor der Vollmondzeit, ins Freie. Dann zerkleinere man den Farn und bereite daraus zweimal wöchentlich ein Bad.

Bei Neigung zu einer verstärkten Fußschweißbildung gibt man frischen Farn in die Schuhe oder legt des Nachts die Füße auf ein Säckchen mit eingefülltem Farn.

Leidest du an Schuppenflechte, so verfahre wie folgt:

Nimm frische Brennnesselblätter und setze sie, wie schon beschrieben, in Alkohol an. Nach 4 – 5 Tagen seihe die Blätter ab und reibe abends mit der alkoholischen Substanz die Kopfhaut ein. Die zarten Gefäße der Kopfhaut wirken schwingungsmäßig auf den ganzen Körper ein. Im weiteren Verlauf kannst du, sofern sich diese Flechte noch nicht zurückgebildet hat, noch etwas stärker verdünnt, den gesamten Körper einreiben. Bedenke, dass der Geist zuerst nur einen Teil des Körpers behandelt und nicht gleich den ganzen. Er weiß um die Ursachen und von wo aus diese zu behandeln sind. Der Mensch geht sofort auf das Ganze ein. Der Geist baut langsam auf und verstärkt die Behandlung, so es gut für Seele und Körper ist.

Bei sehr geringer Schuppenflechte kann die gleiche Wirkung auch durch mehrfach nacheinander wiederholte Spülungen des Kopfes mit frisch aufbereitetem Brennnesseltee erreicht werden, ebenso durch Abreiben des gesamten Körpers. Zur Körperreinigung verwende man während dieser Behandlungszeit kein chemisches Präparat, sondern Kernseife, ebenso auch keine haarfestigenden Mittel und dergleichen. Anstelle des Brennnesseltees kann eventuell auch der Absud reiner Kamille verwendet werden.

Geschwüre, Wunden und Verbrennungen

Zur Heilung von äußeren und inneren Geschwüren trägt Bierhefe bei. Sie kann eingenommen und auch auf die Wunde aufgetragen werden, die man am besten durch ein Nesseltuch schützt.

Wunden und äußere Geschwüre heilen, wenn Ringelblumensalbe dick aufgetragen wird. Darüber lege man ein Leinenläppchen.

Bei Abszessen oder Geschwüren hilft eine Zugsalbe. Man nehme Huflattich, Tormentill und Spitzwegerich, trockne und pulverisiere diese und mische die so zubereiteten Kräuter unter die Vaseline. Diese Paste, immer wieder frisch hergestellt, kann wahre Wunder wirken.

Bei Verbrennungen trage man auf die geschädigten Hautpartien am besten dicken Rahm auf oder, falls dieser nicht vorhanden ist, fette Milch oder reines Sonnenblumenöl. Diese vorsichtig in die geschädigte Haut einreiben, bis die

Schmerzen nachlassen. Die Brandwunde abtupfen und ca. 1 mm dick Ringelblumensalbe auftragen. Ist diese nicht vorhanden, so kann auch Vaseline genommen werden.

4. TEIL

Die verschiedenartigen Duftstoffe und ihre Wirkungen

Auch die Düfte sind im ewig göttlichen Äther, der Lebens- und Heilkraft, enthalten. Auf die Empfindungswelt der Düfte möchte ich jedoch hier, bei der Offenbarung der geistigen Heilweise, nur kurz eingehen:

Der Duft von Sandelholz beruhigt das Gemüt und macht den Menschen sensitiv.

Der Duft des Rosenholzes steigert die Vitalkraft und trägt zur Bildung von Magensäften bei.

Lavendelduft aktiviert die Gehirnzellen und belebt den gesamten Organismus.

Der Duft von Myrrhe schenkt dem Menschen Einkehr in sein Inneres und trägt somit zur Verinnerlichung bei.

Der Duft von Weihrauch erweckt im Menschen die Geistkräfte. Weihrauch spendet auch der Umgebung Lebenskraft. Jene unsichtbaren Wesen, die auf die Erweckung der inneren Kräfte in sich keinen Wert legen, wenden sich vom Duft des Weihrauches ab.

Der Duft von Akeleiwurzel kräftigt Herz und Kreislauf.

Der Geruch der Brennnesselwurzel stärkt die Lunge.

Der Duft der Alantwurzel oder der Wermutwurzel beruhigt die Magennerven.

Die Düfte von Veilchen- und Schlüsselblumenwurzeln wirken auf das Sonnengeflecht wohltuend.

Die Düfte von Pfefferminz- und Salbeiwurzeln schenken Leber und Galle heilsame Kräfte.

Der Duft von Eibischwurzeln verhilft der Milz zur Tätigkeit.

Die Düfte von Alantwurzeln und Gauchheilwurzel regen die Drüsenfunktionen an.

Die Düfte der Wurzeln von Silbermantel und Frauenmantel schenken den Hormonen aufbauende und heilende Kräfte.

Der Geruch der Wurzel von Ginster und Tausendgüldenkraut wirkt wohltuend auf die Unterleibsorgane sowohl der Frau als auch des Mannes.

Der Duft der Wurzel von Weidenröschen stärkt die Prostata.

Der Duft der Lilienwurzel stimuliert den gesamten Organismus.

All diese Duftstoffe sollten jedoch nicht zu stark und nicht zu häufig eingeatmet werden, nur kurz am Morgen und eventuell am Abend. Es sollte ein angenehmer und leichter Duft sein.

Deshalb lege die Wurzeln entweder in ein Schälchen mit etwas Wasser und stelle dieses auf eine Feuerstelle, oder lege die Heilwurzeln nur auf eine Wärmeplatte.

Die Wurzeln sollten weder gekocht noch angesengt werden, nur leicht erwärmt, bis sie ihre Düfte freigeben.

Bei Myrrhe und Weihrauch verfahre ebenso wie hier kurz erwähnt. Von Myrrhe und Weihrauch nimm stets nur eine geringe Menge. Zu viel kann gegensätzlich wirken.

5. TEIL

Die Bedeutung der Farben und Töne
und ihre Wirkungen
auf die Seele und den Menschen

Farben sind Kräfte. Sie können zum Gelingen eines Vorhabens sowie zur Beschleunigung von Heilvorgängen beitragen.

Farben wirken auf das Gemüt des Menschen. Die von ihnen ausgehenden Kräfte können eine erhöhte Vitalität bewirken, aber auch Depressionen hervorrufen.

Jede Farbnuance, gleich welcher Schattierung, wirkt auf die Seele und auf den physischen Leib.

Die Farben, Formen und Düfte, mit denen sich der Mensch umgibt, sind Ausdruck seiner Denk- und Handlungsweise, seines Charakters. Sie sind das Spiegelbild der Seele.

Wie der Mensch empfindet und denkt, so wird er.

Ein Mensch mit gutem Charakter und positiven Eigenschaften wird lichte Farben tragen, ganz besonders, wenn er auf dem Pfad zu Gott wandelt. Der auf dem Weg zur Bewusstseinsevolution befindliche Mensch lehnt jede düstere Farbe ab, da seine sich entwickelnde hohe Empfindungsgabe ihm sagt, dass dunkle Farben nicht ausgleichen und stimulieren, sondern eher deprimierend wirken.

Unharmonische und dunkle Farbtöne sind von einer niederen Schwingungszahl geprägt. Diese Frequenzen rufen körperliches Unbehagen hervor und verändern auch das Aussehen. Nichtssagende Farben, wie Grau und Schwarz, lösen im Menschen weder Freude noch Behaglichkeit aus.

Auch das Magnetfeld des Menschen wird durch die Farben beeinflusst.

Die Farbnuance, zu der ein Mensch tendiert, beherrscht sein Sinnen, Denken und Trachten.

Lichte, das heißt ausgewogene und harmonische Farben tragen zur positiven Stimulierung und damit auch zu einer Heilung von Krankheiten bei.

Die Gesetze Gottes drücken sich in Farben und Formen aus. Die Masse der Menschen weiß wenig um die großen gesetzmäßigen Zusammenhänge, die auf Farben und Formen beruhen.

So sind z.B. die Krankenzimmer der Krankenhäuser schmucklos und in Farben gehalten, die nicht beleben, oft nur einfach grau in grau sind. Durch die niedere Schwingung, die diese Farben hervorrufen, wird manchem Patienten die letzte Kraft und der noch vorhandene Mut zur Bejahung der Genesung und Gesundung entzogen. Dagegen könnten lichte Farben und eine angenehme Umgebung kranken Menschen Ruhe, Frieden, Hilfe, ja sogar Heilung bringen.

Alles beruht auf Schwingung. So ist jeder Mensch von seiner eigenen Schwingungszahl und auch von der seiner Umgebung abhängig. Daher sollte jeder Mensch auf geordnete Verhältnisse und ein harmonisches Zuhause großen Wert legen. Nach dem Gesetz des Herrn sollte jeder Mensch eine angenehme Umgebung und ein gebührendes Zuhause haben. Das heißt nicht, dass er im Luxus schwelge. Sein Domizil sollte er sich so gestalten, dass es ihm Ruhe und Frieden bringt. Es sollte eine Wohnstätte voll Wärme und Harmonie sein, in der er sich von des Tages Mühen erholen kann.

Den Menschen in den Wohlstandsländern obliegt die Pflicht, ihren ärmeren Mitmenschen ein gebührendes Leben und ein angemessenes Heim angedeihen zu lassen. »Bete und arbeite« gilt für jeden Erdenbürger, auch für die Menschen in den unterentwickelten Ländern. Würden die Menschen der überreichen Länder die Gebote der Einheit und Nächstenliebe befolgen, so gäbe es auch in den unterentwickelten Ländern Arbeit, Brot und ein angenehmes Wohnen, jedoch nicht in Luxus, sondern in einer behaglichen Bescheidenheit. Das Gesetz des Herrn lautet: Einer trage des anderen Last; deshalb sollte den geistig nicht geschulten Menschen geholfen, das heißt, die Möglichkeit zur Arbeit geschaffen werden. Dazu gehört auch der Handel mit anderen Ländern.

Würde die Menschheit die göttlichen Gesetze verwirklichen, so wäre jetzt der Andrang der Seelen zur Einverleibung nicht so groß, weil diese bereits in den Vorleben ihr Ziel erreicht hätten. Somit gäbe es auch keine Überbevölkerung, da sich die entwickelten Seelen dem göttlichen Ziel zuwenden und nicht mehr zurück zur Materie tendieren würden. Wer sich im Diesseits nicht im Sinne des Geistes entwickelt und nicht den Sinn und Zweck des Erdenlebens erkennt, der wird haltlos und ohne Selbstkontrolle die ihm von Gott geschenkten, irdischen Tage ziellos vergeuden. Wer die Tage nicht im Sinne des Geistes nutzt und sich in der Erdenschule nicht läutert und reinigt, dessen Seele wird nach ihrer Entkörperung nicht den Halt in Gott, ihrem Vater, finden, sondern sich wieder zu einer weiteren Einverleibung begeben. Die Bevölkerungsexplosion ist das Ergebnis des Unaufgeklärtseins früherer Generationen. Die Seelen vieler unwissender Vorfahren befinden sich wieder im Erdenkleid und vergeuden, ebenso wie in ihren Vorleben, die kostbare Erdenzeit, die eine Zeit der Bewusstwerdung sein sollte. Der Wechsel von Geburt und Tod vollzieht sich so lange, bis sich die Seele selbst erkennt und Mensch und Seele den Weg zum höheren Selbst beschreiten.

Deshalb, o Mensch, nütze die Erdenzeit, indem du dein Lebensziel, den Geist Gottes in dir, erkennst. Sei unermüdlich bestrebt, deine Sinne zu veredeln, deine Seele zu erheben, auf dass du ein Ebenbild deines Vaters wirst.

Wer den Sinn und Zweck seines Erdenlebens erkennt, der wird seine fünf Sinne veredeln und ein tugendhafter, aufrichtiger Mensch werden, der seinen Mitmenschen in allem Stütze und Hilfe ist.

Wären die Menschen über die geistigen Gesetze und Zusammenhänge aufgeklärt und daher wissend, würden sie die Kraft und Macht der Gedanken und auch die Wirkungen der Farben auf Seele und Gemüt der Mitmenschen kennen, so wären die Wohnungen und die Krankenzimmer in den Kliniken Heilräume, die durch entsprechende Farbnuancen und wohlriechende Düfte zur Stimulierung der Seele und des gesamten Organismus beitragen würden. Sowohl lichte, harmonisch aufeinander abgestimmte Farben als auch Düfte der Natur sind Träger des Lebens und heilbringende Kräfte.

Der Mensch wählt die Farben und Formen für seine Kleidung, Wohnung und Umgebung nach seinem Bewusstseinsstand und seinem Charakter. Ein geistig Erwachter, Ordnungsliebender wird die Farben aufeinander abstimmen. Einen Menschen der Ordnung erkennt man oftmals an der Dynamik. Er liebt, je nach geistigem Entwicklungsstand, die Farbe Rot, aber auch die Erdfarbe Braun. Ein der Ordnung Zugewandter ist beständig in Aktivität, um alles zu schlichten, zu ordnen, zu richten und zu besorgen. Die Farbe Rot, das dynamische Element, kann vorwiegend die Farbe sein, die er gemäß seiner Eigenschaft besonders liebt.

Jede Eigenschaft kann jedoch zur Einseitigkeit tendieren und gefährlich werden, wenn sich der Mensch nicht beständig kontrolliert und sich nicht weitere gute und göttliche Eigenschaften aneignet. So kann die dynamische Farbe Rot einen einseitigen Menschen zu Leidenschaftlichkeit, Aggressivität, Fehlentscheidungen und zu Kurzschlusshandlungen treiben.

Wenn sich ein sensibler Mensch sehr viel mit der Farbe Rot umgibt, kann er nervenleidend werden. Schwache Nerven beeinflussen den gesamten Organismus.

Die Erdfarbe Braun kann beruhigend wirken, zeugt aber noch von einer gewissen geistigen Gebundenheit. Die Erdfarbe ist die Trägerin des Materiellen. Ein zur Materie tendierender Mensch wird die dunkleren Brauntöne bevorzugen. Braun kann jedoch auf Rot abschwächend wirken und in dieser Zusammenstellung sogar etwas harmonisieren.

Wer sehr stark auf Rot anspricht, sollte in seinem Leben vorsichtig sein. Er ist in seinem Leben übertrieben ehrgeizig, neigt zum krankhaften Ordnungsdrang und schließlich zu Schlaganfällen. Diese Symptome können durch Selbstdisziplin überwunden werden, aber auch durch die beruhigende Farbe Hellgrün in Verbindung mit Braun. Auch die Farbe Blau wirkt ausgleichend und harmonisierend. Hellgrün wirkt sowohl auf das Sonnengeflecht als auch auf das gesamte Nervensystem ausgleichend.

Insbesondere die lebenden und leuchtenden Farben der Natur wirken auf das Gemüt des Menschen und können jedes Organ stimulierend und ausgleichend beeinflussen. Das Grün der Natur ist besonders wirksam, ausgleichend und harmonisierend, wenn es von den goldenen Strahlen der Sonne durchwirkt wird. In diesem Zusammenhang wirken zwei Schwingungsgrade auf den Menschen ein, die heilende Kraft der Sonne in der Verbindung mit der beruhigenden und ausgleichenden Farbe Grün.

Ich möchte auch hier noch einmal erwähnen, dass alles Sein, auch die Materie, auf Schwingungen basiert und jeder Körper, ganz besonders der Mensch, mit einem dynamischen Magnetfeld umgeben ist.

Das Magnetfeld eines sehr impulsiven Menschen zieht unruhige und disharmonische Schwingungen an. Ein solcher Mensch ist sehr gefährdet und neigt zu Fehlentscheidungen, Depressionen, aber auch zu Aggressionen. Wenn sich diese magnetische Aufladung entweder durch einen Hitzestau oder durch einen Zornausbruch entlädt, so können dadurch seelische und körperliche Leiden entstehen.

Nervöse Menschen, vielleicht mit nervösem Herzleiden oder Krankheiten, die auf Nervenschwäche zurückzuführen sind, sollten die Farben Grün oder Hellblau bevorzugen.

Ein zartes Blau wirkt auf einen nervösen Menschen beruhigend und entspannend, bei einem schon ausgewogenen Menschen kreativ, insbesondere dann, wenn ein zarter Goldton miteinbezogen ist.

Die Farbe Blau ist ausgleichend, kann aber auch einen apathischen Menschen stimulieren

und ihn sowohl seelisch als auch physisch aufbauen, harmonisieren und ihm eine ausglei-
chende Stimulierung vermitteln.

Auch aggressive Menschen, die gleichzeitig
zu Depressionen neigen und von einem Extrem
in das andere fallen, sollten sich mit lichtem
Blau umgeben.

Die hochschwingenden Kräfte des blauen
Himmels wirken besonders ausgleichend und
einstimmend. Die geistigen Kräfte kommen
vor allem dann in Aktion, wenn das Gemüt des
Menschen ruhig ist.

Beim Übergang von einer Jahreszeit zur anderen wirken der blaue, golddurchwirkte Morgen-
und Abendhimmel besonders ausgleichend, stimulierend und seelische Kräfte erweckend.

Wenn sich am Morgen ein Erdteil der Sonne
zuwendet, so sind die goldenen und blauen Him-
melsfarben besonders aktiv und wirken auf den
noch in Ruhe befindlichen Menschen sehr stark
ein, sofern er sich mit diesen Kräften verbindet.
Das Gleiche gilt am Abend, wenn sich ein Erd-

teil langsam von der Sonne abwendet. Auch hier wirkt wieder das von Gold durchwirkte Blau des Himmels beruhigend und nervenstärkend.

Diese milden, goldenen Strahlen der Sonne, die sich sanft mit den Schwingungen des blauen Himmels mischen, wirken aber auch intensiv auf einen gemütskranken oder fatalistischen Menschen ein.

Die Farben der Kleidung und die Wohnung wirken auch auf das Magnetfeld des Menschen ein.

Die Kleidung verdeutlicht den Charakter eines Menschen. Nicht nur die bevorzugte Farbe ist das Spiegelbild der Seele, sondern auch die Farbzusammenstellung, Art und Aufmachung der Kleidung.

Ein Mensch, der Rot bis Dunkelrot bevorzugt, ist noch nicht ausgewogen. Er ist dynamisch, ordnungsliebend, jedoch auch unberechenbar.

Ein lichtes Rot bis Altrosa verdeutlicht die Veredelung der Seele.

Wer diese Farbnuancen in seiner Wohnung bevorzugt, möge einen Goldton mitverwenden. Dieser macht weich und bringt Sonne in das Gemüt.

Dunkelrot in Verbindung mit Schwarz ist ein Zeichen von Härte und Durchsetzungsvermögen, was nicht auf geistiger Grundlage basiert.

Hingegen sind ein zartes Rot oder Grün, ein lichtes Blau, Weiß, ein zartes Flieder oder ein warmes Braun Zeichen geistigen Erwachens. Je lichter und harmonischer die Farben sind, umso ausgewogener ist der Mensch. Hierbei denke ich nicht an die Kreationen eurer Modeschöpfer, welche die Farben dem modernen Menschen vordiktieren. Ich denke vielmehr an einen nach Veredelung und Verinnerlichung strebenden Menschen, der sich die Farben seiner Kleidung nach seinem eigenen Empfinden wählt.

Die Kleidung und deren Farben, die Formen und die Farbtöne der Wohnung, die sich ein Mensch wählt, entsprechen dem Fluidum seiner Seele. An den Farbtönen der Kleidung und der Wohnung erkennt der geistig Weise das seelische

Bewusstsein, die Bescheidenheit, Demut und geistige Aufgeschlossenheit eines Menschen.

Ein willensschwacher Mensch sollte sich vorwiegend mit den Farben Blau und Lichtgrün umgeben, auch ein zartes Rot wäre anzuraten.

In der Wohnung kann das Blau mit Goldtönen und Weiß abgestimmt werden.

Goldtöne stimmen mild, sie sind der Ausdruck des Sonnenglanzes. Weiß ist die Kraft des Urlichtes.

Sofern die Frequenzen von Blau, Gold und Weiß harmonisch aufeinander abgestimmt sind, tragen sie nicht nur zum Seelenheil, sondern auch zur Gesundung bei.

Ich möchte hier ausdrücklich betonen: Der Mensch muss bestrebt sein, seine fünf Sinne zu veredeln und auch die innere Heilkraft zu erbitten. Erst dann können die Farben und Farbnuancen spürbar wirksam werden. Farben, Formen, aber auch Düfte und Töne entfalten ihre harmonisierende und heilungbringende Wirkung nur, wenn der Mensch ein gottgewolltes

Leben anstrebt. Falls der nach Harmonie strebende und Heilung suchende Mensch nicht bemüht ist, sein Seelenheil und seine Lebenskraft zu fördern, so vermögen auch die Schwingungen der Farben und Formen sehr wenig. Auch Düfte werden ihn nicht beleben. Wie bei allem, so kommt es auch bei den Farben, Tönen und Düften auf die innere positive Einstellung an.

Die Zimmerfarbe Grün in der Verbindung mit Weiß, Gold oder Silber harmonisiert. Diese Farben können aber auch bedrückend wirken, besonders auf melancholische Menschen.

Begibt sich jedoch der Mensch in ein Seengebiet oder an das Meer, so kann die Farbe Grün Entschluss- und Tatkraft hervorrufen. Die energetischen Kräfte des Meeres oder der Seen wirken auf den Menschen sowohl in der Morgen- als auch in der Abendsonne stimulierend, am Morgen aktivierend, am Abend beruhigend.

Smaragdgrün symbolisiert die Willenskraft. Sie übermittelt ausgewogene Entschlusskraft, da sie eine geistige Elementarkraft und die Kraft des treibenden Elementes ist und vorwiegend geistige Trägeratome birgt, die auch geistige Stabilisationsatome genannt werden.

Ein leuchtendes Blau ist im Geiste die Tatkraft der Weisheit, ebenfalls einer Elementarkraft, die vorwiegend aus den geistigen Schaffungsatomen besteht, die auch Gestaltungs- oder Formungsatome genannt werden. Blau ist daher die Farbe der Künstler und Gestalter, sofern diese den inneren Hauch des ewigen Geistes verspüren und sich mehr auf den göttlichen Pfad begeben als auf den Weg dieser Welt.

Auch zartes Flieder mit sehr wenig Weiß, in Verbindung mit einem ausgewogenen und leichten Goldton, bringt dem Menschen Entschlusskraft und Mut. Diese zarte Fliederfarbe bringt das göttliche Bewusstsein in der Wesenheit des Ernstes zum Ausdruck.

Silber, leuchtendes Weiß und Weißgold sind wiederum hohe Gotteskräfte, die dem göttlichen Leben Ausdruck verleihen.

Diese sieben Grundtöne sind im Geiste miteinander auf das engste verwoben. All diese Farben der göttlichen Wesenheiten und Eigenschaften sind miteinander verwoben und in das lichte Weiß, Silber und Weißgold getaucht, in den Glanz, der in seiner Frequenz wiederum Kraft und Beständigkeit ausdrückt.

Ausdrücklich möchte ich hervorheben, dass sich meine Offenbarungen ausschließlich auf die Farben beziehen und nicht auf die Metalle und den daraus gearbeiteten Schmuck dieser Welt.

Nochmals sei darauf hingewiesen: Wären die Farben der Krankenzimmer auf die Genesungsuchenden abgestimmt, so könnte allein schon durch die Stimulierung des Gemütes und durch die Beruhigung der Nerven viel zur Gesundung beigetragen werden. Farben, Formen, Töne und natürlich auch Düfte tragen zu einem ausgewogenen und harmonischen Leben des Menschen bei.

Dein Inneres prägt dein Äußeres. Deine geistige Reife zeigt sich in den Farben und Formen. Je veredelter die Seele eines Menschen ist, umso lichter sind seine Kleider und desto schlichter sind sein Auftreten und sein Wesen.

Dein Äußeres ist das Spiegelbild deiner Seele. Der geistig Weise und wahre Erleuchtete erkennt den Charakter eines Menschen am Auftreten, an seinem Benehmen, an seiner Gestik und Redeweise und nicht zuletzt an den Farben seiner Kleidung.

Viele Menschen glauben, sich verstellen zu können, indem sie sich fromm und ausgewogen geben.

Der wahre Weise lässt sich nicht täuschen. Er kennt die Merkmale seiner Mitgeschwister und kann sie sofort einordnen, auch wenn sie sich anders geben und kleiden. Die vom Menschen ausgehende Schwingung kann jeder in Gott Ruhende empfinden und auch definieren. Ohne ein Wort zu sprechen, weiß er, mit wes Geistes Kind er es zu tun hat.

Der wahre Weise schweigt. Der nur irdisch Wissende glaubt, sich produzieren zu müssen, er urteilt aus der Warte seines begrenzten Intellektes.

Der wahre Erleuchtete wird erkennen, aber über sein Empfinden nicht reden und sich sodann auf die Schwingungszahl seines Nächsten einstellen.

Der ewige Geist besteht aus einem ewigen Energiefeld, das alle Lebensformen durchdringt, das ewige Sein, der Ausdruck des Absoluten, ist ein strahlendes Weiß, ein weißgoldener, ewiger Glanz, aus dessen Kraft alle Seinsformen schöpfen.

Von diesem ewigen Energie- und Kraftfeld gehen sieben Grundstrahlen aus, die in sich alle anderen Farben bergen. Diese sieben Bündelstrahlen werden von den Prismensonnen zerlegt. Die göttlichen Gesetzesstrahlen bestehen daher aus siebenmal sieben Kräften.

Diese siebenmal sieben Strahlen des ewigen Geistes sind Gesetzmäßigkeiten, die alles Sein hervorbrachten, durchdringen und erhalten.

Jeder göttliche Strahl hat seine besondere Farbnuance und trägt zur Harmonisierung der Ganzheit bei.

Nach diesem fließenden und rhythmischen Gesetz der siebenmal sieben kosmischen Strahlen wirkt die urewige Kraft in sämtlichen Ätherformen, auch in den reinen Geistwesen und Menschen.

Die geistigen Sonnen des ewigen Seins mit ihren feinstofflichen Planeten und Welten, die aus reinem, jedoch komprimiertem Äther bestehen, sind der absolute Ausdruck dieser siebenmal sieben Kräfte.

Auch die Ätherformen der reinen Geistwesen wurden vom ewigen Geist nach dem ehernen Gesetz der siebenmal sieben Strahlungskräfte geschaffen.

Die gesamte Unendlichkeit beruht auf der geistig-atomaren Grundlage, die auf den siebenmal sieben Strahlen basiert.

In jeder Seele befindet sich ebenfalls das ewige Energiefeld des Geistes. Diese unbelastbare, ewige Kraft wird der Gottesfunke oder der Wesenskern der Seele genannt.

Wenn die Seele wieder ihre Reinheit erlangt hat und zum Ebenbild Gottes geworden ist, so wird sie damit wieder zum ewigen Ätherleib, der eins mit dem Rhythmus des heiligen, ewig fließenden Gesetzes Gottes ist.

In der Unendlichkeit wirken sieben Prismensonnen, welche die sieben Grundstrahlen des Geistes zerlegen.

Auch in jedem Menschen sind diese Prismenkräfte als Bewusstseinszentren aktiv. Diese geistig-energetischen Prismenbasen sind die geistigen Organe der Seele oder, im Falle des absoluten Reinheitsgrades, des Ätherleibes. Der Gottesfunke, der Wesenskern, ist das Herz der Seele und des Ätherkörpers. Die von diesen sieben Prismenkräften ausgehenden siebenmal sieben Strahlen sind die geistigen Adern des ewigen Ätherkörpers, die auch dessen sieben Hüllen, die Seele, durchziehen.

Diese siebenmal sieben Gesetzeskräfte, die aus sieben Grundfarben bestehen, erhalten auch die geistige Partikelstruktur des Ätherkörpers, die diesem eine geistige Form verleiht. Das Gefüge des Ätherleibes bilden die geistigen Partikel, die aus Lichtätheratomen vom Urgeist geschaffen wurden. Innerhalb dieser geistigen Gefäße, der Partikel, sind die weiteren geistigen Atomarten aktiv, die das Licht, die Farbnuancen der siebenmal sieben Kräfte aufnehmen und widerspiegeln.

Der geistig-göttliche Kreislauf des Ätherleibes ist über den Wesenskern an den großen, universellen Kreislauf angeschlossen und wird aus der energetischen Basis, der Urzentralsonne, gespeist. Solange sich der Mikrokosmos, der geistige Ätherleib, in absoluter Harmonie mit dem geistigen Makrokosmos befindet, ist er das Gesetz selbst, da alles reine Sein das geistig-göttliche Gesetz ist.

Schon wer gegen eine dieser siebenmal sieben gesetzmäßigen Strahlen verstößt, verändert bereits in sich die Schwingungszahl des heiligen Gesetzes, das auf den siebenmal sieben Kräften beruht und aus den sieben Grundfarbnuancen besteht.

Da eines der Geistwesen wie Gott sein wollte, begann der Fall, der den Engelsturz einleitete. In den Ätherkörpern aller Geistwesen, die diese Ausschreitung eines Engels bejahten, vollzog sich eine Veränderung der siebenmal sieben kosmischen Kräfte. Das hatte zur Folge, dass die Geistwesen nicht mehr das Ebenbild Gottes sein konnten, da sie nicht mehr nach dem Gesetz der siebenmal sieben Kräfte lebten und wirkten, sondern Gegensätzliches anstrebten, nämlich, wie Gott zu sein. Durch diese Gesetzwidrigkeit veränderten sie immer mehr ihre Ätherstruktur. Durch ihre Gedanken, die ihren Eigenwillen und ihre eigenmächtigen Handlungen nach sich zogen, schufen sie sich eigene Kriterien und erdachte Privilegien, die zu ihren Eigenschaften wurden.

Es ist Gesetz: Wer gegen das Gesetz des Herrn, gegen die siebenmal sieben Strahlen oder Kräfte verstößt, der umgibt sich mit seinem eigenen Fluidum. Das hatte im weitesten

Sinne zur Folge, dass der Wesenskern, der Gottesfunke, diese siebenmal sieben Gesetzeskräfte näher an sich heranzog, da diese von den Gegensatzgeistern nicht mehr erbeten wurden.

Das gleiche eherne Gesetz gilt auch für die Menschen: Wenn der Mensch nicht nach den heiligen Gesetzeskräften lebt, so können diese nur vermindert im Menschen, in den Zellen, Drüsen, Organen und Hormonen wirksam werden. Im gleichen Maße, wie der Wesenskern seine reinen kosmischen Kräfte zurücknimmt, ummanteln sich die Seelen und Menschen mit ihrem eigenen Fluidum, mit ihren selbst anerzogenen Eigenschaften, die ihren Charakter bilden.

Die sieben verpolten Eigenschaften der Fallwesen bildeten durch immer stärkere Gesetzesmissachtungen sieben Hüllen um den reinen Ätherleib und im Laufe der Zeit die stärkste Kristallisation, den Menschen. Diese sieben Hüllen des Ätherleibes, die Seele genannt wer-

den, bringen im Menschen die sieben Bewusstseinszentren mit ihren unterschiedlichen Farbnuancen hervor.

Wer nicht nach den Gesetzmäßigkeiten
Gottes lebt, der stört das Zusammenwirken der
siebenmal sieben energetischen Kräfte, die
durch Farben zum Ausdruck kommen. Was
nicht mit dem ewig harmonischen göttlichen
Gesetz identisch ist, das stört sich selbst und
auch seine Umwelt.

Je mehr der Mensch diese siebenmal sieben
Kräfte, die in seinem Körper als Gesetzmäßigkeiten fließen wollen und auf jede Zelle seines
Leibes einwirken, durch falsches Denken, Reden und Handeln verändert und dadurch in
Disharmonie bringt, umso intensiver baut er
am Gebäude seines Schicksals. Sofern diese siebenmal sieben Farben nicht mehr in Harmonie
mit dem Unendlichen sind, das heißt, wenn die
Farbnuancen eines der sieben Bewusstseinszentren sehr von der entsprechenden kosmischen
Gesetzesfarbe abweichen, wirken sich die vom

falschen menschlichen Denken und Handeln ausgehenden Kräfte gegensätzlich auf den gesamten Organismus aus.

Die sieben Bewusstseinszentren sind das Spiegelbild der Seele und auch des Leibes. Ihre Ausstrahlung bildet die Aura des Menschen. Jede Schwingung hat eine bestimmte Frequenz und auch Farbe, die sich sowohl in der Partikelstruktur deines Geistkörpers als auch in deiner Seele und in deinem physischen Leib widerspiegelt. Der Mensch ist das Spiegelbild seiner Denk- und Handlungsweise. Jede Krankheit ist die Wirkung einer Ursache, durch welche die siebenmal sieben Gesetzesstrahlen im Menschen verändert wurden. Auch deine Nöte, Schicksalsschläge und Sorgen werden einzig durch deine Gedankenwelt hervorgerufen, da jeder Gedanke eine Kraft ist, die auf dich zurückkommt. Sind deine Gedanken unharmonisch, gar böse, so veränderst du deinem Denken und Wirken gemäß die Farbnuancen deiner sieben Bewusstseinszentren.

Jede Farbe des Geistes basiert auf den geistigen Atomen, die sich durch negatives Denken und Handeln verändern und dadurch ein verworrenes Strahlenbild hervorrufen, das deine Seele und auch den Organismus beeinflusst. Je dunkler, unharmonischer und verworrener diese siebenmal sieben Kräfte der Bewusstseinszentren sind, umso gefährdeter ist der Mensch. Diese disharmonischen Kräfte werden sich, früher oder später, in deinem Leibe auswirken.

Eine innere Spannung, die oftmals durch Reibung disharmonischer Frequenzen entsteht, löst stets ein Schicksal aus. Der Zustand deiner Bewusstseinszentren ist das Resultat der durch deine Gedanken erzeugten Kräfte. Sind die Farben der Zentren licht und in Harmonie mit den Farben des göttlichen Gesetzes, so sind auch Mensch und Seele ausgeglichen und gesund.

Jeder Mensch sollte sich deshalb die nachfolgenden Merksätze einprägen und sich diese immer wieder vor Augen führen:

Deine Empfindungen, Gedanken, Worte und Werke prägen deine Persönlichkeit.

Alle unlauteren, gegensätzlichen Empfindungen, Denk-, Rede- und Handlungsweisen sind Bausteine am Gebäude deines Schicksals. Bringe du in dir die siebenmal sieben Kräfte in Harmonie. Deine Empfindungen, Denk- und Handlungsweisen mögen lauter werden und im Sinne der siebenmal sieben Gesetzeskräfte sein. Dann wirst du gesunden und in Harmonie und Frieden leben.

Erkenne, dass harmonische, lichte Farben, schöne, ausgewogene Formen, leichte, natürliche Düfte und harmonische Töne zur Kombination harmonischer Farben in deinem Inneren, in Seele und Leib, beitragen.

Solange sich der Mensch im Meer dieser Welt treiben lässt, ohne das rettende Ufer, das Gesetz Gottes, anzusteuern, wird er entweder ein haltloser Mensch bleiben oder werden.

Durch ein disharmonisches Wirken der inneren Kräfte wird ein Mensch entweder in diesem oder in einem der nächsten Leben sehr zu leiden haben. Alles, was der Mensch nicht erkennt und nicht bereut, nimmt die Seele mit in eine der jenseitigen Welten, die dem Schwingungsgrad ihrer anerzogenen Eigenschaften entspricht.

Die Farbnuancen deiner sieben seelischen Kraftzentren zeigen den Stand deines Bewusstseins an. Diese sieben Bewusstseinskräfte bilden sieben Hüllen deines verschatteten Ätherleibes, deiner Seele.

Was der Mensch in diesem Leben nicht bereinigt, kommt entweder in einer der nächsten Einverleibungen auf ihn zu oder im Seelenreich. Dein Schicksalsgebäude wird zusammenbrechen und über dich hereinstürzen, so du es nicht rechtzeitig erkennst, das heißt, wenn du dich nicht selbst erkennst und durch ein lauteres, gesetzmäßiges Leben einen Schicksalsstein nach dem anderen abträgst. Das erfolgt dadurch, dass der Mensch sich durch ein entsprechendes Leben reinigt, die sieben Kräfte harmonisiert und dem Bewusstsein Gottes angleicht, dem ewigen und unbelastbaren, gesetzmäßigen Energiefeld des Geistes.

Erkenne, dass all die hier angeführten Belehrungen zu deiner Seelenreinigung und zur Harmonisierung deines Körpers beitragen können.

Nur durch einen harmonisch stimulierenden Ausgleich der Farben deines Bewusstseins kommst du in höhere Schwingung und in die Bewusstseinsevolution, die dir Gesundheit, Glück und Lebensfreude schenkt.

Lichte, harmonische Kräfte sind Gotteskräfte; deshalb handle, o Mensch, nach dem Gesetz des Herrn. Veredle dein Denken und Tun und umgib dich mit lichten, harmonischen Farben, Formen und Tönen, dann werden deine Seele und dein Leib licht werden. Wenn das Auge licht ist, wird auch dein Leib voll des Lichtes sein.

Nun gebe ich noch eine kurze Offenbarung über die Wirkungen der Töne auf Seele und Körper:

Wenn des Menschen Resonanzboden, die Seele, vom ewigen Geist geschult ist, das heißt, wenn diese einen hohen Läuterungsgrad erreicht hat, so wird der Mensch still und in sich gekehrt.

Sämtliche unharmonischen Geräusche wirken auf den Resonanzboden, die Seele, belastend und schmerzhaft. Das zeigt sich schon beim Reden eines Menschen. Hastiges und unkontrolliertes Reden deutet auf eine unruhige, belastete und verkrampfte Seele. Jede Unruhe, gleich welcher Art, ist nicht göttlich und unterbindet den heiligen Strom, das Gesetz des Herrn.

In einem geistig entwickelten Menschen wird in allem die Harmonie seiner gereiften und entwickelten Seele zum Ausdruck kommen. Sein Redefluss ist ruhig, seine Redeweise harmonisch und gezielt. Er ist liebenswürdig und spricht sehr wenig. Wenn er jedoch redet, dann sind es gezielte Worte, die nur Wesentliches ausdrücken. Ein Mensch des Geistes weiß um die grundlegenden Dinge des Lebens, dass jedes unharmonische, allzu laute Wort dem Resonanzboden, der Seele, schadet. Jede unharmonische Gestik ist wiederum der Ausdruck der noch verkrampften, nach außen gerichteten Seele.

Laute und schrille Töne hindern die Seele, den Geist zu vernehmen, der jeden Augenblick bereit ist, Seinem Kind die nötigen gesetzmäßigen Anweisungen zu geben.

Wer sich mit disharmonischen Tönen umgibt, kann die harmonische, leise Gottesstimme und deren Führung nicht mehr vernehmen, da Seele und Mensch nicht eingestimmt sind und die stillen Kräfte des Geistes eher zurückweisen als fördern.

Der Mensch ist zugleich ein Sender und Empfänger. Wenn er seine Antenne nicht auf die harmonischen Weisen des Göttlichen ausrichtet und sich in seinem Denken und Handeln nicht auf das Göttliche umstellt, so wird er auch diese leise, göttliche Stimme nicht wahrnehmen. Seine Antenne und auch der Empfänger sind auf die Welt ausgerichtet, wodurch er immer mehr Missklänge und Gegensätzliches empfangen und auch wieder aussenden wird.

Pfeiftöne, schrille, kreischende und laute Musik sind unvorstellbare Störfaktoren für die Seele und auch für den physischen Leib.

Wenn der Mensch zur inneren Ruhe und Harmonie gelangen möchte, so muss er unbedingt bestrebt sein, das Gehäuse seiner Seele, den physischen Leib, in Harmonie zu bringen. Diese nach und nach anerzogene Harmonie wirkt sich sodann auf den Motor, die Seele, aus, die sich langsam auf den rhythmisch fließenden Kraftstrom des Geistes Gottes im Wesenskern oder Gottesfunken ausrichtet.

Ich wiederhole: Jeder disharmonische Ton wirkt sowohl auf die Seele als auch auf den physischen Leib störend.

Wer beständig im Feld disharmonischer Töne lebt, kann geistig nicht wachsen und auch nicht gesunden.

Er wird auf dem disharmonischen Acker dieser Welt ein krankes, hageres Pflänzchen werden, das von verschiedensten Krankheiten befallen ist. Ein solches Pflänzchen, das im hageren Feld nur spärlich Nahrung finden kann, wird viele unwissende und nach außen gekehrte Menschen anstecken und mit ihnen weitere Unruhe verbreiten.

Die unharmonisch lauten, feurig rhythmischen Klänge sind beachtliche Krankheitserreger. Sie tragen nicht selten zur Förderung der schlimmsten Krankheit, dem Krebs, bei.

Die unharmonischen Klänge und Töne stören ebenfalls – wie die gegensätzlichen Gedanken und Worte und die disharmonischen Farben – das Magnetfeld deiner Seele und bauen am Gebäude deines Schicksals.

Die siebenmal sieben heiligen Strahlen sind die Symphonien des Geistes. Diese heiligen Kräfte durchströmen die siebenmal sieben himmlischen Sphären und bilden die Sphärenmusik* der Himmel.

Ich wiederhole, damit es sich der Mensch tief einprägen möge: Durch laute, schrille Töne und feurige Musik werden ebenso wie durch gesetzwidrige Empfindungen, Gedanken und Hand-

---

* Anmerkung: Die himmlische Sphärenmusik ist die sich ewig verströmende Urempfindung des Allgeistes. Sie ist Harmonie, geistig offenbart: die Stille.

lungen die feinen Schwingungen des Ätherkörpers gestört, wodurch die Seele unruhig wird
und sich verkrampft. Dadurch erkranken Seele
und Mensch.

Des Menschen Schicksalsschläge und Leiden
sind die Wirkungen von Ursachen, die auf falscher Denk-, Rede- und Handlungsweise basieren, aber auch auf disharmonischen Farben,
Formen, Düften und Tönen.

Der Herr des ewigen Lebens sandte in diese
Welt begabte Wesen, die im Menschenkleid Seinem Volk harmonische Klänge übermittelten.
Viele dieser Melodien und Weisen klingen an
die himmlischen Gesetzestöne, an die göttliche
Sphärenmusik, an.

Zarte, liebliche und harmonische Weisen,
insbesondere die durch Mandolinen, Flöten,
Geigen und vor allem Harfen hervorgebrachten,
gleichen annähernd der himmlischen Sphärenmusik. Diese Melodien können erheblich zur
Harmonisierung des Menschen und der Seele
beitragen.

Auch die Töne lösen Schwingungen aus, die sich ihrer Frequenz entsprechend auf das eine oder andere der sieben Bewusstseinszentren auswirken.

Jeder gesetzwidrige Ton erzeugt in deinem Innersten, in den sieben Bewusstseinszentren und auch in deinem Körper, Missklänge, welche die Tätigkeit der Zellen, Organe, Drüsen, Hormone und auch deines Nervensystems stören. Der gesamte Organismus wird durch diese gegensätzlichen Töne in seiner Tätigkeit beeinträchtigt. Die Folgen dieser Ursachen können Krankheiten sein.

Erkenne, o Mensch: Liebliche und harmonische Weisen fördern deine Gesundheit. Sie können zur schnelleren Genesung beitragen. Deshalb wisse: Womit du dich umgibst, das bist du oder zu dem wirst du.

6. TEIL

Zur geistigen Evolution ist ein Leben nach den Gesetzen des Herrn notwendig –

Zusammenfassung der wichtigsten in dieser Schrift offenbarten Gesetzmäßigkeiten Gottes

Wer die heiligen Ätherkräfte, den Geist, durch ein gesetzmäßiges Leben entfaltet, wird nach dem Willen des Herrn Gesundheit, innere Freude, Glück und Harmonie erlangen.

Das Gebot aller Gebote, welches das gesamte göttliche Gesetz trägt, ist die Liebe. Deshalb steht geschrieben: »Liebe Gott, deinen Herrn und Vater, mit deinem ganzen Herzen, mit all deinen Kräften und deinen Nächsten wie dich selbst.«

Gott, unseren Herrn, kannst du jedoch nur von Herzen und mit all deinen Kräften lieben, wenn du deinen Nächsten lieben kannst.

Der Geist Gottes ist in allem Sein und insbesondere in Seinem vollkommenen Kind. Deshalb solltest du deinen Nächsten als das Ebenbild Gottes erkennen, annehmen und lieben.

Wenn auch der Mensch in seiner Denk- und Handlungsweise unvollkommen ist, so hat doch kein anderer das Recht, ihn zu richten, indem er entgegen allem Guten, das sein Nächster auch hat, über ihn denkt und redet. Eine derartige unlautere Handlungsweise ist für den Menschen belastend, denn sie trägt nicht zur Einheit und damit auch nicht zur Erfüllung des göttlichen Gesetzes bei. Um dieses zu erfüllen, bedarf es der Erkenntnis, dass jeder für seine Denk- und Handlungsweise nur Gott, unserem Herrn in Christus, gegenüber verantwortlich ist.

Was bringt es dem Menschen, wenn er seinem Bruder Gegensätzliches nachsagt oder gar antut? Dem Richtenden nur das eigene Gericht, dem Bruder keine Hilfe.

Willst du jedoch deinem Nächsten wirklich helfen und beistehen, so verwirkliche die Worte des Herrn: »Sieh und entferne zuerst den Balken in deinem eigenen Auge.« Erst wenn du diesen entfernt hast, ist es dir gesetzmäßig erlaubt, mitzuwirken, den Splitter im Auge deines Bruders zu entfernen.

Das Gleiche gilt, wenn du ein gesundes, freudiges, in Gott frohes und friedvolles Leben führen möchtest, das dich vor Krankheiten, Not, Sorgen, Schicksalsschlägen bewahrt. »Sieh zuerst den Balken in deinem Auge«, das heißt: Solange der Mensch sich nicht ständig selbst kontrolliert, um dadurch die Gesetze des Herrn nach und nach zu erfüllen und zu wahren, wird er immer wieder *unter* dem allmächtigen göttlichen Gesetz stehen. Erst wenn er selbst zum Gesetz, zum reinen Kind der Himmel wurde, wird er aus reinster Liebe zu Gott und seinem Nächsten empfinden, denken, reden und handeln. Ohne Erfüllung der heiligen Gesetze Gottes gibt es keine Befreiung von Krankheit, Not, Trübsal und Sorgen. Einzig und allein die Erfüllung der Gesetze des Herrn macht den Menschen frei. Steht der Mensch noch *unter* dem Gesetz, das heißt, entspricht seine Denk-

und Handlungsweise noch nicht den Gesetzmäßigkeiten Gottes, so wird er immer wieder
Ursachen schaffen, die wiederum ihre Wirkungen zeitigen werden.

Um aus dem Rad von Ursache und Wirkung
herauszugelangen, bedarf es der Kenntnis und
Erfüllung der sieben Grundstufen des göttlichen Gesetzes. Dieses beginnt bei der Ordnung
und endet auf der Stufe der göttlichen Barmherzigkeit.

Jede Seele muss die sieben Grundstufen des Geistes absolvieren

Die Grundstufen des Geistes, das Gesetz
des Herrn, die jede Seele zu durchlaufen
hat, sind im Einzelnen: Ordnung, Wille, Weisheit, Ernst, Geduld, Liebe und Barmherzigkeit.

All diese göttlichen Grundstufen haben auch
ihre Unterstufen. Das besagt: Jede Grundstufe ist
wiederum in der anderen als Unterstufe enthalten. Sämtliche sieben Grundstufen haben ihre

besonderen, unveränderlichen Schwingungszahlen und Farben. Es bestehen somit siebenmal sieben Gesetzesbereiche, auch Grundhimmel genannt. Jeder dieser sieben Grundhimmel schwingt auch in jedem anderen als Unterregion. Zum Beispiel befindet sich im Grundhimmel der Liebe auch die Stufe der Ordnung, des Willens usw.

Mein Bestreben ist es, diese sieben Grundhimmel als Gesetzesleiter zu offenbaren, damit sich der Leser und der Gottbewusste, der auf dem Stufenweg zur Selbsterkenntnis wandelt, leichter orientieren kann. Sofern der Mensch die absolute Gottesliebe verwirklichen und sich aller menschlichen Schwächen und Sorgen entledigen möchte, so beachte er die Gesetzesleiter, die Gesetzesstufen.

Möchtest du den Weg zur inneren Seligkeit und zur Lösung all deiner Probleme beschreiten, so beginne auf der Stufe der göttlichen Ordnung. Überprüfe dein Denken und Wirken, und übergib deine menschlichen Gewohnheiten

Gott, deinem Herrn, auf dass Er dich lenken und führen kann, auf dass du dein menschliches Ich nach und nach verlierst. Erst wenn der Mensch sein Ich aufgibt, wird er die göttliche Kraft, das uneingeschränkte, ewig liebende und hilfreiche Gesetz Gottes erfahren. Diese innere Kraft, der Führer und Heiler der Seele und des Menschen, schenkt sich dem Ihm zugewandten Kind und lässt Seine Kräfte sowohl in der Seele als auch im Menschen verströmen. Deshalb, o Mensch, sehne dich nach der Erfüllung der göttlichen Gesetze und strebe allezeit danach, den Willen des Herrn zu erfüllen.

Ordnung

O r d n e dein Leben: Überprüfe deine Gedanken und Worte. Sprich niemals negativ über deinen Nächsten, sondern erkenne: Alles, was dein Nächster spricht und vollzieht, betrifft nur Gott und Sein Kind, nicht dich. Durch negatives Denken und Handeln schadest du dir nur selbst, denn was der Mensch sät, wird er auch ernten.

Stört dich zum Beispiel das Benehmen deines Nächsten, so haften bereits in dir gesetzwidrige Gedanken. Überprüfe dich selbst! Frage dich, ob *du* jedem Menschen angenehm bist. Beziehe deine Empfindungen, Gedanken und Worte, die du über einen anderen ausgießt, auf dich selbst! Frage dich, ob du besser bist!

Wenn du dich durch diese ständige Selbstanalyse näher kennenlernst, wirst du bald über deine eigene Person beschämt sein!

Durch die Praxis der Selbstanalyse wirst du immer weniger deinen Nächsten in Gedanken, Worten und Werken verurteilen, weil du den Balken in deinem eigenen Auge gewahr wirst. Durch diese fortlaufende Selbstkontrolle erkennst du sehr bald, wie schwer dein eigener Balken in deinem Auge liegt.

Über dein Herz und deine Lippen soll nur Gutes kommen!

Hast du nun gelernt, dich selbst zu zügeln, so wirst du auch feststellen, dass jede Unruhe, die von dir ausgeht, in dir eine Disharmonie, Freudlosigkeit, Unpässlichkeit oder Krankheit hervorbringt. Eine nicht göttlich-gesetzmäßige Denk- und Handlungsweise beschwört unweigerlich mannigfaltige menschliche Plagen und Leiden herauf. Diese Ursächlichkeiten, die vom Menschen ausgehen und zu unübersehbaren Wirkungen führen, sind nicht gottgewollt. Gott, unser Herr, lässt die Wirkungen zu, damit der Mensch durch Selbsterkenntnis zur Gotteserfahrung gelangt und ein gesetzmäßiges Denken und Handeln anstrebt.

Veredle deshalb, o Mensch, auf jeder der sieben Grundstufen deine fünf Sinne, indem du deine niederen Neigungen und Leidenschaften erkennst und diese zügelst. So wirst du bald die göttlichen Kräfte verspüren, die dich führen und deine Seele und auch deinen Körper beseelen.

Erkenne: Deine Seele ist der Motor deines Körpers. Dein Körper ist das Gehäuse. Der Treibstoff ist der ewige Geist, der Wesenskern deiner Seele.

Wenn der Mensch sich nicht auf den ewig harmonisch fließenden Geist, den alldurchdringenden göttlichen Äther, ausrichtet, indem er ein gotterfülltes, gesetzmäßiges Leben führt, so bewirkt er zwischen Geist, Seele und Körper gegensätzliche Schwingungen.

Verstößt der Mensch gegen die göttlichen Gesetze, indem er gesetzwidrig empfindet, denkt und handelt, so kommen Motor und Gehäuse, das heißt Seele und Mensch, in Disharmonie. Jeder hasserfüllte Gedanke oder jedes bösartige Wort, auch jede disharmonische Geste bringen sowohl die Seele als auch den Körper in Aufruhr. Durch diese Gesetzesverstöße treten im Menschen Gegensatzkräfte auf, die an seiner Seele und auch an seinem physischen Leib zehren. Unruhe, Hast, alle aufgeführten Unpässlichkeiten und Krankheiten entstehen, weil der Mensch durch niedere Neigungen und Triebe Seele und Körper, den Motor und das Gehäuse, mit dem Treibstoff niederer Gedanken, Worte und Werke, also mit gegensätzlichen Kräften, vergiftet.

Durch eigennütziges, selbstsüchtiges, unlauteres Denken und Handeln zieht sich der Gottesgeist, der göttliche Treibstoff deiner

Seele, mehr und mehr zurück, um dem Kind den freien Willen zu lassen.

Wille

Erkenne, dass der göttliche W i l l e den Menschen frei macht.

Hat der Mensch gelernt, seine Empfindungen, Gedanken, Worte und Handlungen unter Kontrolle zu bekommen, so möge er auch seinen Willen beachten. Übe dich, den göttlichen Willen zu erkennen. Sei bestrebt, jeden Morgen um die Führung Gottes zu bitten, und stelle deinen Willen unter den Willen deines himmlischen Vaters. Überprüfe deine Sprechweise. Sie sollte harmonisch und ausgewogen sein. Trenne Unwesentliches vom Wesentlichen. Beobachte dich: Lauten deine Sätze immer noch: »Ich will dies oder jenes«, oder: »Dies oder jenes sollte anders geführt und gelenkt werden«? Diese Argumentation deines egoistischen menschlichen Ichs treibt wiederum deinen Seelenmotor und auch dein Gehäuse zu ungesetzmäßiger Aktivität und Leistung an.

Erkenne: Der Geist Gottes unterstützt deinen Eigenwillen nicht. Durch deinen ständigen Hang, nach deinem Eigenwillen zu handeln, zehrst du laufend an deinen seelischen und körperlichen Kräften!

Der Mensch verspürt nicht sogleich, wie sich die Gegensätzlichkeiten in seinem Körper aufbauen. Das Resultat des menschlichen Sein- und Habenwollens sind seelisch-physische Verkrampfungen. Sie führen zu Depressionen, die deine Nerven belasten und deine Organe schwächen. Jede gesetzwidrige Empfindungs- und Handlungsweise führt zu einer Disharmonie. Die dadurch herbeigeführte niedere Schwingungszahl der Seele und des Körpers schafft Ursachen, die ihre Wirkungen nach sich ziehen.

Deshalb, o Mensch, empfinde, denke und sprich göttlich! Sei bestrebt, den Gotteswillen zu erfüllen, und bitte tagtäglich aufs Neue, dass Er, der Herr, dich, Sein Kind, führe.

Arbeite in völliger Harmonie, auch wenn dich deine Arbeitskollegen bedrängen und ihre Hektik auf dich übertragen wollen.

Versuche, über den weltlichen Dingen zu stehen, die Hast, Mühsal und Plagen hervorrufen.

Erfülle deine täglichen Pflichten nicht in Unruhe und Hast. Stehe *über* diesen Dingen, dann dienen sie dir.

Dränge nicht, unbedingt dies und jenes heute erledigen zu wollen. Arbeite in Ruhe, jedoch zielstrebig, um allen Menschen und Aufgaben dem göttlichen Willen gemäß gerecht zu werden.

Ist dein Bruder erzürnt, weil du heute eine scheinbar wichtige Arbeit nicht erledigen konntest, so sei ihm deshalb nicht gram. Sofern du deine täglichen Pflichten gewissenhaft erfüllt hast, kannst du sicher sein, dass Gottes Allmacht und Liebe auch dem aufgebrachten Mitmenschen Verständnis eingeben und ihn beruhigen können, damit er einsichtig wird und sich mit dem nächsten Tag begnügt, an dem seine Wünsche sicherlich Erfüllung finden werden. Gott,

dein Herr, ist allmächtig, vertraue Ihm, dann
wirst du wahrlich ein geistig Weiser werden.

Weisheit

Die W e i s h e i t Gottes ist die Tat, das for-
mende Element.

Bitte täglich auch um die Weisheit. Wenn du
dein Empfinden, Denken, Reden und Handeln
und auch deinen Eigenwillen unter der Obhut
Gottes weißt, wird dich Gottes Weisheit beflü-
geln. Deine Tätigkeit wird dir schneller von der
Hand gehen, da du ruhig und in dich gekehrt
bist. Du hast gelernt, dem inneren Treibstoff,
dem Wesenskern deiner Seele, die Führung zu
überlassen. Der Treibstoff in dir, die Gotteskraft, vermehrt sich sodann, und du wirst zum
Handschuh an der Hand Gottes werden.

Er, der Herr, die wahre, allwissende Energie deiner Seele und deines physischen Leibes,
wird dich so zu führen wissen, dass du in völliger Harmonie und Ruhe täglich mehr zu leisten

vermagst, als es deine Mitarbeiter in ihrer Hektik und Stresssituation jemals vermögen. Deine vollbrachte Arbeit wird gut und lobenswert sein. Du wirst durch deine Gottesnähe für deine Mitarbeiter zum ruhenden, ausstrahlenden Pol werden und ihnen, dank deiner inneren Führung, mit Rat und Hilfe zur Seite stehen können.

Durch eine beständige Selbstkontrolle hast du gelernt, über den Dingen dieser Welt zu stehen. Zu deinen Mitmenschen jedoch sollst du allezeit freundlich und hilfsbereit sein. Erhebe dich niemals über deinen Nächsten. Ein wahrhaft geistig Weiser wird dies unterlassen, da er um den Kampf mit sich selbst weiß. Auch die innere Kraft, die Kraft der Unendlichkeit, die dich leitet und dir alles zuführt und schenkt, was dir zum Wohle dient, wird dich immer wieder merken und erkennen lassen, dass ein wahrer geistig Weiser dem Nächsten in dem Maße dient, wie sein Bewusstsein entwickelt ist.

Ernst

Der göttliche E r n s t lässt dich deine unlauteren Gewohnheiten erkennen. Durch die
innere Stille, die du durch ein hinwendungs-
volles Leben gelernt hast, erleben sowohl deine
Seele als auch dein physischer Leib den Ernst
des Lebens. Auf Grund dieser beständigen Führung durch den inneren Geist wirst du zum
guten Beobachter deiner Umgebung.

Der göttliche Ernst, der sich aus der vierten Grundstufe deines Bewusstseins verströmt,
führt dir immer wieder deine eigenen Fehler
und Schwächen vor Augen. Da du eine geistige
Reife erlangt hast, wirst du dadurch gesetzmäßig
auch die Fehler und Schwächen deiner Mitmenschen erkennen. Gerade über diese Grundstufe
des Ernstes darfst du die Nöte, die Schwächen
und auch das Ringen deiner Mitmenschen erleben und schauen.

Durch diese beständige Schulung des Geistes wirst du ein barmherziger Mensch, der allen
Menschen ihren geistigen Erkenntnissen ent-

sprechend beistehen kann. Du als aufwärtsstrebender Geistmensch fühlst in dir Gesundheit und wachsende geistige Lebensfreude. Dein kleines menschliches Ich, das dich immer wieder herabziehen möchte, verringert sich mehr und mehr.

An die Stelle ichbezogenen Denkens und Strebens treten Selbstlosigkeit, Verständnis, Opferwille und Opfermut. Dadurch empfangen sowohl deine Seele als auch dein irdischer Leib vermehrt göttliche Kräfte. Diese Heilsgaben wirst du dem Gesetz entsprechend nach und nach zu lenken wissen. Durch umfangreiche Erkenntnisse, die auf dem absolut göttlichen Gesetz basieren, wirst du die Kraft zur Selbstheilung im Namen des Inneren Arztes und Heilers erlangen.

Geduld

Mit diesen selbstlosen Gaben des Geistes ausgerüstet, betrittst du die fünfte Stufe, die G e d u l d.

Ein auf der geistigen Leiter emporsteigender Mensch hat gelernt, mit sich selbst Geduld zu üben. Diese Geduld und Ruhe wird er auch ausstrahlen und seinem Nächsten zu übertragen wissen.

Durch die vermehrten göttlichen Gaben der Weisheit hat der Aufwärtsstrebende gelernt, über den irdischen Gepflogenheiten zu stehen. Sein Körper gehorcht ihm weitgehend.

Der zu Gott Strebende wird dadurch zum »Empfindungsmenschen«, der sogleich eine Situation erfasst. Das ermöglicht ihm, seinem Mitmenschen zu helfen, die Nöte und Sorgen leichter zu tragen.

Auf den Erkenntnisstufen zum höheren Selbst hat sich der willige Schüler geübt, seinem Nächsten beizustehen und ihn, sofern dieser es wünscht, zu beraten.

Ein geistig strebsamer und wissender Mensch, der darauf bedacht ist, die Gesetzmäßigkeiten Gottes zu erfüllen, wird jedoch seinen Nächsten nicht mit seinem geistigen und weltlichen Wissen bedrängen. Er wird mit ihm reden und seinem Bewusstseinsstand entsprechend auf sein Anliegen eingehen. Behutsam wird er dem Unwissenden nahebringen, wo letztlich die Ursachen seiner Plagen und Krankheiten liegen können und wie er diese behandeln oder aufheben kann.

Der geistige Schüler hat an sich selbst all die Zustände seiner Mitmenschen erlebt. Er weiß, wie schwierig und langwierig es oftmals sein kann, bis der Mensch begreift, wie Gottes Allmacht und Liebe wirken können.

Liebe

Auf der sechsten Stufe erwacht der Mensch sodann zur selbstlosen, göttlichen L i e b e , die sich dem Nächsten opfern möchte.

Der strebsame und göttlich Weise erlebt in verstärktem Maße die Ausgießung der göttlichen Liebe, die ihn zum Träger des Guten werden lässt. Die sich allezeit verströmende Gottesliebe wird sich einem hingebungsvollen Kind in ihrer großen Fülle schenken, so dass der geistig Weise dem ewig Allmächtigen immer näherkommt. Er, der Herr allen Lebens, der Geist Gottes, kann Seinem aufwärtsstrebenden Kind auch zu irdischem Aufstieg und Erfolg verhelfen und es auf eine hohe weltliche Stufe stellen, damit es vielen Untergebenen ein leuchtendes Vorbild sein kann. Erkenne dies, o Mensch, und werde nicht mehr rückfällig, indem du durch deine Stellung egoistisch und selbstsüchtig wirst. Sei allezeit bestrebt, deinen Mitmenschen zu dienen.

Wenn Gott, der Herr, dich auf eine hohe irdische Stufe stellte, weil du einen geistig hohen Bewusstseinsgrad erlangt hast, dann wisse, dass du der geringste Diener unter den Deinen und auch deiner Untergebenen sein solltest. Achte und schätze deinen Nächsten, gleich welche Arbeit er auch verrichtet. Übe dich weiterhin in der Nächstenliebe, und wisse, dass Gott durch dich an deinem Nächsten, an Seinem Kind, wirken möchte.

Barmherzigkeit

Der ewig herrliche Geist führt dich sodann zur siebten Stufe, der Barmherzigkeit.

Sei ein Samariter! Ein wahrer göttlich Weiser ist bestrebt, unermüdlich an der Hand Gottes zu wandeln und sich nicht aus dem Lichtschein Seiner Herrlichkeit zu begeben. So kann er niemals in die Irre geführt werden.

Ein bewusst dem Göttlichen zugewandter Mensch, der zum Handschuh Gottes geworden ist, erkennt und erfasst das auf ihn Zukommende wesentlich schneller als ein in der Materie Lebender. Ein göttlich weiser, durchleuchteter Mensch durchschaut seine Untergebenen und wird mit rechter und gerechter Hand sie zu lenken wissen. Er selbst hat auf jeder Gesetzesstufe die Führung des Geistes erlebt. Er wird durch die in ihm wirkende göttliche Kraft seine Untergebenen zu führen wissen. Ein solcher Mensch wird weise handeln und seine Mitmenschen so führen, wie es gut und gesetzmäßig ist.

Dank des Reifegrades, den der Erleuchtete durch die göttliche Hilfe erlangt hat, weil er sich unermüdlich der Selbstkontrolle unterzog und noch unterzieht, weiß er, auf welche Bewusstseinsstufe er sich zu begeben hat, um seinen Nächsten aufzuklären und zu unterweisen.

Auch ist es ihm geboten, so wie Gott, der Herr, ihn führte, ebenfalls seine Untergebenen in den sieben Grundstufen des Lebens zu unterweisen und zu führen. Ihm wird die Kraft zur rechten Verhaltensweise gegeben, da ihm Gottes Geist sehr nahe ist. Weise wird er seinen Nächsten zu leiten wissen, ohne ihn zu verletzen, auf dass er ein brauchbarer Mensch und Mitarbeiter werde.

O Mensch, erkenne, die sieben Grundstufen sind der Bewusstwerdungsweg deiner Seele und deines menschlichen Seins.

Wenn du diese Stufen begehst, wirst du Gesundheit, innere Freude, Frieden, Harmonie und Selbstlosigkeit erlangen.

Was dir heute noch missglückt, wird dir sodann nach Gottes Willen und Ratschluss glücken. Wenn der Gottesgeist zu deinem beseelenden Leben geworden ist, wird Er dir nicht nur geistig, sondern auch physisch alles schenken, dessen du bedarfst. Du kannst durch die Kraft des Heiligen Geistes in die gesegnete Lage kommen, in der du alle materiellen Dinge erlangst. Hüte dich jedoch, diese als dein Eigentum zu betrachten. Gib von allem, was du empfängst, an deine Nächsten weiter, und bleibe ein Vorbild für jene, die dich umgeben, auf dass sie von dir lernen können. Denn Gott, der Herr, stellte dich auf diese Stufe, auf dass du ein leuchtendes Licht in der Finsternis seist.

Gottes Geist kennt nur Gesundheit und geistige Lebensfreude. Übe dich auf der Leiter zur Erkenntnis in der Gottes- und Nächstenliebe. Dann wird dir der Geist Gottes alles schenken, was du zu deinem weiteren geistigen und irdischen Fortschritt benötigst.

Geistlehrer Bruder Emanuel, der Cherub der Göttlichen Weisheit, wünscht seinen Geschwistern im Erdenkleid ein gesegnetes Leben und die Fülle aus der göttlichen Allmacht.

Gott zum Gruß!

Auf den folgenden Seiten
finden Sie schematische Zeichnungen
der Bewusstseinszentren.

Bewusstseinszentren

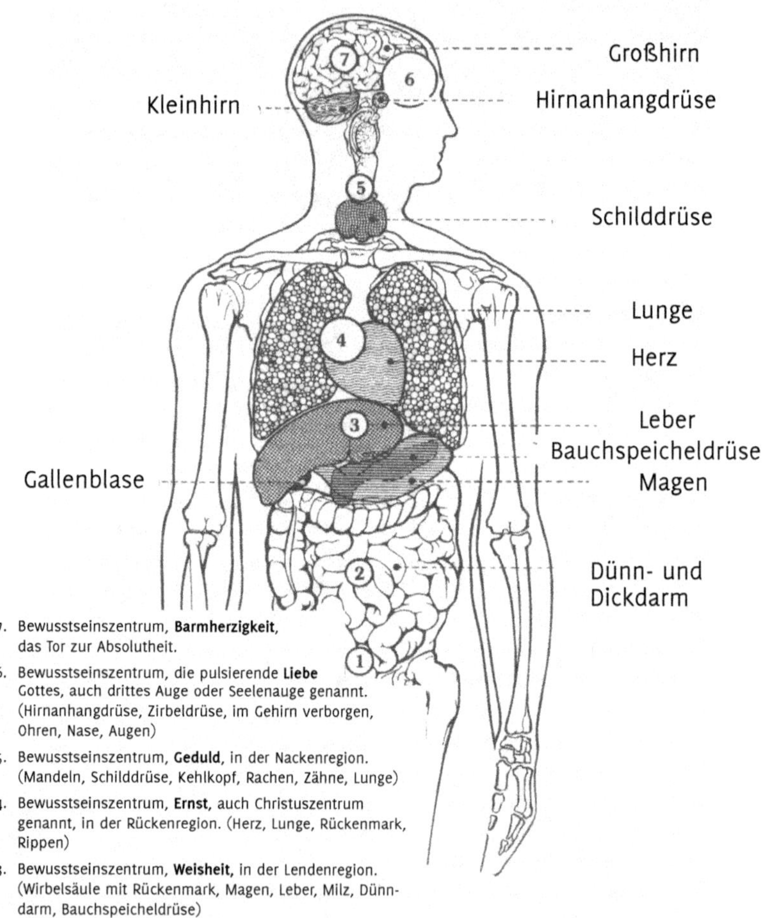

7. Bewusstseinszentrum, **Barmherzigkeit**,
   das Tor zur Absolutheit.

6. Bewusstseinszentrum, die pulsierende **Liebe**
   Gottes, auch drittes Auge oder Seelenauge genannt.
   (Hirnanhangdrüse, Zirbeldrüse, im Gehirn verborgen,
   Ohren, Nase, Augen)

5. Bewusstseinszentrum, **Geduld**, in der Nackenregion.
   (Mandeln, Schilddrüse, Kehlkopf, Rachen, Zähne, Lunge)

4. Bewusstseinszentrum, **Ernst**, auch Christuszentrum
   genannt, in der Rückenregion. (Herz, Lunge, Rückenmark,
   Rippen)

3. Bewusstseinszentrum, **Weisheit**, in der Lendenregion.
   (Wirbelsäule mit Rückenmark, Magen, Leber, Milz, Dünndarm, Bauchspeicheldrüse)

2. Bewusstseinszentrum, **Wille**, in der Kreuzbeinregion.
   (Nieren mit Harnleitern, Mastdarm, Dickdarm)

1. Bewusstseinszentrum, **Ordnung**, in der Steißbeinregion.
   (Beckenkamm mit Hüftgelenken, Blase, Geschlechtsorgane)

Bewusstseinszentren

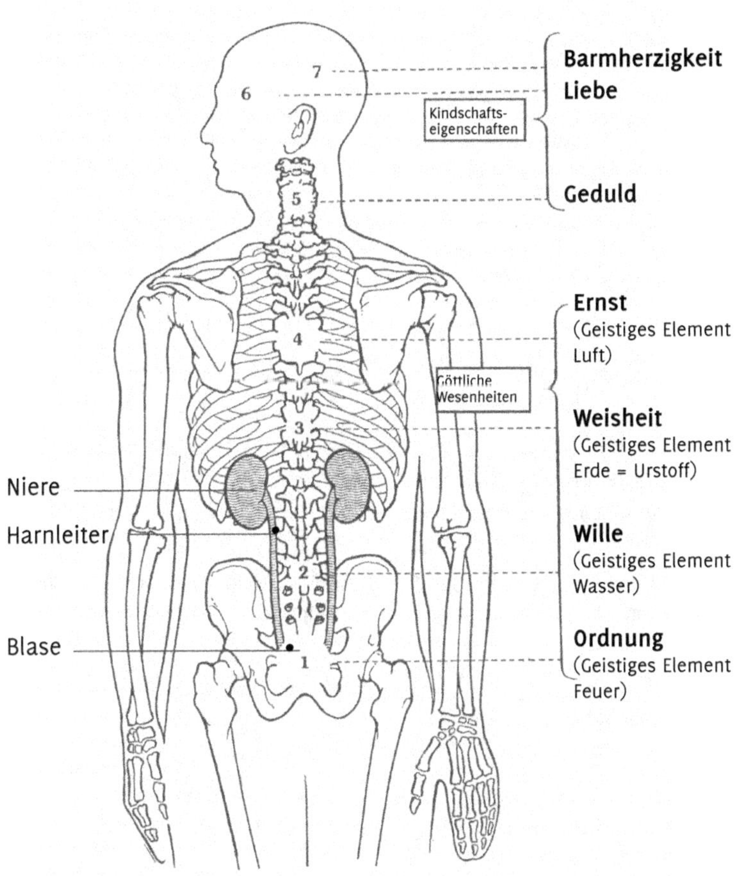

Der Innere Weg zum kosmischen Bewusstsein

Die Grundstufen:
Ordnung
Wille
Weisheit
Ernst

Der Innere Weg zum kosmischen Bewusstsein ist der Weg zu Gott in uns. Es ist der Christus-Gottes-Weg, der Weg der Gottes- und Nächstenliebe, der uns zurückführt zu unserem göttlichen Ursprung, zurück in das Reich Gottes, das unsere ewige Heimat ist. Bruder Emanuel, der Cherub der göttlichen Weisheit, offenbarte durch Gabriele, die Prophetin und Botschafterin Gottes in unserer Zeit, die Schulungen und Übungen des Inneren Weges. Gabriele erläuterte die Lehren aus dem Reich Gottes und gab uns praktische Übungen, um den Weg zur inneren Stille, zur inneren Wahrheit zu gehen. Die offenbarten Lehren und Erläuterungen sind in einem umfassenden Schulungsbuch enthalten, von der Grundstufe der göttlichen Ordnung über den göttlichen Willen, die göttliche Weisheit, bis zur Stufe des göttlichen Ernstes.

Der Innere Weg ist der Weg in ein neues Zeitalter, das messianische, sophianische Zeitalter im Zeichen des Freien Geistes.

„Die Liebe Gottes ist jedem von uns sehr nah. Sie ist die unbelastbare Kraft unserer Seele. Diese Kraft dürfen wir auf dem Inneren Weg aktivieren und uns so unserer ewigen Heimat nähern, von der wir einst ausgegangen sind.“

948 S., geb., Halbleinen. ISBN 978-3-89201-537-6
Auch als E-Book erhältlich

GOTT *heilt*

Welcher Mensch bedarf nicht der Heilung? Viele wissen um die zentrale Kraft im Inneren des Menschen, um die Ur-Kraft allen Lebens: den göttlichen All-Geist, der auch die Heilkraft in uns ist. Doch wie können wir die heilbringenden göttlichen Kräfte in uns erschließen?

Dazu gibt Gabriele in diesem Buch eine Fülle an Hinweisen und Ratschlägen, unter anderem eine praktische Übung im positiven Denken, die uns selbst erfahren lässt, wie schnell und unmittelbar die positiven Kräfte wirken können. Sie schildert z.B.: Wie wir negative Gedanken aus unserem Bewusstsein entfernen können und worauf es beim Gebet ankommt. Sie erklärt die rechte Körperhaltung zur Vorbereitung für das Einströmen der Heilkräfte und wie wir selbst individuell unsere Organe ansprechen können. Und sie weist auch darauf hin, was jeder Einzelne selbst im Hinblick auf eine gute Zusammenarbeit mit dem Arzt tun kann. U.v.a.m.

120 S., geb., Leinenumschlag. ISBN 978-3-96446-045-5
120 S., kart., ISBN 978-3-96446-254-1
Als E-Book gratis

Worte des Lebens

*fur die Gesundheit
von Seele und Korper*

*Das Buch beruht auf der
Christus-Offenbarung
„Ursache und Entstehung aller
Krankheiten"*

Wodurch entstehen Krankheit oder Gesundheit? Welchen Einfluss haben unsere Lebensweise und unsere Gedanken darauf, ob wir gesund oder krank sind?

Wie wirkt sich das zerstörerische Verhalten des Menschen auf die Natur, auf die Tiere und nicht zuletzt auf seinen eigenen Gesundheitszustand aus?

Diese Offenbarung aus dem Ewigen Reich lässt uns die Abläufe im Inneren des Menschen verstehen, die zu Krankheit oder zu Gesundheit führen – Dinge, über die die Naturwissenschaften noch kaum Kenntnisse haben.

In dieser Christus-Offenbarung erfahren Sie mehr über die Wirkung der Gedankenkräfte auf das Leben und über die Ganzheitsheilung. Sie erhalten darüber hinaus detaillierte Kenntnisse über die Zusammenhänge von Kosmos und materieller Welt sowie die Grenzbereiche von Geist und Materie, und vieles andere mehr.

424 S., geb., Leinenumschlag. ISBN 978-3-96446-139-1

472 S., kart., ISBN 978-2-96446-379-1

Auch als E-Book erhältlich

Gerne übersenden wir Ihnen
unser aktuelles Buchverzeichnis
sowie Gratis-Leseproben zu vielen Themen

Gabriele-Verlag Das Wort
Max-Braun-Str. 2, 97828 Marktheidenfeld
Deutschland
Tel. 0049 (0)9391/504-135, Fax 504-133
www.gabriele-verlag.com